Impressum

Durchs wilde Tibet:	Pearl Hong Chen
Aus dem Chinesischen übersetzt:	Volker Müller
Layout und Satz:	Sarah Chand
Covergestaltung:	Hermann Kienesberger
Redaktion und Lektorat:	Nora Frisch, Maya-Katharina Schulz
Fotonachweis:	Hu Hong, Volker Müller
Landkartengestaltung:	Hu Dongmei

Bibliografische Information der Deutschen Nationalbibliothek:
Die Deutsche Nationalbibliothek verzeichnet diese Publikation in der Deutschen Nationalbibliografie;
detaillierte bibliografische Daten sind im Internet unter http://dnb.dnb.de abrufbar.
© 2021 Drachenhaus Verlag, Esslingen

Um das Werk den Lesegewohnheiten des deutschsprachigen Lesepublikums anzupassen, wurde der Text vom Verlag gekürzt sowie inhaltlich und sprachlich überarbeitet.

Gedruckt in Österreich im Cradle-to-Cradle Verfahren.

Cradle to Cradle Certified™ Pureprint
innovated by gugler*
Healthy. Residue-free. Climate-positive.
www.gugler.at

ISBN: 978-3-943314-16-8

Besuchen Sie uns auf unserer Homepage, bei Instagram und Facebook:
www.drachenhaus-verlag.com
www.facebook.com/drachenhaus
www.instagram.com/drachenhaus.verlag

DURCHS WILDE TIBET

Ein Roadtrip über das Dach der Welt

Pearl Hong Chen

Deutsch von Volker Müller

DRACHENHAUS VERLAG

INHALT

Tibet: Eine Reise, die verändert   4

Offener Blick, offenes Herz   7

Die erste Reise

A. Südroute Sichuan – Tibet: Über den Himalaya bis nach Nepal   10

1. Tag: Keine Höhenkrankheit, dafür Steinschlag   11
2. Tag: Kangding – Pferde und ein Liebeslied   14
3. Tag: Mit dem Fahrrad durchs Paradies   18
4. Tag: Das Charisma des lebenden Buddhas   23
5. Tag: Baxoi – das Dorf der Krieger   27
6. Tag: Ranwu-See – ein Augenblick im Paradies   30
7. Tag: Je ferner, desto glücklicher   35
8. Tag: Kein Weg führt nach Medog   39
9. Tag: Kaffee am Erdrutsch   43
10. Tag: Lhasa – heilige Stadt im magischen Licht   47
11. Tag: Das Joghurt-Festival: Buddhabilder, Theater und ...Joghurt   53
12. Tag: Yamdrok-See, der Spiegel der Götter   57
13. Tag: Basislager am Everest, die Luft wird dünn   62
14. Tag: Klatschnass am Grenzübergang   67
15. Tag: Kathmandu – links fahren bis zum Schwindligwerden   71

Die zweite Reise

B. Nordroute Sichuan – Tibet: Die höchste Straße der Welt   78

1. Tag: Sêrtar – Eine buddhistische Akademie der Superlative   80
2. Tag: Garzê – Stepptanz im Garten   85
3. Tag: Chola – die Peitsche reicht bis zum Himmel   89
4. Tag: Dege – die Sutren-Druckerei im Mondschein   95
5. Tag: Dêngqên – uralte Karawanenstraßen, mystische Bön-Religion   100
6. Tag: Baqên – Pilger auf dem Weg nach Lhasa   107
7. Tag: Biru – Das Lächeln der Totenschädel   112
8. Tag: Nagqu – 10.000 Meilen Jagd nach dem Wind   116

Die dritte Reise

C. Tibet – Xinjiang: Zickzack zwischen Himmel und Hölle 122

1. Tag: Ngamring – Ursprung des tibetischen Maskentheaters 124
2. Tag: Zhongba – ein Tag mit Hindernissen 127
3. Tag: Burang – das alte Reich Zhangzhung 132
4. Tag: Der Manasarovar-See 138
5. Tag: Kailash – Begegnung mit der eigenen Seele 145
6. Tag: Freiwillige am heiligen Berg 152
7. Tag: Sênggê Zangbo – Abenteurer mit gestutzten Flügeln 159
8. Tag: Rutog – ein See und himmlisches Licht im äußersten Westen 164
9. Tag: Ein Regenbogen über dem Königreich 167

Die vierte Reise

D. Tibet – Yunnan: Entlang der alten Karawanenstraße 176

1. Tag: Daocheng – der Sonne entgegen 177
2. Tag: Das Naturschutzgebiet Yading 180
3. Tag: Zhongdian – auf nach Shangrila 184
4. Tag: Lijiang – das Getrappel der Pferdekarawanen 188
5. Tag: Lugu-See – Gesang über den Weiden 192
6. Tag: Dênqên – Blick auf den schneebedeckten Meili 195
7. Tag: Yanjing – Pfirsichblüten, Salz und Wein 200

Die fünfte Reise

E. Von Qinghai nach Tibet: Dem Alltag entkommen 208

1. Tag: Golmud – bernsteinfarbenes Benzin 210
2. Tag: Namtso-See – Heimat der reinen Seelen 213

Über die Autorin 221

Tibet: Eine Reise, die verändert

Der eisige Atem der Göttin weht mich fast um. Ich stehe auf 5200 m Höhe, nein, nicht auf einem Berggipfel, sondern am Grund eines Tales. Vor mir ragt eine 3700 m hohe weiße Wand auf: Die Göttin Qomolangma – die Engländer nannten sie nach einem unbedeutenden Kartografen Everest. In der europäischen Antike galten Berge als der Sitz der Götter, in Tibet werden die Berge selbst als Götter verehrt. Auch wer nicht spirituell ist, in Tibet wird man es.

Sicher möchte jeder Tibet-Reisende tiefer eintauchen, mehr erfahren über diese einzigartige Verschmelzung von extremer Bergwelt und mystischer Kultur, mehr wissen, als im Reiseführer steht.

Aber Tibet macht einem den Zugang nicht einfach, vieles bleibt auch dann schwer verständlich, wenn man das Land mehrfach bereist hat. Das liegt zum einen daran, dass Tibet äußerst vielfältig ist. Auf religiöser Ebene gliedert sich der tibetische Buddhismus in vier Schulen mit zum Teil sehr unterschiedlichen Riten und Philosophien. Die beiden Zentren Lhasa und Shigatse waren historisch schon immer Konkurrenten, das Verhältnis ist mit dem von Berlin zu München vergleichbar. Und im Alltag trennen einen Angestellten in einem geheizten Büro in Lhasa Welten vom Leben eines nomadischen Hirten, der in seinem Leben noch nie über die nächste Kreisstadt hinausgekommen ist.

Aber da gibt es noch mehr: Bei meiner ersten Reise nach Tibet machte der Fernbus mittags an einem kleinen Restaurant halt. Ich fragte den Fahrer, wie lange wir Pause machen. Er verstand nicht, was ich wollte. Ich dachte erst, er spreche kein Chinesisch. Nach dem Essen wurde mir jedoch klar, dass der Bus ganz einfach dann weiterfährt, wenn alle Reisenden fertig gegessen haben. Eigentlich naheliegend – und doch eine völlig andere Denkweise. Die Präzision und Logik, die man als Mitteleuropäer gewohnt ist, passt nicht zu Tibet. Oft habe ich erlebt, dass ich auf eine scheinbar einfache Frage von unterschiedlichen Menschen völlig verschiedene Antworten bekommen habe. Meist hilft es daher nur, sich der Kultur und Denkweise intuitiv zu nähern.

Sich auf dieses Experiment einzulassen, lohnt sich. Es lohnt sich, seine rationalistische Denkweise hintanzustellen und zu versuchen, sich vermehrt auf Gefühl und Intuition zu verlassen, und stattdessen seinen lang vergessenen „siebten Sinn" einzuschalten. Tut man das, beginnt man nach und nach, mit seiner spirituellen Seite in Kontakt zu treten. Und man spürt, wie einen das zu verändern beginnt. Zurück zu Hause, merkt man, dass diese Veränderung nachhaltig ist. Ein Teil des tibetischen Geistes lebt in jedem, der einmal dort war und sich mit allen Sinnen auf dieses Land eingelassen hat, weiter. Und nicht nur das: Er lässt einen nicht mehr los, man möchte mehr davon.

Hong Chens Buch hilft dabei, Brücken zu bauen und die tibetische Lebensweise zu veranschaulichen. Mit Beschreibungen zufälliger Alltagsbegegnungen nähert sich Hong Chen den Menschen und ihrer Kultur eingehend und einfühlsam. In ihrem Reisebericht „Durchs wilde Tibet: Ein Roadtrip über das Dach der Welt" beschreibt die Autorin ihre vielen Abenteuer, die sie in die entlegensten Winkel Tibets geführt haben, ihre Begegnungen mit ungewöhnlichen Menschen wie Schamanen, Lamas und Schönheitsköniginnen. Doch auch die Strapazen und Probleme solch einer extremen Reise klammert sie nicht aus: Realistisch und mit viel Selbstironie schildert sie ihre Erschöpfung und wiederholte Anfälle von Höhenkrankheit.

Dazwischen liefert der Bericht gründlich recherchierte Informationen in gut lesbaren Portionen über Kultur und Geschichte, Geografie, Flora und Fauna.

Liebe Leserin, lieber Leser: Spätestens am Ende des Buches, wenn dich das Fernweh übermannt, ist die Zeit gekommen, den Rucksack zu packen: Es warten Begegnungen mit den Menschen am Dach der Welt. Und es wartet die Begegnung mit dir selbst. Lass den Himalaya, lass Tibet dich verändern!

Volker Müller

Die Göttin Qomolangma oder: Der Mount Everest

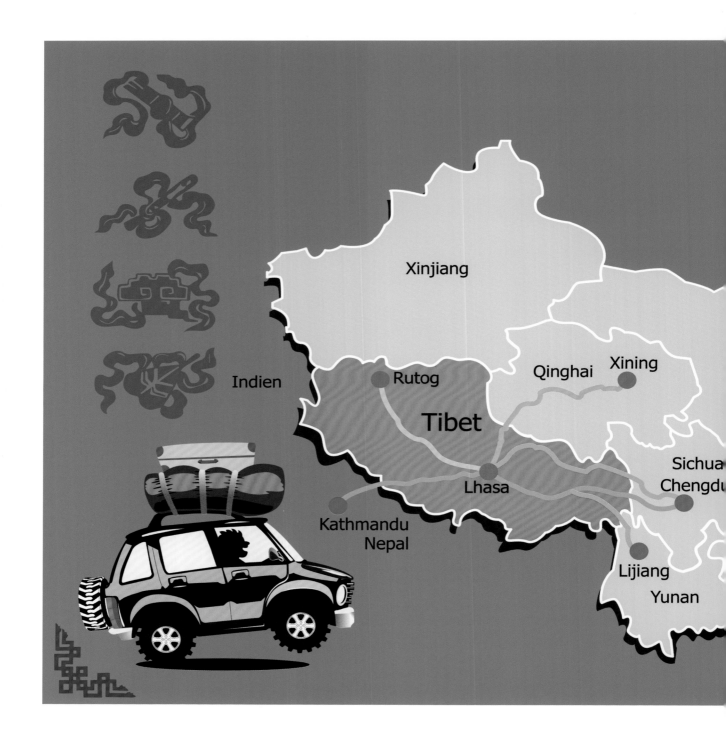

Beijing

Offener Blick, offenes Herz

Die chinesische Reiseschriftstellerin Hong Chen war in den Jahren zwischen 2000 und 2010 fünf Mal in Tibet unterwegs. 50.000 km legte sie dabei zurück, Reisen voller Überraschungen und Gefahren. Mehrere tausend Seiten Lesestoff hat sie bewältigt, tausende von Bildern gemacht, ungezählte Landkarten verschlissen. Ihr Reisebericht, den sie unterwegs verfasst hat, bietet bisher einmalige Einblicke in die Tradition der geheimnisvollen Himmels- und Baumbestattungen, der tibetischen Nacktänze und in das Leben im Skelettkloster.

Die Autorin war nicht nur als Touristin unterwegs. Sie hat als Freiwillige am heiligen Berg Kailash und an der „Zeltschule" des Lebenden Buddhas Yingba gearbeitet und so das Leben in Tibet aus vielen verschiedenen Perspektiven erlebt.

Das Buch folgt auf den fünf Reisen den fünf „goldenen Routen" nach Tibet: Zu diesen zählen die beiden Bundesstraßen von Sichuan aus, sowie die Routen, die in Xinjiang, Yunnan und Qinghai ihre Anfänge nehmen.

Hong Chens Erfahrungsbericht sei Tibetreisenden ans Herz gelegt, denn er verhilft zu einem offenen Blick beim Erkunden von Tibets ungewöhnlichen Menschen und ihrer Landschaft, Kultur und Geschichte!

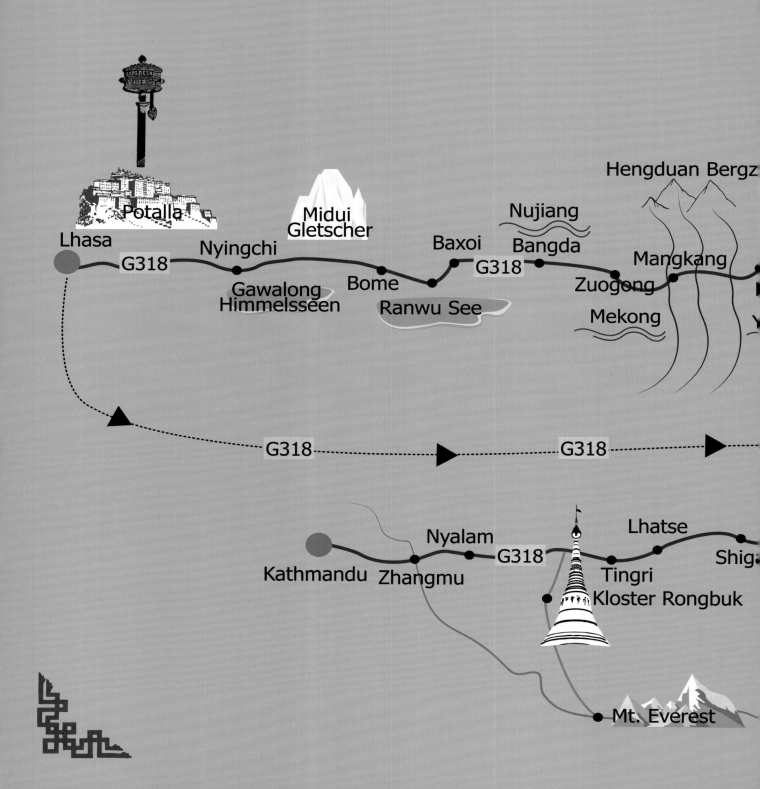

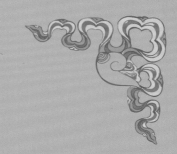

Tagong Grassland

Kangding

G318

Chengdu

Xinduqiao Luding Ya'an

Chongqing

Berg der galoppierenden Pferde

318

Lhasa

318

Khampala

ndrok See

China Nepal Grenze

A. SÜDROUTE SICHUAN – TIBET: Über den Himalaya bis nach Nepal

Die erste Reise

A. Südroute Sichuan – Tibet: Über den Himalaya nach Nepal

Route: Chengdu – Ya'an – Luding – Kangding – Xinduqiao – Yajiang und Litang – Batang – Mangkang – Zuogong – Bangda – Baxoi – Bome – Nyingchi – Gongbo'gyamda – Mozhugongka – Lhasa – Shigatse – Lhatse – Tingri – Nyalam – Zhangmu – Kathmandu
Gesamtstrecke: 3058 km
Empfohlene Jahreszeit: Juli – August
Reine Fahrtdauer: 9 Tage
Fahrtdauer mit Zwischenstops und Besichtigungen: 15 Tage
Höhe: Minimum 500 m ü.d.M. in Chengdu, Maximum 5200 m ü.d.M. am Basislager des Mount Everest

Die Strecke, die wir vor uns haben, ist einzigartig: Eine Abfolge von Schlammlawinen, Berg- und Erdrutschen, zerstörten Brücken, Steinschlag, Schnee und Eis; die gefährlichste Route in ganz China, wahrscheinlich weltweit. Doch für Abenteurer ist sie genau das Richtige!

Die „Bundesstraße G318" nimmt ihren Anfang in Shanghai ganz im Osten Chinas und verläuft über Chengdu und Lhasa bis nach Zhangmu an der Grenze zu Nepal. Wir beginnen unsere Reise in Chengdu, der Hauptstadt der Provinz Sichuan. Der Weg führt in Richtung Westen über Ya'an und Kanding nach Xinduqiao. Dort gabelt sich die Straße, die Südroute nach Tibet verläuft über Yajing, Litang und Batang im äußersten Westen Sichuans und dann innerhalb Tibets über Zuogong nach Bangda. Weiter geht es westwärts über Baxoi, Bome und Nyingchi bis nach Lhasa. Insgesamt haben wir 2149 km vor uns.

Ab Bangda gibt es eine zweite Variante: nördlich über Riwoqê durch das Plateau Nordtibets und schließlich ab Nagqu in südwestliche Richtung nach Lhasa. Diese Route ist mit 2412 km um gut 250 km länger.

Wir entscheiden uns für die Südroute. Es ist die Strecke, um die sich die meisten Geschichten ranken, mit den wildesten Landschaften, den steilsten Abhängen und dem größten Nervenkitzel. Ohne Frage, es ist auch die beschwerlichste Route. Oft sollte uns angst und bange werden, und nur durch Glück sollten wir mit dem Leben davonkommen.

Doch was wir hier unterwegs zu sehen und zu erleben hoffen, ist genau das, wonach wir uns so sehnen: Es ist nicht nur alles, was Tibet an landschaftlicher und kultureller Schönheit und an klimatischen Extremen zu bieten hat: Pferderennen, über zehn schneebedeckte Viertausender, von denen der herbe Kuss des eisigen Windes weht, märchenhafte Seen, ein Schluchtensystem mit drei der größten Strömen Asiens, 108 steile Serpentinen ins Tal des Nujiang, fruchtbare Täler, dunkelgrüner Urwald in dem mystische Baum- und Himmelsbestattungen stattfinden, Hochebenen voller Wildblumen, der Duft der Schneelandschaften hoch oben beim Basislager des Mount Everest, dort, wo die Luft dünn wird. Die Route führt durch die unterschiedlichsten Klimazonen, von arktisch bis tropisch, manchmal erlebt man an einem einzigen Tag alle vier Jahreszeiten.

Es ist auch unser Wunsch, unterwegs in dieser rauen Landschaft, fernab des Großstadtlebens, unseren Träumen unbegrenzt Raum geben zu

Das ideale Plätzchen, um die Aussicht zu genießen

können, uns zur Gänze in das Hier und Jetzt fallen zu lassen, das Leben mit allen Sinnen wahrzunehmen. Es wird uns schwerfallen, nach unserer Rückkehr wieder in den alten Rhythmus zurückzufinden. Doch schon zu Beginn unserer Reise haben wir das Gefühl, ein Stück verlorene Heimat wiedergefunden zu haben. Oder vielleicht war es ja auch ein tief im Inneren vergrabener Teil von uns selbst, der sich wieder hervorgewagt hat?

1. Tag: Keine Höhenkrankheit, dafür Steinschlag

Route: Chongqing – Chengdu – Ya'an – Tianquan – Erlangshan-Tunnel – Luding – Kanding
Fahrtzeit: 07:40 – 20:00 Uhr
Distanz: 581 km
Höhe: Chengdu 512 m ü.d.M.,
Kanding 2480 m ü.d.M.

Fünf Mal nach Tibet

Die erste Reise nach Tibet unternahmen wir im Jahr 1998. Die Nachricht von unseren Abenteuerplänen verbreitete sich damals wie ein Lauffeuer.

Damals besaßen wir noch keinen eigenen Geländewagen, wir fuhren mit dem Bus oder mieteten vor Ort ein Auto.

Dies ist jetzt unsere fünfte Reise in das Paradies Buddhas – diesmal sind wir mit dem eigenen Auto unterwegs. Vor uns liegen mehr als 10.000 km, 60 Tage haben wir für die Strecke eingeplant.

Auf nach Westen!

Früh morgens um 7:40 Uhr geht es von zu Hause los. Die ersten Kilometer kämpfen wir uns durch den Berufsverkehr. Es ist derselbe Weg, den wir täglich zu unseren Arbeitsplätzen nehmen. Unser Alltag verläuft immer in der gleichen Abfolge, die Routine nimmt uns die Würde, die Reinheit unserer Existenz. Denn tief im Inneren wünschen wir uns ein Leben voller Herausforderungen und voller Spiritualität, ein Leben ohne Regeln, ein sinnerfülltes Leben, das Herz und Geist in Schwung hält. Und diese Entschleunigung, die Verlangsamung eines Lebens, das in die Tiefe gehen soll: das ist das eigentliche Ziel unserer Reise. Das ist der Grund, warum sich so viele Reisende immer wieder auf den Weg machen, immer wieder in die Ferne ziehen. Sie wollen die Begrenztheit des Alltags überwinden und die Schönheit der Welt erkunden.

Heute fahren wir also nicht wie an einem normalen Arbeitstag die gewohnte Strecke weiter, sondern schlagen die entgegengesetzte Richtung ein: Es geht nach Westen.

Auch Feen werfen mit Steinen

Kanding liegt zwar nur 340 km von Chengdu entfernt, und doch ist es ist eine völlig andere Welt, die uns erwartet. Wir freuen uns auf blauen Himmel, weiße Wolken, klare Luft. Allerdings ist der Weg dorthin berüchtigt für Erdrutsche und Steinschlag. Als wir nach einer Mittagspause im Regenloch Ya'an weiter wollen, erfahren wir, dass es weiter westlich einen Erdrutsch gegeben hat und die Straße seit drei Tagen nicht mehr passierbar ist.

Wer mit dem Auto nach Tibet fährt, bekommt meist keine Probleme mit der Höhenkrankheit, mit der viele Tibet-Reisende sonst zu kämpfen haben. Denn immer wieder geht es bergauf und bergab, genügend Zeit also, um sich langsam an die Höhe zu gewöhnen. Doch Erdrutsche und Schlammlawinen können jederzeit abgehen und die Straßen blockieren und so die gesamte Reiseplanung über den Haufen werfen.

Wir haben uns auf das Schlimmste vorbereitet und uns ausreichend mit Essen, Tee und Sprit eingedeckt. Nachmittags um vier ist die Straße freigeschaufelt. Drei Tage lang hat sich eine lange Autoschlange aufgestaut, jetzt setzt sie sich, Stoßstange an Stoßstange, in Bewegung. Dort wo der Erdrutsch abgegangen ist, ist die Straße bis jetzt nur einspurig befahrbar. Schlamm und Geröll haben die Häuser, die bis dahin den Straßenrand säumten, fast bis in den Fluss geschoben. Alle paar hundert Meter steht am Straßenrand ein blaues Schild mit der Warnung „Vorsicht Steinschlag".

Für Fahrer, die wie wir vor allem die breiten, asphaltierten Straßen der Großstadt gewohnt sind, ist das alles andere als ein Vergnügen. Plötzlich hören wir es zwei Mal hintereinander laut knallen: Zwei herabfallende Steinbrocken haben unser Auto getroffen. Statt anzuhalten und den Schaden zu begutachten, gibt mein Gefährte Vollgas, um aus der Gefahrenzone zu kommen.

Dieser zehn Kilometer lange Abschnitt, den wir gerade durchqueren, wird als „Fliegende-Feen-

Schlucht" bezeichnet. Doch wir benennen ihn in „Fliegende-Steine-Schlucht" um. Das sind keine harmlosen „Feenkiesel", die dort herunterkommen, es ist wirklich lebensgefährlich.

Schließlich halten wir bei einem kleinen Restaurant und stärken uns mit einer Schüssel Nudeln mit Rindfleisch. Danach inspizieren wir das Auto: Glück im Unglück, auf der rechten Seite hat der Stein nur ein taubeneigroßes Loch in die Karosserie geschlagen, hinten ist ein großes Stück Lack abgeplatzt. Uns selbst ist zum Glück nichts passiert. Bei einem schwarzen Santana vor uns hat ein Stein das Wagendach durchschlagen, eine gewaltige Wucht!

Der nächste Abschnitt durch den Erlangshan-Tunnel ist dagegen ein Zuckerschlecken. Der Tunnel wurde im Jahr 2002 fertiggestellt, sechs Minuten benötigt man, um ihn zu durchfahren. Für dieselbe Strecke musste man davor 30 km über Serpentinen fahren – häufig durch Regen und Nebel. LKW-Fahrer übernachteten damals meist am Fuße des Berges, um Kraft zu schöpfen und die Strecke dann am nächsten Morgen bei guter Sicht in Angriff zu nehmen.

Nur vier Kilometer misst der Erlangshan-Tunnel, eine kurze Distanz. Und doch hat man, wenn man ihn auf der anderen Seite verlässt, das Gefühl, sich in einer gänzlich anderen Welt zu befinden.

Hinter dem Tunnel erreichen wir die Luding-Brücke, die den Dadu-Fluss überspannt. Ende Mai 1935 hatte die Rote Armee diese Brücke über das reißende Gewässer erobert und überquert, wodurch sie den Truppen der Guomindang entkommen konnte. Diese spektakuläre Aktion zählt zu den großen Heldengeschichten des legendären „Langen Marsches".

Heute ist davon nichts mehr zu spüren, Luding ist ein friedlicher Ort, malerisch am Ufer des Flusses gelegen.

Von Chengdu nach Lhasa: 2150 km

Abends um acht Uhr erreichen wir das Dorf Shawan, 30 km vor der hauptsächlich von Tibetern bewohnten Stadt Kangding gelegen. Es hat nicht viel mehr als eine Reihe kleiner Restaurants und Pensionen auf beiden Seiten der Straße zu bieten, in denen man köstliche lokale Spezialitäten serviert bekommt. Nach Einbruch der Dunkelheit wird es still, nur das Gluckern des klaren Flusses Zheduo ist zu hören. Auf jeder unserer Reisen haben wir bisher hier übernachtet, um den Trubel in der Innenstadt von Kangding zu meiden. Wie vor vielen Jahren schon einmal, halten wir beim „Dorfrestaurant". Da werden alte Erinnerungen wieder wach. Die alte Frau Huang lebt nicht mehr, ihre Schwiegertochter bereitet eine Portion gedämpftes Pökelfleisch und Fisch mit Knoblauch für uns zu. Eine Frau aus dem Dorf kommt gerade aus dem benachbarten Tal zurück. Auf dem Rücken schleppt sie einen großen Korb mit Pflaumen. Zitronengelb sind sie und süß wie Zucker, die Einheimischen nennen sie „Honigpflaumen".

Zwölf Stunden waren wir heute unterwegs, eine ziemliche Strapaze für den ersten Reisetag. Uns tun alle Knochen weh. Doch nach einigen Honigpflaumen sind die Schmerzen vergessen, wir werden nostalgisch: Dass wir beide nach so vielen Jahren noch einmal in der gleichen Herberge unterkommen, das gleiche Essen essen, auf der gleichen Strecke ans Ende der bekannten Welt unterwegs sind, bei diesem Gedanken durchströmt uns ein durch- und durchgehendes Glücksgefühl.

2. Tag: Kangding – Pferde und ein Liebeslied

Route: Kangding – Zheduoshan – Xinduqiao – Grasland Tagong
Fahrtzeit: 07:00 – 10:00 Uhr, 3 Stunden
Distanz: 115 km
Höhe: Xinduqiao 3640 m ü.d.M., Tagong 3730 m ü.d.M.

Wer gerne aus vollem Halse singt, der sollte ein paar Zeilen aus dem „Kangdinger Liebeslied" in sein Standardrepertoire aufnehmen. Es fängt die Atmosphäre Kandings in ganz besonderer Weise ein: Die Emotionalität der Menschen, die galoppierenden Pferde, den Mondschein über den Bergen. Wahre Liebe ist so weit wie das Grasland um Kangding.

Vor ein paar Jahren präsentierte der spanische Tenor José Carreras in der Shanghaier Oper die schönsten Weisen aus dem Mittelmeerraum. Der Höhepunkt aber kam zum Schluss: Das „Kangdinger Liebeslied". Es war, als ob er seinem Auftritt damit eine tibetische Krone aufsetzen wollte.

Bei der Reiseplanung kann man sich der Anziehungskraft, die manche Orte schon bei der Lektüre darüber ausstrahlen, einfach nicht erwehren, man muss sie besuchen. Kangding ist solch ein Ort.

Es ist noch nicht hell, da überlegen wir schon die Ziele des heutigen Tages und berechnen die Fahrzeit. Wir wollen es auf jeden Fall zum Reiterfest nach Kangding im Grasland von Tagong schaffen.

Eine einzigartige Atmosphäre

Gut 30 Kleinstädte liegen wie auf einer Perlenschnur aufgefädelt an der Route von Chengdu nach Lhasa. Einer davon ist Kangding, ein absoluter Höhepunkt.

Die 30 km zwischen Shawan und Kangding geht es am Ufer des reißenden Flusses Zheduo entlang. Neben der Straße wechseln sich Felder mit rot leuchtendem Sichuanpfeffer und goldgelben Sonnenblumen ab. Mit dem eiskaltem Flusswasser säubern wir unseren Wagen. Und wir ziehen noch eine zusätzliche Schicht Kleidung über unsere kurzen Hosen und T-Shirts. Bezaubert von Duft und Landschaft fahren wir weiter in Richtung Kangding.

Wer Kangding das erste Mal besucht, ist wahrscheinlich überrascht, dass die Kulisse der Altstadt dem Schauspiel „Der Kaufmann von Venedig" entlehnt zu sein scheint. Die Architektur erinnert an italienische Renaissancebauten. Außerhalb des Stadtkerns herrscht viel Verkehr, doch im Zentrum übertönt das Rauschen der Bäche jeglichen Verkehrslärm. Es ist in der ganzen Stadt zu hören.

An beiden Ufern des Zheduo stehen traditionelle tibetische Wehrtürme, umringt von farbenprächtigen Verkaufsständen.

Als wir Kanding erreichen, regnet es leicht. Das trübe Licht verleiht den bogenförmigen Brücken über dem Fluss etwas Mystisches.

Zahlreiche Menschen drängen sich auf den Straßen, es sind vor allem Khampas, wie sich die Einwohner der osttibetischen Region Kham bezeichnen. Sie ähneln der indigenen Bevölkerung Amerikas. Bei vielen von ihnen haben sich die Spuren des harten Lebens in den Gesichtern eingekerbt. Ihre dunkle Haut, die uns unverständliche tibetische Sprache, der Viehmarkt, das alles verschmilzt zu einer einzigartigen Atmosphäre.

Kangding ist ein romantischer Ort. Ganz besonders der Paomashan. Dieser „Berg der galoppierenden Pferde" am Rande der Stadt, ist traditionell der Platz, an dem Jungen und Mädchen auf dem Rücken ihrer Pferde zueinander finden.

Ziegenmilch mit Zucker

Es ist Hochsommer, die Zeit der Pferderennen. Diese Ereignisse stellen für die Menschen in Kangding und der ganzen Umgebung den Höhepunkt des Jahres dar. Die Rennen und die begleitenden Festlichkeiten finden 115 km vom Städtchen Kangding entfernt auf dem Grasland von Tagong statt, in 3730 m Höhe. Während Besucher aus dem Flachland häufig mit der Höhenkrankheit zu kämpfen haben, kennen tibetische Hirten, die das ganze Jahr auf der unwirtlichen Hochebene leben, diese Probleme nicht. Für sie ist das Fest ein einziger großer Karneval.

Aus einem Dutzend Landkreisen strömen die Tibeter in Tagong zusammen. Sie kommen mit Lastwagen, Jeeps, Traktoren, Vieh- oder Planwagen oder mit dem Pferd. Sie bringen Haus- und Nutztiere mit, Hausrat, Generatoren, ihren Schmuck und ihre Schönheit. Mehr als 1000 bunte Zelte schlagen sie in Tagong auf. Sie trinken, reiten, tanzen und flirten, eine ganze Woche lang geht das so. Auf dem blumenübersäten Grasland ist im Handumdrehen eine mobile Stadt entstanden. Im kleinen Ort Tagong hat man keine Chance mehr, noch einen Platz in einem Hotel oder einer Familienunterkunft zu finden. Wir fahren kreuz und quer durch die Gegend und hoffen, in irgendeinem Zelt unterkommen zu können. Geduld zahlt sich aus: wir kommen mit einem Polizeimeister in Kontakt, er besitzt die typische Großzügigkeit der Khampas.

Einige seiner Leute müssen nachts auf Streife, wir dürfen so lang ihre Faltbetten und die warmen Decken benutzen.

Aufgrund ihres Nomadenlebens haben die Tibeter eine besonders innige Beziehung zu Pferden entwickelt, seit jeher ist ihre Existenz eng mit diesen Tieren verbunden. In ganz Tibet findet daher jedes Jahr eine Vielzahl von Pferderennen statt. In einem Volkslied heißt es: „Ein geschmücktes Pferd ist schöner als sein Besitzer". Hirten wissen genau, was es bedeutet, ein gutes Pferd zu haben. Und das will – wie wir Menschen auch – gebührend bewundert und gewürdigt werden. Ohne Zweifel: Bei den Pferderennen wird die Liebe der Besitzer zu ihren Pferden offensichtlich.

Die stolzen Tiere werden mit bunten Bändern geschmückt, manche in den gleichen Farben wie ihre Reiter. Mähnen und Haare wehen im Wind, es ist ein herrlicher Anblick. Einige Pferde haben Schweif und Mähne zu Zöpfen geflochten, auch die jungen Männer tragen farbenfrohen Kopfschmuck, man weiß gar nicht, wo man zuerst hinsehen soll. Die Rennpferde bekommen nicht etwa Wasser zu trinken, sondern Ziegenmilch mit Zucker. Sogar Schönheitswettbewerbe für Pferde gibt es. Eine Gesichtsform, die der eines Phönix gleicht, gilt als die schönste. An zweiter Stelle steht ein Gesicht, das an eine Bergziege erinnert, den hintersten Rang nimmt ein „Eselsgesicht" ein. Als ich das höre, verstecke ich

Großvater und Enkelin in Rot

unwillkürlich mein breites Gesicht unter der Kapuze, in dieser Hinsicht habe ich einen leichten Komplex.

Der erste Platz im Pferderennen mit einem Preisgeld von 25.000 Yuan geht an einen gutaussehenden jungen Mann. In einem tibetischen Sprichwort heißt es: „Aus Lhasa kommt der Buddhismus, aus Amdo die besten Pferde, aus Kham die schönsten Menschen". Und wirklich, die Männer aus Kham wirken alle stattlich und gut gebaut. Beim Anblick der Reiter, die sich mit ihrem Pferd zu Boden fallen lassen, um sich gleich darauf scheinbar mühelos wieder aufzurichten, kann ich tatsächlich nur seufzen. Unwillkürlich hegt man den Gedanken, zu früh geheiratet zu haben – man hat zwar einen Baum erworben, aber einen ganzen Wald verloren. Nun bleibt mir nichts anderes übrig, als inmitten der wogenden Menge die stolzen Pferde und hübschen Männer aus Leibeskräften anzufeuern.

Schönheit und Lebensfreude

Am Morgen des dritten Tages steht mein Begleiter früh auf, um das Morgenrot über dem Grasland zu fotografieren. Kurze Zeit später stürmt er ins Zelt und zieht mich aufgeregt heraus. „Hong Chen, das musst du dir ansehen! Wir sind von Schönheiten umringt!". Nach dem Tag des Pferderennens wird traditionell die Schönheitskönigin gewählt. Vor fast jedem der gut 1000 Zelte sitzt eine junge Frau und wird im sanften Morgenlicht von ihrer Familie herausgeputzt. Das Aufgebot steht dem Hofstaat einer Prinzessin in nichts nach. Großmütter, Mütter und Tanten, alle sind tatkräftig am Werk. Eine Ansammlung von Schatztruhen ist auszumachen, die an die Geschichte von Ali Baba aus dem Morgenland denken lässt. Sorgfältig werden die jungen Frauen geschminkt, ihre Haare zu unzähligen Zöpfen geflochten, ein prächtiges Kleidungsstück nach dem anderen angezogen. Zuletzt wird der Schmuck angelegt, der oft über Generationen vererbt wurde.

Vollendete Schönheit, wohin man schaut. Bei diesem Anblick packt mich der Neid: vom Kopfschmuck über die Ringe und Ohrringe, bis hin zu Gürtel, Tasche, Dolch und Amulett, alles besteht aus Gold, Perlen, Achat und Jade! Der Schmuck einer Tibeterin kann einige hunderttausend Yuan wert sein. Die Männer tragen kunstvolle Dolche am Gürtel, Flinten über der Schulter sowie edle Felljacken und -mützen. Welch andere Form von Besitz, verglichen mit unseren Aktien, Antiquitäten und Eigentumswohnungen!

Yangjinma ist eine junge Frau, die in unserer unmittelbaren Nähe herausgeputzt wird. Immer wieder zieht sie unsere Blicke auf sich, wir können gar nicht genug Fotos von ihr machen. Sie glänzt wie ein kristallklarer Tautropfen auf einer Blume im Grasland. Dabei – so erfahren wir – übt sie einen ganz profanen Beruf aus, sie ist Richterin am Amtsgericht im Landkreis.

Kopfbedeckung der Khampa

17

Plötzlich fassen sich Männer und Frauen an den Händen und beginnen zu wechselnden Rhythmen zu stampfen und sich zu drehen. Es ist ein Volkstanz aus Garze. Ihre Schritte klingen auf dem weichen Grasboden Tagongs wie dumpfe Trommelschläge.

Das tibetische Wort „Tagong" bedeutet passenderweise „der Ort, den die Bodhisattwas lieben". Nach der buddhistischen Lehre sind Bodhisattwas Menschen, die bereits ins Nirwana eingehen könnten, darauf jedoch verzichten, um den Menschen auf der Erde beizustehen. Und nicht nur Bodhisattwas lieben den Ort: Die paar Tage, die wir hier verbringen, sind wir so glücklich, dass wir die Welt um uns herum völlig vergessen haben.

Rund um Tagong sind Leute auf die Berge geklettert und haben mit weißen Steinen auf dem grünen Grund auf Tibetisch, Chinesisch und Englisch in großen Buchstaben die Worte „Kangdinger Liebeslied" gelegt. Auch auf die Verpackung von gepökeltem Yakfleisch hat der Hersteller Text und Noten des „Liedes" gedruckt. Versucht man die Mentalität der Tibeter aus der Kham-Region zusammenfassend zu erklären, dann findet man zum einen Worte wie „Romantik", „Naturliebe" und „künstlerisches Talent", zum anderen ist aber auch ihr Geschäftssinn erwähnenswert. All das verbindet sich zu einer einzigartigen Kultur, die vor allem von einem enormen Sinn für Schönheit und äußerst ansteckender Lebensfreude geprägt ist.

3. Tag: Mit dem Fahrrad durchs Paradies

Route: Kangding – Zheduoshan-Pass – Xinduqiao – Yajiang – Gaoersi-Pass – Jianziwan-Pass – Kazila-Pass – Litang
Fahrtzeit: 09:00 – 17:00 Uhr, 8 Stunden
Distanz: 310 km
Höhe: Yajiang 2699 m ü.d.M., Litang 3968 m ü.d.M.

Kaum liegt Kangding hinter uns, kommen wir ins richtige Hochgebirge. Zheduoshan ist ein kleiner Ort auf 4298 m Höhe inmitten von schneebedeckten Bergen. Hier verläuft die traditionelle Siedlungsgrenze zwischen Han-Chinesen und Tibetern, westlich von hier beginnt das überwiegend von Tibetern bewohnte Gebiet. Im Juli und August ist Regenzeit, der Weg ist sehr gefährlich. Wir machen uns so früh wie möglich auf den Weg. Als wir den Fuß eines Berges erreichen, geht vor uns eine Schlammlawine nieder. Sie wälzt sich über die Straße hinweg, hinab in das Bett des Yalong-Flusses. Ein von der Lawine freigesetzter Schwefeldunst hängt in der Luft. Zum Glück war es nur eine relativ kleine Lawine. All jenen, die in Wagen mit geringem Bodenabstand unterwegs sind, bleibt nichts anderes übrig, als am Straßenrand zu halten und abzuwarten. Wir schätzen die Lage ab, vertrauen auf unseren Geländewagen und bahnen uns schließlich mit niedrigem Gang einen Weg durch die Blockade.

Hauptstadt des Spielens
Schnee und Regen wechseln sich ab, farbige Gebetsfahnen wehen im Wind. Wir überqueren den Pass des 4290 m hohen Berges Zheduoshan.

Unser nächstes Ziel ist der Ort Xinduqiao, der für sich als „Paradies für Fotografen" wirbt. An dieser Stelle gabelt sich die Straße nach Tibet. In nördlicher Richtung führt die Strecke über Bome nach Daofu, wo sie auf die G317 trifft. Die Südroute G318 führt weiter nach Westen über Lhasa bis an die Grenze zu Nepal.

Am Straßenrand steht eine große Reklametafel, mit den unverblümten Worten: „Hauptstadt des Spielens". Nur Menschen aus Sichuan kennen wohl alle Ausprägungen des Begriffes „Spielen". Sich mit Freunden vergnügen, picknicken, seiner Stimmung freien Lauf lassen… all das wird im Sichuaner Dialekt als „Spielen" bezeichnet.

Die Gegend um Kangding ist geprägt von schwarzen Yaks, weißen Pagoden, braunen Holzbrücken, bunten Gebetsfahnen und überdimensionalen Gebetstrommeln, die sich von Wasserkraft angetrieben permanent drehen. Tibeter singen lauthals während sie auf ihren Motorrädern durch die Berge brausen. Selbst über große Entfernungen kann man ihre kräftigen Stimmen hören. Lamas fahren per Anhalter stehend auf einem Traktor mit, ihre roten Roben flattern wie Flaggen im Fahrtwind. Vom Straßenrand aus winken uns Kinder zu, sie verkaufen Pilze, die sie im Grasland gesammelt haben. Wir halten an und kaufen eine Tüte für 30 Yuan. Tibeterinnen sitzen vor ihren Häusern und bieten selbstgemachte Kekse aus Yakmilch an. So ein weiches, weißes Gebäck haben wir noch nie probiert, das ist etwas ganz anderes als die künstlich gefärbten Torten, die es bei uns zu Hause zu kaufen gibt! Für nur zehn Yuan kann man sich einen köstlichen tibetischen Käsekuchen schmecken lassen.

Die Häuser in dieser Gegend sind ausgesprochen vielfältig. Das Design der Türen und Fenster, die Farben und die verwendeten Baumaterialien, das alles ist eine bunte Mischung unterschiedlicher Stilrichtungen. In den Blumenkästen unter den Fenstern blühen Malven und Ringelblumen. Es stimmt: Dies ist tatsächlich ein Paradies für Fotografen! Erst gegen Ende unserer Reise, die uns nach Ngari in den äußersten Westen Tibets führt, wird mir klar werden, wie sehr die Bauweise der Häuser von den beiden Faktoren Umweltbedingungen und Lebensstandard abhängt.

Wir retten eine Radfahrerin

Wir verlassen Xinduqiao und umfahren zunächst den 4412 m hohen Berg Gaoersi, kurz darauf den 4659 m hohen Jianziwan und den Kazila mit 4718 m Höhe.

Diese Abfolge von Bergriesen ist typisch für das tibetische Hochland, ebenso die immer kälter werdenden Temperaturen: Bei einem Höhengewinn von 100 m sinkt die Temperatur im Durchschnitt um ein Grad. Die Sonne strahlt intensiv, aber es ist kalt, einige Berge sind mit Schnee bedeckt. Ständig geht es bergauf und bergab, die Straße ähnelt einem Waschbrett, Auto und Fahrer werden kräftig durchgeschüttelt.

Doch wie geht es erst jenen, die hier mit dem Fahrrad unterwegs sind? Ich nenne sie respektvoll „Himmelsreiter", sie benötigen eine enorme Ausdauer.

Am Berg Jianziwan treffen wir eine Gruppe Radfahrer. Sie essen Dampfbrötchen zum Frühstück und machen im eiskalten Wind Fotos. Ihre Gesichter sind bleich vor Kälte und Anstrengung, trotzdem sind sie guter Dinge. Zwei junge Männer halten uns an und bitten uns, ihre Kameradin Xiao San nach Litang mitzunehmen. Das Mädchen gibt keinen Laut mehr von sich, sie steht kurz vor einem Kollaps, die Höhenkrankheit hat sie schwer erwischt.

Eilig packen wir ihr Mountainbike auf unseren Dachgepäckträger und helfen ihr, sich in den Wagen zu setzen. Die Gruppe besteht aus 30 Radfahrern. Tian Yu, ein 28-jähriger Baudesigner hat die Reise organisiert und die Teilnehmer über das Internet zusammengesucht. Im letzten Jahr hat er die 2149 km lange Strecke von Sichuan nach Lhasa schon einmal in der Rekordzeit von zehn Tagen geschafft. Das hat ihm den Spitznamen „Höllenreiter" eingebracht.

Diesmal hat er sich als Gruppenleiter zur Verfügung gestellt. Die Radfahrer kommen aus allen Ecken Chinas. Unter ihnen sind ein Militärarzt, ein Wartungstechniker und ein Arbeitsloser, aber die Mehrzahl sind Studenten. Innerhalb eines Monats wollen sie von Chengdu nach Lhasa radeln. Mit dem Rad durch Tibet zu fahren, das ist aufgrund der großen Höhe, der schlechten Straßen, und vieler weiterer Gefahren ohne Zweifel eine der größten sportlichen Herausforderungen. Xiao San hat gerade ihr Studium abgeschlossen, bis jetzt hatte sie keine Ahnung, was „Leiden" bedeutet. Aber seitdem sie sich in Chengdu auf ihren Drahtesel setzte, ist jeder Tag bestimmt von Schweiß, Tränen, extremen Wetterbedigungen, matschigen Straßen und hartem Brot. Die meisten der Jugendlichen haben sich nicht getraut, ihren Eltern zu sagen, was sie in ihren Sommerferien tatsächlich vorhaben, denn diese würden denken, ihre Kinder seien lebensmüde. Für die jungen Leute selbst ist es jedoch eine große Erfahrung, die sie über sich hinauswachsen lässt. Sie werden ein Leben lang davon profitieren und sie nicht missen wollen. Viel Geld hat keiner von ihnen, sie haben knapp 50 Yuan pro Tag eingeplant. Ihre Mahlzeiten sind einfach, sie übernachten bei tibetischen Familien oder in Herbergen. Aber sie sprühen so vor Energie und Lebensfreude, dass

wir beschließen, Tibet nach unserer Pensionierung auch einmal mit dem Fahrrad zu bereisen.

Reisen bedeutet für mich zweierlei: Zum einen stellt jede Reise eine Phase des Lernens und der Selbsterziehung dar, die jeder Mensch einmal durchmachen sollte. Zum anderen läßt das Reisen die Spiritualität in den Menschen reifen. Unterwegs wachsen in uns Charaktereigenschaften wie Gutherzigkeit, Toleranz, Ausdauer und Mut – Eigenschaften, die in unserem Leben immer wertvoll sind.

Xiao San erzählt uns im Auto, dass am Vortag drei Radfahrer auf der Strecke um den Jianziwan von Motorradfahrern ausgeraubt worden seien. Alles, was sie bei sich hatten, sei ihnen abgenommen worden, sogar die Fahrräder hätten die Räuber mitgenommen. Daher habe die Gruppe beschlossen, auf diesem Streckenabschnitt eng beisammen zu bleiben. Wenn jemand wie sie nicht mehr weiterkönne, würden sie ein Auto anhalten und den- oder diejenige vorausfahren lassen.

Bei diesem Bericht steigen mir die Tränen in die Augen. Das ist das erste Mal, dass ich auf meinen vielen Fahrten durch Tibet von einem Raubüberfall höre. Noch dazu auf Radfahrer, die keine Möglichkeit haben, sich zu wehren. Was ist nur aus den guten Charaktereigenschaften, für die die Menschen in diesem Gebiet seit jeher bekannt sind, geworden?

An der Tankstelle von Litang laden wir Xiao Sans Fahrrad ab. Ihre Gruppe wird noch zwei Tage benötigen, bis sie die 150 km bis zu dieser Stadt im Hochland zurückgelegt haben.

Die Zeit, in der der Stachel einer Rose wächst

Litang liegt auf 3968 m Höhe. Sie ist eine der höchstgelegenen Städte der Welt, der tibetische Name bedeutet „Grasland, eben wie ein Kupferspiegel". Wer zum ersten Mal ins Hochland reist, wird mehr oder weniger stark die Höhenkrankheit zu spüren bekommen. Typische Symptome sind Kopfschmerzen, Herzrasen und Übelkeit. Manche erwischt es so schlimm, dass sie meinen, ihr letztes Stündchen habe geschlagen. Eine Reisende schleppt eine Sauerstoffflasche mit sich herum und atmet in der Herberge mit allen Kräften reinen Sauerstoff ein. Die Einheimischen sitzen um einen Elektroofen, um sich zu wärmen. Erst drei Tage ist es her, dass uns in der Hitze des Chongqinger Sommers der Schweiß in Strömen herablief!

Mein Hausmittel gegen die Höhenkrankheit ist warme Rindfleischbrühe, wie auch die Tibeter sie essen. Wir folgen dem Duft trockener Kuhfladen und finden schließlich einen kleinen tibetischen Laden mit niedrigen Decken, in dem diese heiße, dampfende Brühe verkauft wird. Die Bewohner Litangs stapeln an den Wänden entlang trockene Kuhfladen, die sie als Heizmaterial verwenden, um darauf ihre Suppen aus Rinderknochen, Rüben und Bohnen zuzubereiten. Nun versteht man den Satz „jeder Teil des Yaks ist ein Schatz".

Der Duft, der aus den offenen Türen des kleinen Restaurants strömt, lässt an ein berühmtes chinesisches Gedicht von Wei Jin denken, eines Prinzen am chinesischen Kaiserhof im dritten Jahrhundert: „Die Bohnen kochen, der Bohnenkorb brennt, die Bohnen schluchzen unter dem Küchenbeil".

Die typischen Fensterumrahmungen der tibetischen Häuser lenken die Wärme ins Innere des Hauses

Dieses Gedicht soll keine traurigen Gefühle hervorrufen. Vielmehr geht daraus hervor, dass Bohnen geeignet sind, um Muskeln und Knochen zu stärken. Das fein zermahlene grüne Gewürz, das die Brühe außer den Bohnen noch enthält, ähnelt grünem Pfeffer. Instinktiv verstehe ich, dass diese Kraftsuppe das Allheilmittel der Menschen hier gegen die Höhenkrankheit ist – ähnlich wie die Cocablätter, die die Menschen in Südamerika kauen, um die Höhenkrankheit zu überwinden.

In der Abenddämmerung schlendern wir durch Litang. Wie die Tibeter tragen wir Fellstiefel und -mützen. An der Mauer der Kaserne von Litang steht in großen Schriftzeichen geschrieben:„Es mangelt an Sauerstoff, aber nicht an Willenskraft". Ich setze mich auf den Rand des Blumenbeets vor der Kaserne und stecke mir eine Zigarette an.

Doch es bleibt beim Anzünden, meinen Lungen fehlt die Kraft zu inhalieren. Ich sehe einen Jäger, der den Besitzern der kleinen Läden am Straßenrand ein Hirschgeweih zum Kauf anbietet. Das Geweih mit seinen Mustern und feinen Verzweigungen zieht meinen Blick magisch an. Doch meine Tierliebe hält mich davon ab, es zu kaufen. Je weniger Touristen Felle und Geweihe von seltenen Tieren kaufen, desto weniger Anreiz besteht für Jäger, diese wunderschönen Tiere zu erlegen.

Ich muss an die Worte eines Liedes denken, das der indische Schauspieler Sharma in dem Film „Tanz im Dunkeln" einst gesungen hat. In dem Text heißt es: „In der Zeit, in der sich eine Schlange häutet, in der Zeit, in der der Stachel einer Rose wächst, in dieser Zeit hat sich die Welt bereits verändert."

Freiwillige Helfer auf dem Weg zur Klosterschule

Ich sitze im Gemeinschaftsraum der Herberge Potala und tröste eine Reisende. „Jeden kann die Höhenkrankheit erwischen, kein Grund, in Panik zu geraten. Morgen bist du wieder vergnügt wie ein Vogel." Auch mir fällt das Atmen schwer. Mit geschlossenen Augen auf dem Bett sitzend verbringe ich die Nacht.

4. Tag: Das Charisma des lebenden Buddhas

Route: Litang – Maoya-Grasland – Haizi-Pass – vier Tunnel – Batang
Fahrtzeit: 08:30 – 17:30 Uhr, 9 Stunden
Distanz: 180 km
Höhe: Batang 2563 m ü.d.M.

Es ist zwar nur eine leichte Form der Höhenkrankheit, dennoch fühle ich mich die ganze Nacht über sehr schlecht. Als der Morgen dämmert, geht es mir allmählich besser, die Kopfschmerzen verschwinden.

Wie Kanding ist auch Litang ein Ort, an dem man auch ohne touristisches Programm einige Tage verweilen kann. Eine Reihe historischer Persönlichkeiten Tibets ist hier aufgewachsen, so die siebte und zehnte Inkarnation des Dalai Lama, die dritte Inkarnation des Jebtsundamba Khutughtu (1758–1773), ein späterer geistlicher Führer des mongolischen Buddhismus, sowie die fünfte Inkarnation des Buddhas Jamyang Shepa des aus dem Kloster Labrang.

Der sechste Dalai Lama Tshangyang Gyatsho, der als der „Buddha der Liebe" in die Geschichte einging, hat kurz vor seinem Tod ein Gedicht verfasst: „Weißer Kranich am Himmel, leih mir deine Flügel, fliege nicht in die Ferne, sondern bring mich nach Litang." Doch warum zog es ihn ausgerechnet nach Litang? Es gibt wohl nur eine Erklärung: Der 24-jährige Dichter wollte kurz vor seinem traurigen Ende mithilfe der Flügel des weißen Kranichs nach Litang, um seine Geliebte zu besuchen. Eine der Besonderheiten des tibetischen Buddhismus ist der Glaube an die Inkarnation: Nach dem Tod eines Menschen wird erkennbar, in welchem Kind seine Seele wiedergeboren wird.

Und der Legende nach war dieses Gedicht ausschlaggebend dafür, dass die siebte Inkarnation des Dalai Lama in Litang gefunden wurde. Später wurde dieses Liebesgedicht des sechsten Dalai Lama vertont und ist bis heute ein populäres tibetisches Volkslied.

Das „Wellenfest" im Kloster Litang

Jeden Morgen umrunden die tibetischen Einwohner Litangs im Uhrzeigersinn das Kloster am Rande des Ortes, ein tief verwurzelter Brauch. Um die Frömmigkeit dieser Menschen nachvollziehen zu können, wollen wir es ihnen gleich tun. Sobald es hell wird, folgen wir also den Gläubigen zum Kloster im Norden der Stadt, das etwa einen Kilometer von unserer Unterkunft entfernt liegt.

Das Kloster Litang wurde im Jahr 1580 gegründet und kann bis zu 4300 Mönche aufnehmen. Es ist das bedeutendste Kloster der Gelug-Schule, einer der vier großen buddhistischen Schulen Tibets. Im Volksmund werden die wichtigsten Klöster so hierarchisiert: „Zuoberst stehen die drei großen Klöster in Lhasa, dann kommt das Kloster Kumbum in Amdo (bei Xining in der Provinz Qinghai), und gleich an nächster Stelle steht das Kloster Litang." Die bekannteste lokale Kunstform sind Butterskulpturen. Am 15. Mai jeden Jahres veranstalten die Mönche das Fest der Butterschnitzerei.

Das Fest soll in Gedenken an den Ordensgründer der Gelug-Schule, Tsongkhapas, gefeiert werden. Gleichzeitig ist es ein Ehrentag für den historischen Buddha Siddhartha Gautama.

Ursprünglich stellte man an diesem Tag religiöse Opfergaben zur Schau. Hintergrund ist die Geschichte der chinesischen Prinzessin Wencheng, die im 7. Jahrhundert den tibetischen König Songtsen Gampo heiratete, mit ihm nach Lhasa ging und auf diese Weise den Buddhismus nach Tibet brachte. Teil ihrer Mitgift war eine Figur des Buddha Siddhartha Gautama, die bis heute im Zentrum des Jokhang-Tempels in Lhasa aufbewahrt wird. Nachdem der Gründer der Gelug-Schule, Tsongkhapa, seine buddhistischen Studien beendet hatte, ging er in den Tempel, setzte der Figur eine lotusförmige Krone auf den Kopf, zog ihr ein Gewand an und opferte eine aus Butter geschnitzte Blume. Der Brauch, Butterskulpturen zu opfern, nahm hier seinen Anfang, er wurde immer populärer und schließlich wurde daraus ein jährlich zelebriertes Fest.

Butterskulpturen zu schnitzen, ist eine ganz besondere Kunst, nur wenige künstlerisch und handwerklich hochbegabte Mönche besitzen diese Fertigkeit. Der Prozess besteht aus vier Arbeitsgängen: Zuerst werden aus Bambusstäben und Schnüren die sogenannten „Gerippe" gefertigt, sie geben die grobe Form der Skulpturen vor und verleihen ihnen Festigkeit. Im zweiten Schritt fertigen die Lamas den „Embryo". Dazu schmelzen sie Butterfiguren aus früheren Jahren ein und gewinnen so eine graue, zähe Masse, die sie Schicht für Schicht auf das „Gerippe" auftragen. Schließlich folgt das eigentliche Schnitzen mit farbiger, frisch gewonnener, weicher Yakbutter. Im vierten und letzten Schritt werden hervorstehende Elemente der Skulpturen mit feinen Drähten in den Torso gesteckt und Feinarbeiten an den Oberflächen vorgenommen.

Die Mönche mischen der Yakbutter verschiedene Mineralien bei, die wunderschöne Farbeffekte ergeben. Überlieferte Erzählungen und religiöse Geschichten dienen als Quelle für die verschiedenen Motive. Wegen des niedrigen Schmelzpunktes der Yakbutter darf sie nicht zu warm werden. Deshalb tauchen die Mönche ihre Hände in eiskaltes Wasser, um zu vermeiden, dass die Wärme ihrer Hände die Butter zum Schmelzen bringt.

Man vermutet, dass das Rheuma in den Händen, das einige dieser schnitzenden Mönche im Laufe ihres Lebens entwickeln, seinen Ursprung in dieser Arbeit hat. Die fertigen Skulpturen werden vor der lotusgekrönten Buddhafigur aufgestellt. Sie dürfen auf keinen Fall dem Sonnenlicht ausgesetzt werden.

Am Tag des Festes werden im Kloster tausende Butterlampen entzündet, auch in den Privathäusern stellt jede Familie mindestens zehn Butterlampen in die Fenster. Der Schein der Lampen ist weit durch die Nacht sichtbar. Durch Wind und Schnee auf über 4000 m Höhe hört man das Rezitieren buddhistischer Sutren. Eingehüllt vom intensiven Geruch der Yakbutter beten die Gläubigen im Licht der Butterlampen. Anschließend wünschen sie einander alles Gute und so beginnt nach dem tibetischen Kalender das neue Jahr. Manche Einheimische nennen das Fest der Butterskulpturen auch „Wellenfest". Die „Wellen" beschreiben die vielen Menschen, die, wogenden Wellen gleich, zum Fest zusammenströmen.

Das Kloster ist terrassenförmig an einen Berghang gebaut, gemeinsam mit den Gläubigen umrunden wir es in gut einer Stunde. Am Ende des Rundgangs blicke ich noch einmal hinauf zu den Tempelgebäuden. Ich habe das Gefühl, der irdischen Welt entrückt und den Göttern ein Stück näher gekommen zu sein. Liegt es an den wunderbaren Liebeslegenden, die hier entstanden sind und an die man unweigerlich denken muss? Oder liegt es an den vielen Geschichten vom unendlichen Kreislauf von Tod und Leben, die einen hier umgeben?

Spenden für die Klosterschule

Zu Mittag nehmen wir eine einfache Mahlzeit ein, es gibt Dampfbrötchen mit gesalzenem Gemüse nach Sichuan-Art. Dann machen wir uns auf den Weg nach Batang. Wir durchqueren das scheinbar endlose Maoya-Grasland, vereinzelt sehen wir Rinder- und Schafherden. Der Fluss Wuliang schlängelt sich in Serpentinen wie eine wehende Hada, ein tibetisches Seidentuch. 2016 hat die Provinzregierung für die Region den Status eines „staatlich zu schützenden Öko-Feuchtgebiets" beantragt.

Jenseits des 4485 m hohen Passes am Berg Haizi erreichen wir Batang, die letzte Stadt innerhalb Sichuans. In unserem Jeep haben wir fünf große Kisten mit Büchern, Spielzeug, einem Basketball, Federball-Schlägern und anderen Utensilien geladen, alles Spenden von Freunden. Wir werden diese Dinge zur Klosterschule bringen, die der „lebende Buddha" Yingba gegründet hat.

Von einem tibetischen Fahrer zu Hause in Chongqing habe ich erstmals von ihm und seinen 50 mittellosen tibetischen Schülern gehört. Dieser Fahrer schickte monatlich 500 Yuan von seinem bescheidenen Monatslohn von 2500 Yuan an Yingba. Im Laufe der Zeit habe ich immer wieder Menschen kennengelernt, die Yingba Sach- und Geldspenden zukommen lassen, um ihn bei seiner Arbeit zu unterstützen.

Der „lebende Buddha" Yingba lebt in einem

Der „lebende Buddha" Yingba mit einem seiner Schüler

kleinen, unauffälligen Kloster im tibetischen Teil Sichuans. Er stammt aus einer Hirtenfamilie und wurde oberhalb der Baumgrenze in 4000 m Höhe geboren. Schon von Geburt an war Yingba schwach und kränklich. Mit neun Jahren haben seine Eltern ihn in ein Kloster gebracht, er sollte Mönch werden. Später studierte er an der buddhistischen Akademie Seda, bis er schließlich mit 16 Jahren als wiedergeborener „lebender Buddha" erkannt wurde.

In den gut zehn Dörfern dieser Gegend leben etwa 2000 Menschen, davon sind 95 % Analphabeten. Wegen der rauen Natur auf dem Hochland, der traditionellen nomadischen Lebensweise und der zweimonatigen Saison, in der Jung und Alt

Heilkräuter sammeln, haben die meisten Kinder nie eine Schule gesehen.

Hier wollte Yingba Abhilfe schaffen: Er gründete im Juni 2008 eine „Klosterschule" sowie eine mobile „Zeltschule". Der Schulablauf war so organisiert, dass die Kinder von August bis Oktober die Zeltschule besuchten, um die freie Zeit auf dem Grasland mit den Pferden verbringen zu können. Wenn Ende Oktober der Winter ins Land zieht, siedelt Yingba die Kinder in sein Heimatdorf um, das auf 2600 m Höhe deutlich niedriger gelegen ist und somit ein milderes Klima aufweist. Dort setzen sie den Unterricht im Haus seiner Eltern, das er zum Kloster umfunktioniert hat, fort. Im Mai, wenn es Zeit ist, Heilkräuter sammeln zu gehen, ist das Schuljahr zu Ende.

Zu Beginn seiner Tätigkeit musste Yingba Kindern und Eltern gut zureden, um sie von der Wichtigkeit eines Schulbesuchs zu überzeugen. Die Familien sind arm, fünf der Kinder, die in seine Schule gehen, sind Waisen. Deshalb stellt Yingba Unterkunft und Verpflegung kostenlos zur Verfügung. Er selbst hat seine ganzen Ersparnisse in die Schule gesteckt, inzwischen bestehen die meisten Einnahmen aus Spenden gläubiger Buddhisten. Erst kürzlich hat Yingba das Grundstück verkauft, das er von seinen Eltern geerbt hat, um drei weitere Klassenzimmer bauen zu können. Die größte Sorge bereitet ihm die Schwierigkeit, geeignete Lehrkräfte zu finden. Der Chinesischlehrer, der hier unterrichtet, hat lediglich eine sechsjährige Schullaufbahn vorzuweisen, der Tibetischlehrer verfügt überhaupt nur über eine Grundschulausbildung. Langfristig sind sie daher als Lehrkräfte nicht geeignet.

Auf die Frage, warum er so viel Energie dafür aufwendet, dass die Kinder zur Schule gehen können, erklärt Yinba, Bildung sei der Schlüssel zum Anschluss an die moderne Welt: „Wer nicht zur Schule geht, bleibt rückständig, wer rückständig ist, wird immer arm bleiben, wer arm ist, wird immer unglücklich sein und sich von der modernen Welt ausgeschlossen fühlen."

Desweiteren erklärt er uns, dass in jedem Mensch ein Buddha stecke und es verschiedenste Wege gebe, diesen zur Entfaltung zu bringen. Manche Menschen ziehen sich dafür als Eremiten tief in die Einsamkeit der Berge zurück. Sein persönlicher Weg jedoch sei es, für seine 50 Schüler zu sorgen. Es sei ein nachhaltiges Projekt: „Wenn diese Kinder später selbst eine Familie gründen, werden ihre Kinder keine Analphabeten mehr sein."

An diesem Abend setzen wir unsere Stirnlampen auf und marschieren von Batang unter dem funkelnden Sternenhimmel des Graslandes hinauf ins Dorf Dujiaolong, im Gepäck Sportschuhe und Schultaschen für die Schüler. Als wir das Kloster erreichen, wimmelt es von 50 Kindern im Alter zwischen sechs und 16 Jahren.

Sie überreichen uns, wie es zur Begrüßung in Tibet traditionell üblich ist, weiße Seidenschals, die sogenannten Hadas. Anschließend führen sie einen Volkstanz für uns auf, und Yingbas Eltern bereiten große tibetische Dampfbrötchen zu.

Lange noch sitzen wir mit Yingbas Eltern zusammen. Sie erklären uns, dass die Geburt eines Kindes ein Glück sei, das man im vorhergegangenen Leben erarbeitet habe. „In jedem irdischen Leben müssen wir uns mit unserem jeweiligen Schicksal auseinandersetzen. Der Weg, den wir wählen, bestimmt unser nächstes Leben. Auch wenn es ein Weg voller Mühsal ist, man muss ihn zu Ende gehen."

5. Tag: Baxoi – das Dorf der Krieger

Route: Batang – Zhubalong – Markam (Hengduan-Tal) – Rumei – Jiaobashan – Dongdashan – Zuogong – Bangda – Yalashan – Nujiang Tunnel – Baxoi
Fahrtzeit: 07:30 – 19:00 Uhr, 11 1/2 Stunden
Distanz: 462 km
Höhe: Markam 3870 m ü.d.M., Zuogong 3900 m ü.d.M., Bangda 4120 m ü.d.M., Baxoi 3260 m ü.d.M

Drei Ströme auf 100 Kilometern

Batang, auf 2600 m Höhe gelegen, wirkt wie ein traditionelles chinesisches Landschaftsgemälde. Das Klima ist angenehm, Äpfel und Walnüsse wachsen hier. Als wir um 7:30 Uhr aufbrechen, erscheint ein Regenbogen am Horizont, ein glücksverheißendes Omen für einen Tag voller Abenteuer!

Von Batang aus geht es jetzt über die Provinzgrenze nach Tibet, in eine mystische Landschaft, die kein Ende zu nehmen scheint. Ab hier führt die Route durch den Hengduan-Gebirgszug. Auf einer Strecke von 800 km geht es durch eine „zerbröselte" Topografie steil bergauf und bergab.

Wir erreichen den einzigen größeren Ort in den Hengduan-Bergen: Markam. Er liegt im Dreieck Yunnan – Sichuan – Tibet. Dies ist die Gelegenheit, unsere Vorräte aufzufüllen. Der tibetische Ortsname bedeutet so viel wie „gutherziges und kluges Land". Im Gegensatz zu den unwirtlichen, schroffen Bergen ringsum liegt Markam in einer grünen Oase. Man sagt daher, es sei ein Ort, an dem „Buddha eingekehrt ist".

Manchmal wünschte man, der Weg wäre weniger abenteuerlich

Markam liegt an der uralten Tee- und Pferde-Handelsstraße von Sichuan nach Tibet. Wie heute für uns, so war Markam vor 1300 Jahren auch für die Prinzessin Wencheng der erste Ort, den sie auf tibetischem Boden betrat.

Vor unserer Reise habe ich schon viel über Hengduan, das Gebiet der drei Bergzüge und drei Flüsse gelesen. Aber man muss tatsächlich einmal dort gewesen sein, um sich eine Vorstellung von der Gegend machen zu können. Die Hengduan-Gebirgszüge erstrecken sich über mehr als 1000 km, geologisch betrachtet sind sie eine Verlängerung des Himalaya. An dieser Stelle beschreibt der von West nach Ost verlaufende Gebirgszug auf einmal eine scharfe Biegung und verläuft weiter in Richtung Norden. Die große Anzahl extrem tiefer Schluchten, die an dieser Stelle entstanden sind, ist weltweit einzigartig. Diese Täler, die von hier, dem Südosten Tibets, in Richtung Süden bis in den Nordwesten Yunnans hinein verlaufen, werden zunehmend schmäler. Durch drei solcher Schluchten, die auf nur knapp 100 km Breite parallel zueinander liegen, bahnen sich drei mächtige Ströme ihren Weg: Der Jinsha, der Oberlauf des Yangtse, der Lancang, der Oberlauf des Mekong, und der Nujiang. Von oben betrachtet, bilden sie gemeinsam die Form des chinesischen Zeichens für Fluss: „川". Die Ansammlung solch extrem hoher Gebirgszüge und tiefer Schluchten auf engstem Raum ist weltweit einzigartig.

Das Wasser des Yangtse wird als „rollende, gelbe Wellen" beschrieben, das des Lancang hingegen als „rote Fluten, deren Gischt zum Himmel stiebt". Der Lancang entspringt in Qinghai im Bezirk Yushu. Er ist der neuntlängste Fluss der Welt und der längste Südostasiens. Etwas weiter flussabwärts, in Indochina, heißt er Mekong.

Schnurgerade fließt der Lancang zwischen senkrechten Felswänden hindurch, die aussehen, als ob ein Riese mit seinem Hackmesser eine Kerbe in den Berg geschlagen hätte.

Ich blicke mich um. Der Höhenunterschied zu Batang beträgt inzwischen 1500 m. Die in Wolken eingehüllten Berge auf der anderen Seite der Schlucht erscheinen wie ein Wunderland. Am Fuße des Berges Jiaoba liegt das gleichnamige Dorf. Immer wieder in seiner Geschichte ist es von Geröilllawinen heimgesucht worden. Seit vielen Generationen bauen die Tibeter hier Hochlandgerste an, halten ein paar Rinder und Schafe. Ich träume davon, eines Tages hierher zurückzukommen und als Grundschullehrerin zu arbeiten.

Buttertee im Schnee

Beim Durchqueren des Hengduan-Gebirges kann es passieren, dass man innerhalb kürzester Zeit mehrere Klimazonen passiert. Vor allem in den Sommermonaten folgen brütende Hitze und Eiseskälte dicht aufeinander.

Wir überqueren den gewundenen Oberlauf des Mekong und erreichen den höchsten Pass der Südroute, den Dongdashan. Schnee bedeckt diesen lebensfeindlichen Flecken Erde.

Auf 5008 m steht eine Polizeistation, eingerahmt von bunten Gebetsfahnen. An der Wand des Gebäudes prangt die markige Parole: „Habt keine Angst vor Mühen und Gefahren, habt keine Angst, euch aufzuopfern! Haltet den himmlischen Weg nach Tibet frei, schmiedet eine stählerne Verkehrspolizei!" In der Stadt wirken solche theatralischen Parolen albern, man muss unwillkürlich auflachen. Aber hier, im eisigen Schneetreiben auf großer Höhe, erscheinen die Worte „Aufopferung" und „Gefahr" in Hinblick auf die Menschen, die hier ihren Dienst tun, doch in einem anderen Licht.

In einiger Entfernung entdecken wir ein Zelt aus schwarzem Yakfell, das am Rande eines Schneefeldes aufgebaut ist. Lässt hier in der Kälte wirklich noch jemand seine Herde weiden? Ein Tibeter mit langem Haar und wettergegerbtem Gesicht tritt aus dem Zelt, in der Hand einen Kessel mit heißem Buttertee, den er den vorbeikommenden Reisenden kostenlos anbietet. Bei seinem Anblick, wie er da lächelnd im Schnee steht, wird einem ganz warm ums Herz, selbst die Schneeflocken in meinem Haar beginnen zu schmelzen. Ich schenke ihm eine Schachtel Zigaretten, seinen beiden Kindern mit ihren laufenden Nasen gebe ich je ein Stück Schokolade.

Ich blicke zurück. Die Fernstraße und der Mekong ähneln zwei glänzenden Seidenbändern, die sich, ineinander verwoben, durch die unzähligen Berge und Täler schlängeln.

In der entgegengesetzten Richtung entdeckt man, wenn man am Zelt vorbeischaut, den kleinen Ort Bangda am Fluss Nujiang, der sich durch das vor uns liegende Tal schlängelt.

Bangda ist ein lebhafter kleiner Ort. Er liegt an der Kreuzung der Südroute Sichuan-Tibet, der Straße nach Yunnan sowie der Querverbindung nach Qamdo, auf der Nordroute.

Diese verkehrsgünstige Lage machte Bangda schon in alten Zeiten zu einem attraktiven Ort für Geschäftsleute. Reiche Konfuzianer und adelige chinesische Familien hatten hier ihren Sitz, ebenso wie geschäftstüchtige Khampas, die es teilweise zu ansehnlichem Wohlstand gebracht hatten.

Wir schlendern durch die Altstadt von Bangda, Autos drängen sich durch die engen Straßen, es gibt Restaurants und Herbergen im Überfluss, sogar ein Internet-Café. Der Geruch der scharfen Sichuanküche beißt in der Nase. Eine Radfahrergruppe hat sich in der Jugendherberge einquartiert, im sonnendurchfluteten Hof putzen sie ihre Räder.

Sie haben ihre Begeisterung für Tibet an die Wände gekritzelt: „Vor einem halben Monat habe ich nicht im Traum geglaubt, es bis nach Bangda zu schaffen, aber jetzt male ich mir aus, wie es sein wird, in Lhasa anzukommen", steht da zu lesen. Oder: „Ein Besessener, der auf der Straße seinem Traum folgt".

Bangda auf 4300 m Höhe oberhalb der Baumgrenze war über Jahrhunderte ein Karawanenposten der historischen „Tee- und Pferdestraße" von Sichuan nach Tibet. Der Flughafen Chamdos auf 4330 m Höhe liegt nicht weit von Bangda entfernt und hat dem Ort bescheidenen Wohlstand gebracht. Wirklich attraktiv ist aber nicht das Städtchen selbst, sondern das Umland, das Bangdaer Grasland. Kein Baum, kein Strauch ist hier zu sehen. Es ist eine flache Hochebene, die Luft ist trocken und glasklar. Im Sommer bestimmen nomadische Hirten mit ihren Zelten, Yaks und Schafen das Bild. Aber auch Wildtiere finden hier ihren Platz. In weiter Ferne können wir eine Gruppe der scheuen Tibet-Antilopen erkennen.

Die Tränen der Prinzessin

Ab Bangda ist die Straße nur mittags für zwei Stunden freigegeben, eine endlose Schlange setzt sich Stoßstange an Stoßstange in Bewegung. Vom Pass aus hat man einen Panoramablick auf das bekannte Wahrzeichen der Südroute: Die 108 Serpentinen hinab zum Nujiang. Schon auf halbem Weg abwärts wird mir schwindelig von der Kurverei. Endlich erreichen wir die Talsohle und setzen unsere Reise entlang des Flusses Nujiang fort.

Auf tibetisch bedeutet Nujiang „Tränen der Prinzessin". Vor Heimweh soll Prinzessin Wencheng bittere Tränen vergossen haben, die schließlich zu diesem Fluss der Trübsal anschwollen. Das Wasser des Yangtse ist gelblich, das des Mekong rötlich, dagegen haben die röhrenden Fluten des Nujiang eine tiefschwarze Färbung, es ist ein tragischer, ein wütender Fluss. Krachend schlagen die Wassermassen gegen die Uferfelsen, hoch spritzt die schlammige Gischt in den Himmel.

Nach 16 km Fahrt auf dem Grund der Schlucht gelangen wir an einen Tunnel, der unter dem Fluss hindurchführt. Der Tunnel steht unter der Aufsicht des Militärs.

Ringsum drehen sich die Ortungsantennen der Radaranlagen, am Eingang sind mehrere Männer mit Wachhunden postiert. Autos werden nur einzeln und mit großem Abstand in den Tunnel eingelassen. Das Fahrtlicht darf man nicht einschalten, warum das so ist, erfahren wir nicht. Das alles steigert noch die geheimnisvolle Atmosphäre des Nujiang Tals.

Ich bin sehr erleichtert, als wir auf der anderen Seite des holprigen Tunnels endlich wieder Sonne und Himmel zu Gesicht bekommen. Bald erreichen wir Baxoi, „das Dorf der Krieger am Fuß des Berges." Ich kann nicht an mich halten und rufe ein lautes „Tashi Delek" aus!

6. Tag: Ranwu-See – ein Augenblick im Paradies

Route: Baxoi – Anjiula-Pass – Ranwu – Laigucun – Laigu-Gletscher
Fahrtzeit: 08:00 – 14:00 Uhr, 6 Stunden
Distanz: 120 km
Höhe: Ranwu-See 3850 m ü.d.M., Laigucun 4170 m ü.d.M., Laigu-Gletschergipfel 6606 m ü.d.M.

Ein Verkehrsunfall am Berg Anjiula

Der Ort Baxoi selbst bietet keine besonderen Sehenswürdigkeiten, doch ein paar Hotels und Restaurants laden zu einem kurzen Halt ein. Eine lokale Spezialität ist der „wilde Rehpilz", auf Chinesisch auch „Tigerklauen-Pilz" genannt. Sein Hut kann einen Durchmesser von bis zu 30 cm haben, ein einzelner Pilz ergibt eine Mahlzeit für eine ganze Familie.

Die Einheimischen essen ihn kalt, in dünne Scheiben geschnitten, mit Zwiebeln, Knoblauch und Sichuan-Pfeffer gewürzt. Auch mit rotgeschmortem Schweinefleisch gekocht schmeckt er köstlich. In der traditionellen chinesischen Medizin gilt der Rehpilz als Medikament, er treibt innere Kälte aus dem Körper – ideal für das Leben im harschen Klima des tibetischen Hochlandes!

Hinter Baxoi geht es in südlicher Richtung weiter. Der Nujiang wirkt hier längst nicht mehr so aggressiv und schwarz. Das Wasser ist so klar, dass man bis zum Grund sehen kann, gemächlich fließt es dahin. Auch die Straße ist nicht mehr mit Schlaglöchern übersät, sondern macht den Eindruck einer richtigen Bundesstraße. Auf den Feldern entlang der Straße blühen rotbraune

Bergrosen, sie stehen in Reih und Glied, als wären sie angepflanzt, doch sie wachsen wild. In den Dörfern ist das Heu auf Holzgerüsten zum Trocknen aufgeschichtet. Gelbe Rapsfelder blühen am Fuße schneebedeckter Berge, es ist eine wahre Pracht. Der Himmel ist dunkelblau, kein Staubkorn trübt die klare Luft. An einem einzigen Tag erleben wir alle vier Jahreszeiten. Es ist, als würde sich die Zeit überschlagen.

Auf dem 4468 m hohen Pass Anjiula, zu dem die Straße sanft bergan steigt, begegnen wir zwei Fahrzeugen des geographischen Instituts der Akademie der Wissenschaften. Die Wissenschaftler arbeiten hier an einem Forschungsprojekt, bei dem sie messen, wieviel Treibhausgas das Grasland freisetzt. Auf dem Grasboden stecken sie 50 x 50 cm große Quadrate ab, dann entnehmen sie mit Messer, Pinzette und einem kleinen Bohrer Proben, ganz vorsichtig packen sie sie in kleine Papiersäckchen. Täglich kriechen sie so auf dem Boden umher und sammeln an verschiedenen Stellen Pflanzen und Erde. Fast einen Monat lang sind sie schon bei der Arbeit. Zwei Kinder aus einem nahe gelegenen Zelt kommen neugierig herbeigelaufen und wollen helfen.

Ich hatte zunächst gedacht, die Leute würden wertvolle Heilkräuter ausgraben, wie man sie für die Zubereitung traditioneller tibetischer Medizin benötigt. Ich unterhalte mich mit den Wissenschaftlern und will ihnen soeben Sven Hedins Buch „Die geographisch-wissenschaftlichen Ergebnisse meiner Reisen in Zentralasien" empfehlen, da kracht es hinter mir. Ein chinesischer Jeep hat eine Motoradfahrerin umgefahren. Der Fahrer steigt aus, fragt die am Boden liegende Frau, ob sie Schmerzen habe und ob er sie ins Krankenhaus bringen solle.

Doch sie antwortet nicht, sondern bleibt weinend auf dem Boden sitzen. Ich verstehe nicht, wie es auf dieser ebenen und gut überschaubaren Straße zu einem Verkehrsunfall kommen konnte. Da bemerke ich, dass der rechte Rückspiegel des Jeeps zersplittert ist. Der Fahrer hat die Motorradfahrerin wohl bei einem Überholmanöver mit dem Spiegel erwischt.

In einen Verkehrsunfall verwickelt zu werden, davor muss man sich auf den schlechten und gefährlichen Straßen Tibets am meisten fürchten. Die Art und Weise Unfälle zu regeln funktioniert in Tibet gänzlich anders, als wir Städter das gewohnt sind: Da holt man die Polizei und die Versicherung kommt für den Schaden auf. Doch hier herrschen eigene Gesetze. Selbst wenn es gelingt, die Polizei zu rufen, und diese auch tatsächlich inmitten der Wildnis auftaucht, so ist sie bei der Beurteilung der Lage doch meist relativ hilflos. Egal wessen Schuld es ist, es ist kaum möglich, sich vernünftig zu einigen. Vor allem als Nicht-Tibeter muss man sich darauf einstellen, dass man im Endeffekt fast immer eine enorme Summe Schadensersatz zu bezahlen hat. Da ist es egal, ob der andere Verkehrsteilnehmer ohne Führerschein, ohne Licht oder auf der falschen Straßenseite unterwegs war.

Kotaus auf der Fahrbahn

Auf der anderen Seite des Anjiula-Passes liegt die eigenartige Ranwu-Schlucht. Die Eismassen haben sie in grauer Vorzeit in den Boden gekerbt. Noch heute bestehen die Wände der Schlucht aus zwei gewaltigen Gletschern. Wir passieren riesige Eiszapfen, Eisberge und Gletscherspalten. Das Schauspiel ist beeindruckend, unwirtlich und aufregend zugleich.

Die Einheimischen sagen, sie hätten weder Angst vor dem Himmel oder der Hölle, das einzige, wovor sie Angst hätten, wäre die Ranwu-Schlucht zu durchqueren. Diese Schlucht, die der Fluss Purlung Tsangpo in die Berge gefräst hat, ist so eng, dass der Himmel über uns nur noch als schmaler Strich erkennbar ist. Von der Schneeschmelze im Frühjahr bis zur Regenzeit im Sommer wird die Straße regelmäßig von Schnee- und Gerölllawinen, Erdrutschen und Hochwasser unterbrochen. Die Behörden haben gewaltig investiert, um einen großen Teil der Hänge mit stählernen Netzen gegen diese Lawinen zu schützen. Etwa ein Kilometer der Straße ist sogar überdacht und einige der überhängenden Felsbrocken sind speziell abgestützt und gesichert. Die Straße ist eine Attraktion für sich. Als wir im überdachten Teil der Straße wie in einem Korridor eine enge Kurve nach der anderen nehmen, hören wir, wie ein Steinschlag auf dem Dach über uns niedergeht.

Nach einer Weile stoßen wir auf eine zwölfköpfige Pilgergruppe. Es sind Bauern aus einem Dorf im Westen Sichuans. Der Anführer der Gruppe ist auch der Dorfvorsteher, er spricht Chinesisch.

Ich frage ihn, wie lange sie schon unterwegs sind, doch er meint, sie hätten jegliches Zeitgefühl verloren. Auf zwei Handkarren transportieren sie alles, was sie unterwegs brauchen: Wasser und Lebensmittel, Hygieneartikel und einen mit Sonnenenergie betriebenen Leuchtstab, das einzige Licht in den langen Nächten. Ein Teil der Pilger vollführt einen Kotau nach dem anderen, dafür werfen sie sich alle paar Meter der Länge nach auf den Boden. Der andere Teil der Gruppe ist für die Versorgung zuständig. Sie ziehen die Handkarren, bauen die Zelte auf, holen Wasser, kochen, und betteln um Almosen. Aus religiöser Sicht sind diese Tätigkeiten genauso wertvoll wie die Kotaus. Die meisten Pilger nehmen eine Schubkarre oder einen Handkarren mit auf den Weg, einige auch einen Traktor. Manche dieser Pilger, die sich Kotau um Kotau in Richtung Lhasa bewegen, sind ein ganzes Jahr lang unterwegs. Selbst die kräftigsten Männer sind dünn wie Streichhölzer wenn sie schließlich in Lhasa ankommen. Einige Pilger kommen auf diesem beschwerlichen Weg sogar ums Leben. Blutend und ausgezehrt sind sie in Regen, Kälte und Wind in ihrer eigenen Welt unterwegs. Ihre Familien, ihr

Der Ranwu-See

Zuhause, ihr Alltag, all das hört auf zu existieren. Das Einzige, woran sie sich noch festhalten, ist ihr unerschütterlicher Glaube, der allen Strapazen trotzt, wie die Gebetsfahnen den Stürmen.

Ein Bagger führt Straßenreparaturen durch. Er hebt seine Schaufel hoch in die Luft, um Autos und Handkarren darunter durchfahren zu lassen. Schweigend werfen sich die Pilger ein ums andere Mal auf den unebenen Boden, Schweiß und Dreck klebt an Gesichtern und Körpern. Auf dem Weg durch Tibet ist jeder Reisende auf seine Art ein Pilger. Doch keiner pilgert mit solchem Einsatz wie es diese frommen Buddhisten tun.

Zwischen Stier und Wasserbüffel

Ranwu, 90 km von Baxoi entfernt, ist ein wunderschöner kleiner Ort am Ufer des gleichnamigen Sees auf 3850 m Höhe gelegen. Zwei große Gletscher an beiden Ufern speisen den See. Hier entspringt der Purlung Tsangpo, der größte Zufluss des Brahmaputra. Der See erstreckt sich über mehrere Kilometer. Sein Anblick ist so idyllisch, dass wir beschließen, vor unserem Ausflug nach Laigu eine Pause einzulegen. Wir schlagen ein Zelt auf, bereiten ein Picknick zu und legen uns in die Sonne.

Ranwu bedeutet „See zwischen den Kadavern". Der Sage nach lebte im See einst ein Wasserbüffel und an seinem Ufer ein Stier. Sie gerieten in Streit und fochten den Kampf mit ihren Hörnern aus. Dabei kamen beide ums Leben und ihre Kadaver versteinerten zu zwei Bergen. Zwischen diesen liegt der Ranwu-See.

Nach der Pause geht es weiter in Richtung Süden. Auf der Landstraße ins Dorf Laigu müssen wir mehrere Flüsse durchqueren.

Sie strahlen mit der Sonne um die Wette

Unterwegs entdecken wir ein Schild mit der erstaunlichen Aufschrift: „Für Ausländer gesperrt". Die gesamte Strecke von Ranwu bis zum Laigu-Gletscher führt entweder am Ufer des Sees entlang oder aber durch Urwälder und über Wiesen voller Wildblumen. Im dunkelblauen Wasser des Sees spiegeln sich schneeweiße Berge und türkisgrüne Wälder. Vogelschwärme ziehen über die spiegelglatte Wasseroberfläche dahin. Nach der anstrengenden Fahrt ist dieser Anblick so entspannend, dass wir zu singen beginnen.

Der Laigu ist einer der drei größten Gletscher der Welt. Fast alle Gletscher haben ihren höchsten Punkt nahe eines Berggipfels und fließen von dort aus langsam zu Tal. Der Laigu-Gletscher dagegen liegt in einem Moränensee. Je nach Untergrund leuchtet der See in den verschiedensten Farben. Kleine und größere Eisberge treiben auf dem Wasser, aus der Entfernung sieht es aus wie am Südpol. Das Dorf Laigu mit seinen 70 Haushalten lebt ausschließlich vom Wasser dieses Gletschers. Ein Holzrad dreht sich in einem kleinen Bach und treibt einen Stromgenerator an.

Der Lebensstil dieser Menschen ist noch sehr traditionell, sie leben von Ackerbau und Viehzucht. Trotz der harten Bedingungen wirkt es wie das Leben in einem Märchenland, so sorglos und zufrieden erscheinen die Menschen.

Die chinesische Ausgabe von „National Geographic" hat Laigu zum „Dorf mit der schönsten Landschaft" erkoren. Wie gerne würde ich hier mit den Feen des Sees als Nachbarn eine zeitlang leben!

Ein befreundeter Regisseur hatte vor einiger Zeit einen Film in dieser Gegend gedreht, zwei Monate lang war er vor Ort. Jetzt ist er nochmal hergekommen und hat einen Karton voller Fotos mitgebracht. Diese verteilt er nun an die Leute im Dorf. Alt und Jung kommen angelaufen und umringen ihn wie einen Filmstar. Bedauerlich, dass ein paar der Alten, die er auf den Bildern verewigt hat, schon nicht mehr unter den Lebenden weilen.

Wir fahren zurück nach Ranwu. Als wir angekommen, sind wir von Kopf bis Fuß durchnässt und mit Schlamm bespritzt. Uns fehlt die Kraft, um noch ein Zelt aufzubauen, also quartieren wir uns in einer Herberge am Rand des Sees ein. Im Hof der kleinen Pension steht eine gemütliche Schaukel, in der zwei Personen Platz finden. Welch ungewöhnlicher Luxus für tibetische Verhältnisse! Dies scheint wirklich der ideale Ort zu sein, um alt zu werden. Der nächtliche Himmel ist mit Sternen übersät, in der Ferne hebt sich in ihrem funkelnden Licht die Silhouette der schneebedeckten Berge gegen den schwarzblauen Himmel ab. Wir sitzen auf der Schaukel und wagen es kaum, zu atmen. In diesem Augenblick fühlen wir uns eins mit der Natur. Begierig saugen wir das romantische Licht der Sterne, das uns aus unendlicher Entfernung erreicht, mit allen Sinnen in uns auf.

7. Tag: Je ferner, desto glücklicher

Route: Ranwu – Midui-Gletscher – Song-zong – Longya-Quelle – Tuomo – Bome
Fahrtzeit: 08:00 – 18:00 Uhr, 10 Stunden
Distanz: 127 km
Höhe: Hauptgipfel Midui-Gletscher 6800 m ü.d.M., Bomi 2750 m ü.d.M.

Als ich im Morgengrauen erwache, liegt ein Dunstschleier über der Stille des Ranwu-Sees. Die Kälte kriecht mir in die Glieder.

In nicht allzu großer Entfernung liegt der Midui-Gletscher. Wir verlassen den wolkenverhangenen Ranwu-See in Richtung Süden. Nach sieben Kilometern Fahrt erreichen wir das Dorf Midui. Touristen müssen hier 50 Yuan Eintrittsgeld bezahlen. Die Häuser sind zweigeschossig und in gutem Zustand. Auf den Dächern stehen Gerüste aus Holzpfählen, hier trocknet die leuchtend-gelbe, frisch geerntete Hochlandgerste. Jedes Haus verfügt über einen Hof, groß wie ein Basketballfeld. Im Hof auf einer Holzbank zu sitzen und eine Tasse heißen Buttertee zu schlürfen – besser kann man nicht entspannen!

Wir aber parken am Rand der Schotterstraße am Dorfeingang unser Auto, ab hier geht es zu Fuß weiter. Eine zweistündige Wanderung liegt vor uns, dann sollten wir einen der niedrigsten Gletscher des Himalaya erreichen.

In China gibt es mehr als 40.000 Gletscher in allen Größen und Formen. Sie strahlen eine ganz ungewöhnliche Anmut aus und

Tibeter verkaufen Yakbutter am Straßenrand

verfügen über eine besondere Anziehungskraft. Kein Wunder, dass viele davon – wie auch die höchsten Berge und längsten Flüsse – beliebte Touristenattraktionen sind. Doch ganz nah heranzukommen oder die gewaltigen Eismassen gar zu besteigen, ist gar nicht so einfach.

Im Wald gabelt sich unser Weg mehrfach. Wir müssen über drei Moränen klettern, Überreste früherer Gletscherbewegungen. Für 20 Yuan haben wir einen Mann aus dem Dorf engagiert, er führt uns und hilft, unseren Proviant zu tragen.

Der Südwestwind bringt vom Indischen Ozean viel Feuchtigkeit heran. Durch das Tal des Brahmaputra kommend, pfeift er zwischen den hohen Gebirgszügen des Himalayas hindurch. Der Gletscher, der hier entstanden ist, wird durch die Feuchtigkeit dieser Monsunwinde gespeist.

Die Beine werden lahm, das Atmen fällt schwer. Da taucht plötzlich der Midui-Gletscher mit seinen himmelhohen Eisfällen, die in silbrigem Glanz schimmern, vor uns auf. Ein eisiger Wind bläst uns ins Gesicht.

Geologen nennen den Midui-Gletscher auch den „Eisdrachen". Eine Reihe gewaltiger bogenförmiger Eisfälle lässt tatsächlich an die Rippen eines Drachens denken. Aus einiger Entfernung betrachten wir die bläulichen Eiszungen, die im Schein der untergehenden Sonne langsam ins Tal zu gleiten scheinen. Es ist ein unwirkliches Spektakel. Eine Weile sitzen wir schwer atmend da, ohne uns zu rühren. Vom Gletscher weht es kalt herüber, es fühlt sich an, als würde die glasklare Luft unsere Lungen gründlich reinigen.

Der Midui gilt als der schönste Gletscher des Landes. Die Gletscher in Sichuan und Yunnan sind von Touristen überlaufen, auf ihrer Oberfläche hat sich eine dicke Staubschicht abgelagert. Die weiße, reine Pracht sucht man inmitten der schwarzen Fußspuren und des weggeworfenen Mülls vergeblich. Wie schön wäre es, unserer Welt diese kristallene Pracht des Midui-Gletschers auf ewig erhalten zu können!

An der Longya-Quelle für Wasser beten

Von Midui aus geht es entlang des Purlung Tsangpo weiter nach Songzong im Kreis Bome. Der Ort liegt relativ niedrig, es gibt viel Niederschlag. Die Gerstenfelder, die tibetischen Häuschen, die Gebetsfahnen und die Viehherden fügen sich harmonisch zu einer wunderschönen, fast schon subtropischen Landschaft zusammen. In der Ferne sehen wir die schneebedeckten Gipfel der östlichen Ausläufer des Himalayas. Nicht zu Unrecht wird die Gegend auch als „die Alpen Tibets" bezeichnet.

An einem Berghang entdecke ich ein paar Kinder beim Pilzsuchen. Wir halten an und beteiligen uns an der Suche. Einige Kinder verkaufen auch Blumenkränze aus Schneelotus und Rosenwurz. Ob ihrer Schönheit zweifeln wir im ersten Augenblick an ihrer Echtheit. Doch mit den Schätzen, die die Natur hier zu bieten hat, kann keine Kunstblume dieser Welt mithalten. Für fünf Yuan kaufe ich eine Kette aus Schneelotus und hänge sie ins Auto.

Ein Mann aus dem Dorf erklärt uns, dass wir in 17 km an eine ganz besondere Quelle kämen. Diese offenbare sich Betenden, die laut rufend mit einem Stein gegen den Felsen schlagen, der sich dann einen spaltbreit auftue und sprudelndes Quellwasser freigebe.

Tatsächlich entdecken wir nach eine Weile ein Schild, das den Weg zur zur Longya-Quelle weist. Wir stellen das Auto ab und steigen durch einen Kieferwald bergauf. Was uns der Mann verschwiegen hat, war die Tatsache, dass die Quelle auf 4000 m Höhe liegt. Nach einem Aufstieg von etwa 200 Höhenmetern muss ich passen: Meine Beine machen einfach nicht mehr mit. Mein Gefährte bietet an, auch für mich für Wasser zu beten. Niedergeschlagen kehre ich um.

Beim Auto angekommen, setze ich mich auf einen Stein am Straßenrand und warte. Als mein Gefährte nach einer Weile immer noch nicht zurück ist, steigt plötzlich Panik in mir auf. Was, wenn er sich verlaufen hat, oder sonst etwas passiert ist? Beide Handys stecken in seiner Fototasche. Nach ihm zu rufen ist sinnlos, das gewittergleiche Grollen des Flusses übertönt alles. In meiner Hilflosigkeit beschließe ich, das nächste vorbeikommende Auto anzuhalten, um mir ein Handy auszuleihen.

Nach einer Weile taucht ein Radfahrer auf. Doch sein Akku ist schon lange leer, er ist bereits seit Tagen unterwegs. Nach einer halben Stunde kommt endlich ein Auto vorbei. Ich springe auf die Straße und bedeute ihm, aufgeregt winkend, anzuhalten. Mein Gesichtsausdruck muss so verzweifelt sein, dass mir der Mann ohne zu Zögern sein Handy reicht. Ich wähle die Nummer meines Gefährten. Zum Glück ist nichts passiert, der Aufstieg zur Quelle war sehr mühsam und hat sich in die Länge gezogen.

Später erzählt er mir, dass neben der Quelle ein paar Einheimische ein Lager aufgeschlagen hätten, wo sie ihren Kindern die Haare mit dem Quellwasser wuschen. Dieses Wasser enthält angeblich sechs verschiedene Ionen, zwei Arten von Gasen und reichlich Spurenelemente. Um das Wasser zu erbitten, muss man eine Holztreppe zu einem Kloster hinaufsteigen und von dort aus laut rufen. Doch nur, wer Buddha Sakyamuni in seinem Herzen trägt, dem offenbart sich die heilende Wirkung des Wassers.

Ich bedaure, es nicht bis zur Quelle geschafft zu haben. Doch wenn ich daran denke, wie viele Flüsse mein Gefährte und ich bereits gemeinsam durchquert und wieviele Berge wir gemeinsam bestiegen haben, wird mir klar, dass mich kein Anderer beim Erbitten von Wasser besser vertreten kann als er.

Ein Dreschlied zur Ernte

Sommerzeit ist Erntezeit in Tibet. Kurz bevor wir Bome erreichen, fahren wir durch ein Dorf, in dem Frauen und Männer, Alt und Jung mit vereinten Kräften die Hochlandgerste einbringen. Die fröhliche Atmosphäre ist so ansteckend, dass wir spontan anhalten und uns als Erntehelfer anbieten.

Hochlandgerste wächst in einer kalten Klimazone oberhalb von 3000 m. Tsampa, das Grundnahrungsmittel der Tibeter, besteht hauptsächlich aus Gerste. In Tibet ist die Luft dünn und das Klima arktisch. Trotz dieser harten Bedingungen sind die Menschen erstaunlich groß und kräftig gebaut und nicht wenige erreichen das 100. Lebensjahr. Vermutlich leistet die Gerste dazu einen wesentlichen Beitrag.

Im Altertum kannten die Tibeter noch keine Gerste. Der Sage nach war es ein kleiner Vogel namens Xudidi, der sie ihnen brachte. Xudidi sah, dass die Tibeter im Hochland nicht ausreichend Nahrung zur Verfügung hatten. Er flog in die Götterwelt, um nach irgendetwas zu suchen, das die Menschen in dieser kargen Gegend das ganze Jahr über satt machen konnte. Er stibitzte ein paar Gerstensamen aus der Vorratskammer. Diese streute er auf den schneebedeckten Bergen aus, doch dort wuchs die Gerste nicht. Erneut versuchte er sein Glück. Diesmal verteilte er die Samen über einem See – mit dem gleichen enttäuschenden Ergebnis. Beim dritten Versuch schließlich, ließ Xudidi die Samen auf das Grasland fallen. Das war der geeignete Boden: Die Samen gingen auf und seitdem haben die Tibeter ausreichend Gerste und somit Tsampa zu essen.

Im Februar wird die Gerste ausgesät, im August wird geerntet. Von allen Getreidesorten reift die Hochlandgerste am langsamsten. Am ersten Erntetag ziehen die Bauern ihre besten Sachen an und feiern ein Fest in Vorfreude auf eine reiche Ernte. Zum Mittagessen gibt es eine spezielle Suppe aus Yakbutter mit viel Zucker, das soll die Finger stärken. Die Ernte dauert etwa zwei Wochen, es ist eine wahre Knochenarbeit. Bis vor wenigen Jahren waren die Finger der Menschen nach jeder Erntesaison mit Blasen übersät. Doch inzwischen besitzen die meisten Dörfer handgestützte kleine Mähmaschinen, die die Arbeit sehr erleichtern.

Nach der Mahd binden die Bauern die Gerstenstengel auf dem Boden zu Bündeln zusammen und breiten sie auf eigens dafür angefertigten Gestellen aus Kiefernholz zum Trocknen aus. Die Gerste muss zwei Monate lang trocknen, bevor sie gedroschen wird. Bis dahin ist auch der Raps reif und kann geerntet werden.

Die Tibeter haben ein ganz eigenes Werkzeug, um Gerste und Raps zu dreschen. Es wird „Mutter und Sohn" genannt und besteht aus zwei Knüppeln, die mit einer Schnur miteinander verbunden sind. Der eine Knüppel ist lang und dick, der andere kurz und schmal. Während sich

Bei der Ernte wird jede Hilfe gebraucht

die Menschen an die Arbeit machen, stimmen sie das „Dreschlied" an:

„Schlag mit Kraft
schlag mit Wucht
von der Seite
in die Mitte!
Vorsicht Kopf!
Vorsicht Hand!"

Eine Gruppe von Bauern drischt kraftvoll und rhythmisch auf die Rapshalme am Boden ein: „Peng peng peng!" Das Ergebnis ihrer Arbeit ist unmittelbar ersichtlich.

Die Menschen wirken ausgeglichen und lebensfroh. Ohne sich explizit als solche auszuweisen, sind diese Bauern wahre Lebenskünstler.

Ich hingegen, die Stadtpflanze mit den zwei linken Händen, habe keine Ahnung, wie man das Werkzeug richtig benutzt. Eine große Hilfe bin ich nicht: Innerhalb kürzester Zeit habe ich „Mutter und Sohn" zu Kleinholz geschlagen.

8. Tag: Kein Weg führt nach Medog

Route: Bome – Zhuolonggou – Gawalong-Himmelsseen – Bome
Fahrtzeit: 08:00 – 19:00 Uhr, 11 Stunden
Distanz: 160 km
Höhe: Zhuolonggou 3083 m ü.d.M., Gawalong-Sattel 4322 m ü.d.M.

Von der 30.000 Einwohner zählenden Kreisstadt Bome im Südosten Tibets, in der wir übernachtet haben, sind es noch 640 km bis nach Lhasa. Auf einer Autobahn wäre diese Strecke an einem Tag leicht zu bewältigen. Für uns aber endet die Fahrt nach 50 km: In der Nacht hat ein Bergrutsch die Straße samt ihrem Fundament weggerissen. Einer der Polizisten, die sich vor Ort ein Bild von der Situation machen, verspricht, uns anzurufen, sobald die Straße wieder befahrbar ist.

Wir kehren um und fahren zurück in das Städtchen Bome. Die Stadt liegt auf 2700 m Höhe, das Umland gilt als eine der „Kornkammern Tibets" und ist eines der wenigen Gebiete, in denen Tee angebaut werden kann. Wie schon in der Nacht zuvor quartieren wir uns im ruhig gelegenen Hibiskushotel ein.

An der Tankstelle lassen wir unsere beiden Reservekanister mit insgesamt 60 l Sprit auftanken. Wir wollen den Tag nutzen, um die Umgebung von Bome etwas näher zu erkunden. Der Pförtner unseres Hotels verrät uns, dass Bome bekannt für seine „Baumbestattungen" sei. So etwas gäbe es nur hier. Neugierig machen wir uns auf die Suche.

Geheimnisvolle Baumbestattung

Im Altertum hieß Bome „Bowo", das bedeutet so viel wie „Vorfahren". Diese Gegend im Südosten Tibets wurde über 600 Jahre durch das Königreich Galang geprägt. Es war ein unabhängiges Reich, das sich lange der Vormundschaft durch die zentrale Regierung entzog. Nirgendwo auf der Welt werden bis in unsere moderne Zeit so mystische Bestattungsriten praktiziert wie in Tibet. In der Region Amdo zum Beispiel werden Verstorbene im Rahmen einer Wasserbestattung in Seen und Flüssen abgelegt. Dafür werden die Leichen an einen Fluss getragen, in Stücke zerteilt und in den Fluss geworfen. Je nach Region wickelt man die Toten auch in ein weißes Tuch und lässt sie als Ganzes ins Wasser.

Darum ist es in Tibet tabu, Fische zu essen. Lamas und hochrangige Mönche bekommen eine Stupabestattung, die Leichname werden konserviert, vergleichbar mit den Mumien im alten Ägypten, und in eigens dafür errichteten Stupas innerhalb der großen Klöster aufgebahrt. Im Westen ist wahrscheinlich die Himmelsbestattung am bekanntesten. Dabei werden die Leichname von Bestattern fachmännisch in kleine Stücke zerlegt und auf Felsen oder Altären platziert. Wenn Geier das Fleisch holen, tragen sie zugleich die Seele in den Himmel. Hier, im abgelegenen Bome, inmitten hoher Berge und dichter Wälder, wollen wir nun in Erfahrung bringen, was es mit dieser einzigartigen Baumbestattung auf sich hat.

Sechs Kilometer südlich von Bome liegt das Tal Zhuolonggou, das der Sage nach Sitz der tibetischen Göttin Duojiepamu ist. Auf dem Weg dorthin liegt ein Dorf an einem Berghang. Oberhalb des Dorfes entdecken wir einen Haufen Mani-Steine, in die Pilger heilige Texte oder Gebetsformeln eingraviert haben. Dieser Steinhaufen markiert den Beginn eines grob ausgeschlagenen Holzweges.

Äste und Steine liegen kreuz und quer über dem Weg, Gebetsfahnen säumen die Wegränder. Außer uns ist niemand unterwegs. Eine unbestimmte Angst steigt in mir auf. Ich frage meinen Gefährten, ob wir vielleicht besser umkehren sollen. Er murmelt etwas vor sich hin, meint dann aber, dass die Baumbestattung schließlich eine kulturelle Besonderheit sei und dass es keinen Grund gebe, Angst zu haben.

Sobald das Sonnenlicht einmal durch die dichten Baumwipfel dringt, leuchten Wildblumen in allen Farben. Schließlich tauchen acht weiße Pagoden und ein Holzhaus vor uns auf: Ob das

Der kleine Leichnam hängt am Baum, die Seele steigt zum Himmel

vielleicht ein Kloster ist?

Wir treffen weitere fünf Reisende, gemeinsam gehen wir in Richtung der Holzhütte. Sie entpuppt sich als das Kloster Zhuolong. Im Hof sitzen ein Lama und eine betagte Nonne. Freundlich reichen sie jedem von uns ein Glas Wasser. Es stellt sich heraus, dass die beiden hier die Aufgabe von Seelenwächtern innehaben. Direkt hinter dem Kloster finden die Baumbestattungen statt.

Vorsichtig fragen wir nach den Bestattungsritualen. Wir erfahren, dass die Baumbestattung keineswegs für alle gedacht ist: Nur verstorbene Kleinkinder werden auf diese Weise beerdigt. In einem tibetischen Lied heißt es:

„Mein Kind, nur kurz machtest du
auf Erden Rast,
doch warst du ein unzufriedener Gast.
Dieses hohen Baumes Lebenssaft,
schenkt dir im nächsten Leben Kraft."

Kinder hatten in ihrem Leben noch keine Gelegenheit, gute oder böse Taten zu begehen, die ihre nächste Inkarnation beeinflussen könnten.

Die Erwachsenen wickeln die kleinen Körper in eine Decke, legen sie in einen Korb oder eine Tonne und ziehen sie hoch hinauf ins Geäst oder binden sie mit Schnur oder Draht an einen Baum. Auf diese Weise sollen die kleinen Seelen in den warmen Schoß der Göttin Duojiepamu zurückkehren und nach ihrer Wiedergeburt gesund und kräftig werden wie ein Baum.

Im diesem Wald sind etwa 500 Kinder auf diese Weise bestattet. In Erdgräbern liegen hier zudem noch 20 lebende Buddhas und einige hochrangige Mönche. Auf mich wirkt dieser Ort furchterregend. Still ziehen wir uns zurück, ich bin bis in mein Innerstes aufgewühlt. Der Tod gehört in Tibet selbstverständlich zum Alltag dazu, er wird als etwas ganz Natürliches betrachtet, wie der Wind, wie der Regen. Ich hoffe, dass die mächtigen Bäume dieses Waldes die reinen, kleinen Seelen gut behüten.

Gawalong, die Engelsaugen

Südlich von Zhuolonggou liegt der Landkreis Medog, der erst kürzlich, als letzter im Land, an das öffentliche Straßennetz angeschlossen wurde.

Auf dem 143 km langen Weg von Bome bis nach Medog liegen nur wenige Dörfer. Ihre offiziellen Namen erhielten diese Siedlungen erst im Zuge des Straßenbaus. Sehr kreativ war man bei der Namensgebung nicht, man hat sie einfach nach ihrer Entfernung von Bome benannt: So liegt etwa das Dorf 80K 80 km von Bome entfernt.

Entlang dieser Strecke passiert man der Reihe nach die Dörfer 24K - 52K - 62K - 80K - 96K - 100K - 108K. Wenn man ein Dorf erreicht, weiß man also, welche Strecke man bereits zurückgelegt hat.

Die Straße nach Medog ist zwischen den Dörfern 80K und 108K von mehreren großen Erdrutschen unterbrochen. Zu Fuß kann man die Lawinen aus Steinen und Schlamm mit einiger Mühe kletternd überwinden, aber für Fahrzeuge ist der Weg unpassierbar. Wichtige Güter werden abschnittsweise nach Medog weitertransportiert: LKWs fahren von beiden Seiten soweit es geht an die Geröllhalden heran. Dann schleppen Träger die Güter über die unbefahrbare Strecke und laden sie auf den bereitstehenden leeren LKW, der auf der anderen Seite wartet. Ab Oktober, wenn Eis und Schnee die Straße bedecken, wird sie komplett gesperrt. Dann ist Medog ist vom Rest der Welt abgeschnitten. Nicht zuletzt deshalb gilt die Stadt Medog auch als Paradies für Wanderer: Hier ist Autofreiheit – zumindest zeitweise – garantiert!

Unser Plan ist, bis 52K zu fahren. Dort liegen die sagenumwobenen Himmelsseen Gawalong, die müssen wir unbedingt sehen! Der Weg dorthin ist ausgesprochen schwierig. In Bome bieten sich Leute als Fahrer an, um Reisende bis 80K auf 4500 m Höhe zu bringen. Der Standardpreis für die zweitägige Fahrt beträgt 4000 Yuan. Nun, da wir den Zustand der Straße sehen, verstehen wir den hohen Preis.

Bis 24K ist die Straße noch einigermaßen gut befahrbar. Dennoch haben wir Sorge, dass die scharfen Steinsplitter die Reifen aufschlitzen könnten. An einer Stelle schießt ein Sturzbach quer über die Straße, wenn wir weiterkommen

Wer die Fahrt wagt, wird mit einer fantastischen Aussicht belohnt

wollen, müssen wir die Fahrt über die glitschigen Steine wagen.

Ab 24K weitet sich das Tal. In der Ferne erblicken wir zwei gewaltige Gletscher, die sich gegenüberstehen, zwischen ihnen die Gawalong-Seen. Die einspurige Straße schraubt sich in Serpentinen immer höher. Warnhinweise sind mit roter Farbe direkt auf die Felsen gemalt. Kommt ein Fahrzeug entgegen, reicht der Platz gerade aus, um aneinander vorbeizukommen. Einmal treffen wir auf Touristen aus der Provinz Jilin, als ein Felsbrocken die Fahrbahn blockiert. Wir steigen aus und rollen ihn mit vereinten Kräften zur Seite. Dann klappen wir die Rückspiegel ein und fahren im Schritttempo aneinander vorbei.

Auf beiden Seiten der Straße erstreckt sich baumlose Geröllwüste, die in einiger Entfernung in die Ausläufer der Gletscher übergeht. Doch selbst in dieser unwirtlichen Gegend wächst überall zwischen den Felsbrocken prächtiger Schneelotus, seine Blüten leuchten in der Felslandschaft wie Sterne am Himmel. An Blättern und Stengeln haben die Pflanzen harte, spitze Dornen. Doch pflücken wollen wir diese Pracht ohnehin nicht, sie gehört genau an diesen Ort.

Kaum haben wir den Pass überquert, breiten sich vor unseren Augen die Gawalong-Himmelsseen aus. Die drei unterschiedlich großen Seen funkeln wie Engelsaugen in der schneebedeckten Weite.

Die ganze Stadt trocknet Kiefernpilze

Als wir gegen Abend nach Bome zurückkehren, befindet sich die Stadt in einem Belagerungszustand. Wer auch immer Richtung Lhasa unterwegs ist, sucht nun hier Quartier. Alle Hotels sind trotz der sofort in die Höhe geschossenen Zimmerpreise komplett ausgebucht, selbst in den umliegenden Bauernhäusern gibt es kein einziges freies Bett mehr. Sogar das Benzin an der Tankstelle ist ausverkauft. Wir sind froh, dass wir unter den ersten waren, die so vorausblickend waren, gleich umzukehren! Sonst stünden wir jetzt auf der Straße.

Es ist Pilzsaison. Im ganzen Ort bauen die Einwohner an jedem freien Platz ihre Gestelle auf, um darauf die Pilze zu trocknen: Auf Balkonen, auf der Straße, ja selbst in Blumenbeeten.

Der Hochwald rund um Bome bietet wilden Kieferpilzen ideale Bedingungen. Am besten schmecken die nur wenige Zentimeter langen „Jungpilze". Normalerweise kostet ein Pfund davon etwa 80 Yuan, eine wahre Delikatesse also.

Doch nun, da die Straße unterbrochen ist und die Pilze nicht abtransportiert werden können, ist der Preis im Nu auf zehn Yuan pro Pfund gefallen und so für alle erschwinglich geworden.

Überall auf den Straßen werden die Pilze gesäubert, in Scheiben geschnitten und aufgespießt, es herrscht eine Stimmung wie bei einem großen Fest. Ich mag Wildpilze für mein Leben gern. Jedes Mal, wenn ich in Tibet bin, gönne ich mir einmal diesen Luxus. Jetzt hocke ich wie die Einheimischen am Straßenrand und suche mir ein paar schöne Exemplare aus, die ich auf dem Balkon des Hotels trocknen möchte.

Als die Dämmerung hereinbricht, kommen Einheimische und Touristen auf dem zentral gelegenen Hauptplatz der Stadt zusammen und tanzen gemeinsam tibetische Volkstänze.

Wir gehen ins Hotel zurück und bereiten uns mit einem Teil der Pilze ein scharfes Fondue zu. In der Ferne leuchten die schneebedeckten Berge. Bome ist ein Ort, an dem man gerne verweilen möchte!

9. Tag: Kaffee am Erdrutsch

Route: Bome – Fichtenwald – Tongmai – Pailong – Lulang – Nyingchi – Gongbu Jiangda – Mozhu Gongka – Dazhi – Lhasa
Fahrtzeit: 07:30 – 23:30 Uhr, 16 Stunden
Distanz: 644 km
Höhe: Nyingchi 3100 m ü.d.M., Lhasa 3650 m ü.d.M.

Ein Garten Eden im Fichtenwald

Am nächsten Morgen ist die Straße soweit freigeschaufelt, dass eine Spur befahrbar ist. 22 km hinter Bome erstreckt sich eines der schönsten Waldgebiete Tibets. Dieser einzigartige Flecken Erde liegt in einer Biegung des Brahmaputra. Die östlichen Ausläufer des Himalaya und der Monsun vom Indischen Ozean bestimmen das Klima. Fichten fühlen sich hier besonders wohl. Der Wald liefert dreimal so viel Holz wie das größte Waldgebiet im Nordosten Chinas. Inmitten dieser ungewöhnlich hohen, dickstämmigen und dicht an dicht wachsenden Fichten fühle ich mich wie ein Zwerg.

Die Leute in dieser Gegend behaupten, dass man nicht in das Innerste des Waldes vordringen dürfe. Dort würde man von Feen entführt und käme nie wieder frei.

Die Straße, die aus Bome herausführt, ist von wilden Pfirsichbäumen gesäumt. Jetzt, im Frühling, stehen sie in voller Blüte, der Duft macht uns ganz benommen. Wenn im Herbst die Früchte zu Boden fallen, ist das ein Festessen für Schafe, Kühe und Schweine.

Wir sehen Vögel, die sich auf den Rücken der Pferde niedergelassen haben und ihnen die Schädlinge aus dem Fell picken. Als die Menschen sich das Paradies ausmalten, hatten sie da so eine Szenerie vor Augen?

Die Häuser in den Dörfern sind hier nicht mehr wie früher üblich aus Stein und Holz, sondern mit modernen Materialien gebaut. Ihre Dächer bestehen aus roten, blauen, gelben und rosafarbenen Glasfaserplatten, die schnee-, kälte- und regenbeständig sind und gut dämmen. Der Stil der Gebäude in diesen kleinen Siedlungen, die versteckt im Tal des Purlung Tsangpo liegen, wirkt europäisch. Eigentlich schade, dass mit den modernen Materialien auch eine ganz neue Architektur Einzug hält und die traditionellen Dächer, Balkone und Proportionen verdrängt.

Fröhliche Pause am Tongmai-Graben

Nach dem herrlichen Wegstück entlang des Waldes erreichen wir den Tongmai-Graben, das letzte große natürliche Hindernis vor Lhasa. Auf den 15 km zwischen Tongmai und Pailong führt die Straße an einem Steilhang oberhalb des reißenden Flusses Yarlung Tsangpo entlang. Die Schlucht ist insgesamt mehr als 500 km lang und im Schnitt 2268 m tief, sie gilt als die größte Schlucht der Welt. Auf der flussabgewandten Straßenseite ragen steile Berghänge fast senkrecht in den Himmel. Regelmäßig stürzen hier Erd- und Steinlawinen herunter und verschütten

die Straße. Viele Bäume an diesem Hang wachsen schräg, ein Teil ihrer Wurzeln hängt im Freien, es sieht aus, als ob sie jeden Moment herunterkippen würden. In der Luft liegt ein intensiver Duft von feuchtem Holz. An manchen Stellen sind Bauarbeiter damit beschäftigt, die Hänge mit Holzpfählen und Betonsäcken zu sichern. Ihre Unterkünfte bestehen aus Zelten, die sie im Felshang gesichert haben.

Wir erreichen den berüchtigten Streckenabschnitt 102. Die Einheimischen nennen ihn die „Todesstrecke". Alle paar Meter sind Schilder mit den Telefonnummern der Straßenwacht und Notrettung aufgestellt. Die Felsen am Straßenrand sind mit eindringlichen Warnungen in roter Farbe bepinselt: „Aufmerksam fahren, hohes Unfallrisiko."

Plötzlich donnert direkt vor uns eine Lawine herab und begräbt die Straße unter sich.

Wir müssen warten, bis die Bundespolizei mit schweren Baggern anrückt. Wir stellen uns auf einige Stunden Wartezeit ein. Ich hole unseren Spirituskocher heraus, hocke mich an den Straßenrand und beginne, Kaffee zuzubereiten.

Der Duft zieht viele Neugierige an. Im Nu bin ich von Tibetern umringt, so etwas haben sie noch nie gesehen. Ich reiche den Becher herum und biete ihnen einen Schluck Kaffee an, doch sie lehnen kopfschüttelnd ab. Ich erkläre ihnen, dass Kaffee dieselbe Wirkung habe wie Buttertee: Er belebt die Sinne und hält beim Fahren wach. Großes Gelächter ist die Antwort.

Vier Stunden später ist die Straße wieder frei. Die Brücke bei Tongmai ist ein Nadelöhr auf dem Weg nach Lhasa, sie ist nur für leichte Fahrzeuge passierbar, der Boden besteht aus Holzplanken. Lastwagen können sie daher nur unbeladen befahren. Die Fahrer müssen die Ladung

Eine Tasse Kaffee am Erdrutsch

auf kleinere Fahrzeuge umladen, die sie dann in mehreren Fuhren über die Brücke bringen.

Wir sind heilfroh, unbeschadet auf die andere Seite zu gelangen.

Steintopfhühnchen in Lulang

Eine halbe Stunde später erreichen wir Lulang, eine Kleinstadt auf 3700 m Höhe, es ist Zeit für eine Mittagspause.

Der Name Lulang bedeutet „Schlucht des Drachenkönigs". Die Einheimischen behaupten, dies wäre ein Ort, an dem Fremde kein Heimweh bekämen. Und tatsächlich ist die Atmosphäre in und um Lulang einzigartig: Rings um den Ort erstrecken sich ausgedehnte Waldgebiete, durch die man wunderbar wandern kann. In den Bergdörfern schwebt der Klang melodischer Volksweisen zwischen den Bambushäuschen. Es gibt kaum einen Ort, an dem man den Tag bei ein paar Drinks besser ausklingen lassen kann als hier inmitten heiliger Berge und tiefer Schluchten.

Hier wollen wir auch unbedingt die örtliche Spezialität, Steintopfhühnchen, probieren. Dafür wird aus Freilandhühnern, verschiedenen Wildpilzen und Händelwurz ein Eintopf zubereitet.

Entlang der Straße, die durch den Ort führt, drängen sich über 100 Restaurants, doch die Speisekarte ist überall identisch: Steintopfhühnchen.

Lhasa, die Lichter der Großstadt

Die Steintöpfe, in denen dieses Gericht zubereitet wird, kommen aus Medog. Dort hat man sich darauf spezialisiert, Felsbrocken auszuhöhlen und sie zu Töpfen zu verarbeiten. Die Töpfe haben eine tiefschwarze Färbung und bringen zum Teil ein Gewicht von über 50 kg auf die Waage.

Da die Straße nach Medog immer noch nicht passierbar ist, bilden schmale Bergpfade die einzigen Transportwege. Über sie werden die schweren Töpfe nun Stück für Stück von Trägern ins Tal gebracht.

Nach dem Mittagessen führt uns der Weg über den 4702 m hohen Sejila-Pass. Kaum haben wir ihn überquert, taucht plötzlich ein Meer von Azaleen vor uns auf. So weit das Auge reicht, sind die Berghänge über und über mit dieser rosa blühenden Rhododendren-Art bedeckt.

Von der Passhöhe aus ist der Namjagbarwa zu sehen. Er ist mit seinen 7782 m der fünfzehnthöchste Berg der Welt. Sein Name bedeutet „Blitzstrahl". Der Anblick der Berge überwältigt uns einmal mehr. Direkt vor uns liegt der Grund, warum wir all die Strapazen, hierherzukommen, auf uns genommen haben!

Knapp 80 km weiter liegt die 140.000 Einwohner-Stadt Nyingchi, am Fluss Niyang. Das Wasser ist außergewöhnlich klar und ruhig, nur ein paar verstreute Felsen im Fluss werfen grünlich leuchtende Wellen auf. Eine Pappel-Allee führt auf die Stadt zu. Ein Rucksacktourist ist hier auf seinen Rollschuhen unterwegs. Wir wollen an diesem Tag noch Lhasa erreichen und verzichten auf einen Zwischenstop in Nyingchi.

Als wir gegen Mitternacht in Tibets Hauptstadt ankommen, regnet es heftig. Wir überqueren den gleichnamigen Fluss, den Lhasa. Bunte Lichter empfangen uns. Überwältigt rufe ich aus: „Lhasa! Die heilige Stadt im göttlichen Licht!" Trocken erwidert mein erschöpfter Gefährte: „Das sind die Lichter der Großstadt."

10. Tag: Lhasa – heilige Stadt im magischen Licht

Route: Hotel – Nepalesisches Konsulat – Potala-Palast – Berg des Medizinkönigs – Barkhor – Jokhang-Tempel – Hotel
Fahrtzeit: 08:30 – 20:30 Uhr, 12 Stunden
Distanz: 40 km
Höhe: Potala 3767 m ü.d.M., Berg des Medizinkönigs 3725 m ü.d.M.

Wir sind in Lhasa, doch das Ziel unserer Reise liegt noch in weiter Ferne: Wir wollen den Mount Everest sehen und von dort aus nach Kathmandu weiterreisen. Dafür benötigen wir jedoch ein Visum…

Der Kampf ums Visum

Das nepalesische Konsulat Lhasas liegt in der Norbulingka-Straße, gegenüber dem königlichen Park, in dessen Mitte sich der Norbulingka-Palast befindet. Nepal ist ein kleines Land, dementsprechend winzig sind auch die Räumlichkeiten, die das Konsulat beherbergen: Es besteht aus einem einzigen Raum, kaum zehn Quadratmeter groß. Es gibt keinerlei Sicherheitskontrollen am Eingang, man kann das Konsulat nach Belieben betreten oder verlassen. Wer einmal ein Visum für die USA beantragt hat, mit Abnahme der Fingerabdrücke und all den Videokontrollen am Eingang, mit mehr als zehnseitigen Formularen, die man ausfüllen muss und die die Bestätigung einiger Behörden benötigen, dem wird der Unterschied umso deutlicher.

Lhasa liegt etwa 4000 km und somit zwei Zeitzonen westlich von Beijing. Dennoch gilt auch hier, wie seit 1949 überall in China, die chinesische Standardzeit, die Bejing-Zeit. Da die Sonne aber zwei Stunden später aufgeht, verschiebt sich auch der Arbeitsbeginn entsprechend. Das hat zur Folge, dass die Ämter statt wie in Beijing schon um 8:00 Uhr, hier erst um 10:00 Uhr öffnen. Zur Bearbeitung des Visums benötigt das Konsulat drei Tage – also genug Zeit, um sich in der Stadt umzusehen!

Der Palast des sechsten Dalai Lamas

Wir besuchen den Potala-Palast. Er gilt als symbolischer Inbegriff der tibetischen Kultur. Der Gebäudekomplex blickt auf eine 1300-jährige Geschichte zurück und besteht aus einer Kombination aus heiligen Hallen, Stupas, Gebetsräumen, Bibliotheken und Höfen. Das Hauptgebäude ist 117 m hoch, zur Zeit seiner Erbauung war es das höchstgelegene und gleichzeitig größte Palastgebäude der Welt.

Die Stufen zum Eingang zu erklimmen, stellt in der dünnen Luft eine Herausforderung dar. Als wir vor dem Haupttor des vom Sonnenlicht hell beschienenen weißen Palastes stehen, betaste ich voller Ehrfurcht den großen schwarzen Holzbalken, der als Riegel fungiert.

Himmelsrad auf dem Jokhang-Tempel

Die vielen Sinnesreize sind überwältigend. Um den gewaltigen roten Teil des Potala zu erreichen, müssen wir weitere Stufen erklimmen.

Im roten Palast begegnet uns erneut der „Buddha der Liebe", auf dessen Spuren in Form eines Volksliedes wir bereits in Litang gestoßen sind. Für ihn, den sechsten Dalai Lama Tshangyang Gyatso, wurde – aufgrund seines unorthodoxen Verhaltens – kein Grabmal errichtet. Das Einzige, was hier an ihn erinnert, ist sein Schlafgemach. Mit 14 Jahren zog dieser Liebeslieder verfassende Heilige in den Potala-Palast ein. Dort, in der Meditationshalle, soll er unzählige Lieder und Gedichte verfasst haben. Seine rebellische Haltung spricht aus diesem Satz, der ihm zugeschrieben wird: „Ich muss mich weder Buddha noch den Ministern gegenüber verantworten". Nachts schlich er häufig aus dem Palast und eilte im Licht des Mondscheins zu einem kleinen gelben Haus am Barkhor, wie der Pilgerweg rund um den Jogkang-Tempel genannt wird. Dort fanden die heimlichen Treffen mit seiner Geliebten statt. Die Gefahr, von den nächtlichen Patrouillen aufgegriffen zu werden, nahm der romantische Jüngling in Kauf. Die Liebe hatte Vorrang vor Regierungsgeschäften.

In einem der vielen Gänge des weitläufigen Palastes fällt mir ein junger Lama auf, der die Zeit seines Wachdienstes nutzt, um im Schein einer Butterlampe Englisch zu lernen.

Viele der Lamas, die hier im Potala ihren Dienst tun, sprechen Chinesisch und Englisch, um die Fragen der Touristen beantworten zu können. Der junge Mönch heißt Yixi Gandeng. Ich bitte ihn, einen tibetischen Namen für mich auszusuchen. Er denkt eine Weile nach und schreibt dann „Ciren Lamu" auf meinen Notizblock.

Später finde ich heraus, dass „Ciren" „langlebig" oder auch „gesund" bedeutet. „Lamu" hingegen ist das tibetische Wort für „Göttin" oder „Fee". Ich bin ausgesprochen gerührt, so einen liebevoll ausgewählten Namen bekommen zu haben!

Ich stehe auf dem Dach des roten Palastes und blicke auf die fernen Bergketten. Weiße Wolken ziehen über den Himmel, auf dem Fluss brechen sich die Wellen, leichter Nebel kräuselt sich über der Stadt. Leider fühle ich mich viel zu erschöpft, um mich von all dieser Schönheit, in eine positive Stimmung versetzen zu lassen. Meine Beine sind schwer wie Blei, langsam trotte ich die Stufen wieder hinab. Als wir den Fuß des Potala beinahe erreicht haben, kommt uns eine Gruppe Mönche in weinroten Roben entgegen. Während sie zum Palast hinaufsteigen, drehen sie die Gebetstrommeln am Wegrand, eine nach der anderen.

Auf der Suche nach Gebetsfiguren

Zu den geheimnisvollsten Orten Lhasas zählt auch der Berg des Medizinkönigs.

Das Umkreisen von Heiligtümern auf vorgegebenen Pfaden stellt für tibetische Buddhisten eine rituelle Handlung dar, ein Gebet in Bewegung. Um den zentral gelegenen Jogkang-Tempel führen gleich drei Wege: Der „Innere Weg" (Nangkhor) ist der kürzeste, er führt direkt an den Außenmauern des Tempels entlang. Der „Mittlere Weg" (Barkhor) ist derjenige, den der junge sechste Dalai Lama vor 400 Jahren auf dem Weg zu seinem Stelldichein liebestrunken entlanggeeilt war. Der Lingkhor ist der äußere und somit längste Weg um den Tempel: Er führt einmal um das Stadtzentrum von Lhasa herum und am Berg des Medizinkönigs vorbei. Während Nangkhor und Barkhor für das tägliche Gebet häufig frequentiert werden, pilgern fromme Tibeter und Mönche den Lingkhor nur an wichtigen Festtagen entlang.

Ende April, wenn nach dem tibetischen Kalender der Geburtstag des historischen Buddhas gefeiert wird, drängen sich zahllose Menschen auf dem Lingkhor. Von zwei Uhr früh bis in den späten Abend hinein ziehen die Pilger im Kreis um Lhasas Innenstadt, dabei tragen sie Mani-Steine, Yakknochen, Gebetsfahnen und -figuren in den Händen. Unterwegs beten sie für eine bessere Zukunft. Der Klang der Sutren, die sie rezitieren, ist weithin zu hören.

Von der weißen Pagode am Fuß des Potala sind es etwa 200 m bis zu der Stelle, an der der Lingkhor am Medizinberg vorbeiführt. Lhasa ist heute eine moderne Stadt mit bunten Lichtern und viel Verkehr, aber das historische Viertel um den Medizinberg ist vergleichsweise ruhig. Hier fühlt man sich in das alte Lhasa zurückversetzt.

Auf beiden Seiten der schmalen Bodhisattva-Straße stehen dicht an dicht Manufakturen für tibetisches Kunsthandwerk: In diesen kleinen Läden werden in mühevoller Handarbeit Yakbutterlampen, silberne Teeservice, Gebetsmühlen, Mani-Steine und andere Steinmetzarbeiten und Gebetsfiguren hergestellt.

Hier finden Gläubige Gaben, die sie den Tempeln und den Klöstern Lhasas spenden.

Einige der Handwerker sind in diesen Gassen geboren und aufgewachsen, andere mit ihren Familien aus dem Umland nach Lhasa gezogen.

Um die sechs Zeichen „om ma ni pe me hum" in einen Mani-Stein zu gravieren, benötigt ein erfahrener Steinmetz ein bis zwei Tage, für eine Bodhisattva- oder Tarafigur drei bis fünf Tage.

Dege, ein Steinmetz, arbeitet gerade an einer weißen Tara. Diese aus einer Träne Buddhas geborene, anmutige Schutzgöttin erscheint in unterschiedlichen Farben, je nach Färbung übernimmt sie eine andere Funktion: Eine grüne Tara hilft in der Not, eine rote in Liebesdingen. Die blaue Tara vertreibt Angst, in Weiß symbolisiert sie die vollkommene Reinheit, schützt vor Krankheiten und schenkt ein langes Leben. Die Formen von Deges Tara sind weich und geschmeidig, in der Hand hält sie eine Lotusblüte. Sie ist mit so viel Liebe zum Detail hergestellt, dass sie beinahe lebendig wirkt.

Die Künstler beginnen ihr Tagwerk bereits im Morgengrauen und arbeiten bis es dunkel wird. Da ständig Staub und Gips in die Augen dringt, sind Augenkrankheiten bis hin zur Erblindung eine weit verbreitetes Berufsrisiko. Trotz dieser Strapazen betrachten die Handwerker ihr Tun als einen Beitrag, den sie zu Ehren Buddhas leisten. Die unzähligen Mani-Steine, die in und um Lhasa zu finden sind, all die Figuren in den Tempeln: Sie sind das Resultat ihres Schaffens, all der dem Gebet gewidmeten Existenzen.

Auch die sogenannten „Zhazhas" werden hier in der Bodhisattva-Straße gefertigt. Der Begriff kommt aus dem Sanskrit und bedeutet „kleine Buddhafigur aus Ton". Zhazhas findet man meist als Opfergabe rings um größere Pagoden oder Buddhafiguren herum platziert.

Manche Gläubige lassen Zhazhas sogar nach ihren eigenen Vorstellungen fertigen und von einem Mönch weihen, bevor sie sie an einen glückverheißenden Ort bringen, wie etwa in ein Kloster, an eine bestimmte Stelle eines heiligen Weges, an das Ufer eines heiligen Sees oder an den Fuß eines heiligen Berges.

Zhazhas dienen als rituelle Gabe, indem man sie ablegt, tut man Sühne für begangene Sünden oder gedenkt seiner Verstorbenen. Manche Tibeter legen Zhazhas auch in kleine Schachteln oder tragen sie als Amulett am Körper.

Es gibt vier verschiedene Kategorien von Zhazhas: Erstens die einfachen, aus Lehm gefertigte Zhazhas. Zweitens: Die Medizin-Zhazhas, bei denen wertvolle tibetische Arzneien in den Lehm gemischt wurden. Diese Zhazhas werden meist als Amulette verwendet, im Notfall können sie sogar als Medikament eingenommen werden. Die dritte Kategorie sind die Knochen-Zhazhas. Diese bestehen aus einer Mischung aus Ton und den Resten kremierter Knochen ehemaliger „lebender Buddhas" oder hochrangiger Mönche, sie sind extrem wertvoll und teuer. Die vierte Sorte von Zhazhas, „Buzha" genannt, besteht aus Ton und Salz, das lebende Buddhas bei religiösen Zeremonien verwendet haben sollen, sowie aus wertvollen tibetischen Arzneien. Diese letzte Sorte ist sehr selten. Den Buzhas wird eine magische Kraft nachgesagt, am Körper getragen, sollen sie Unheil abwenden und den Träger beschützen. Früher waren Buzhas den Familien „lebender Buddhas" und dem Adel vorbehalten.

In der Bodhisattva-Straße sind vor allem Frauen zu beobachten, die Zhazhas fertigen. Geschickt mischen sie Gerstenkörner mit Lehm und füllen die entstandene Paste in kleine Formen. Auf diese Weise stellen sie kleine Pagoden und Buddhafiguren her. Im letzten Arbeitsschritt bemalen sie die Figuren – gold, rot, blau, grün oder weiß. Diese Handwerkerinnen

Tibetischer Steinmetz

betrachten ihre Arbeit als einen Dienst an Buddha und gleichzeitig als Hilfe für die Pilger, damit diese ihre religiösen Pflichten erfüllen können. Der Preis für die einfachste Sorte Zhazhas liegt bei 50 Mao bis zu fünf Yuan.

Es gibt auch Sammler von Zhazhas, die das Viertel anlockt: Sie durchstreifen die verwinkelten Gassen, in der Hoffnung, eine ganz besondere Figur zu entdecken.

Folgt man der Bodhisattva-Straße, erhebt sich nach einer Weile neben dem Weg eine bis zu 50 m hohe Felswand mit tausenden Buddhabildern darauf. Sie werden als Moya-Steingravuren bezeichnet – „Moya" bedeutet wörtlich „den Hang kratzen". Seit Jahrunderten haben Gläubige auf einer Strecke von beinahe einem Kilometer zahllose Buddhabilder in den Fels graviert und farbig bemalt. Als ich daran entlanggehe, senke ich unwillkürlich andächtig den Blick.

Am Ende der Felswand ragt die 600 Jahre alte Kangyur-Pagode empor. „Kangyur" bedeutet so viel wie „das übersetzte Wort Buddhas" und bezeichnet heilige Texte, die angeblich von Buddha direkt überliefert sind. Die Sammlung umfasst 108 Bände. Dieser gesamte Text ist auf über 10.000 Steinplatten eingekerbt, mit denen die Kangyur-Pagode auf ihrer Außenseite verkleidet ist. Die Berührungen der in einem nie endenden Strom vorbeiziehenden Gläubigen haben die Platten im Laufe der Jahrhunderte abgegriffen.

Und auch jetzt werfen sich Pilger in ihren schmutzigen Kitteln zu Boden, die Hände mit Holzbrettchen dürftig vor den Steinen geschützt, während die Sonne goldene Strahlen auf ihre ausgezehrten Körper wirft.

Barkhor, der Rundweg der Pilger

Fünf Kilometer haben wir auf dem Lingkhor zurückgelegt. Nun halten wir eine Dreirad-Rikscha an, für zehn Yuan bringt uns der Fahrer direkt zum Platz vor dem Jokhang-Tempel, dem bedeutendsten Heiligtum des tibetischen Buddhismus, dem endgültigen Ziel der unzähligen Pilger. 1981 wurde der Jokhang zum UNESCO Weltkulturerbe erklärt.

Auf dem Platz vor dem Jokhang steht eine etwa fünf Meter hohe, eckige Säule aus dem neunten Jahrhundert. Zu der Zeit schlossen die chinesische Tang-Dynastie und das frühtibetische Tubo-Reich eine Allianz, deren Vereinbarungs-Text auf der Seitenwand der Säule eingemeißelt ist.

Der Barkhor, der innerste drei Rundwege Lhasas, führt direkt am Jokhang-Tempel vorbei. Pilger umrunden den Tempel in ihren abgerissenen Kitteln, unablässig ihre Gebetstrommeln drehend. Daneben bieten geschäftstüchtige Khampa alles an, was Tibet an Kunstgewerbe und Schmuck zu bieten hat: Tankas, Gebetstrommeln, Gebetsfiguren, Trinkgefäße aus Yakgeweihen, bis hin zu Bogenseiten aus Rindsleder. Neugierig frage ich die Händler, wozu das alles gut sei. Über der Straße wabert der intensive Duft von Weihrauch, der hier in großen Öfen verbrannt wird.

Das Eingangsportal des Jokhang-Tempels wird von acht massiven Säulen gesäumt. Ihre Oberfläche hat durch die Berührungen der Gläubigen im Laufe der Jahre eine beinahe schwarze Färbung angenommen.

König Songtsen Gampos nepalesische Gemahlin Bhrikuti hatte den ursprünglichen Tempel im Jahr 639 errichten lassen. Später, im 14. Jahrhundert, wurde er um zahlreiche Gebäude erweitert, bis er sich auf einer Fläche von über 21.000 m² erstreckte.

Der Jokhang ist vollständig aus Holz und Lehm errichtet. Die Haupthalle ist drei Stockwerke hoch, das Dach leuchtet golden, es ist ein Musterbeispiel der einzigartigen tibetischen Architektur.

Dieser Tempel bildet das Zentrum buddhistischer Aktivitäten in Tibet. Hier werden zum

Eine Gläubige wirft sich vor dem Jokhang-Tempel auf den Boden

Beispiel die Lose gezogen, mit denen die Reinkarnationen hochrangiger Lamas ermittelt werden, Weihrauch wird angezündet, Kerzen aus Yakbutter brennen als ewiges Licht und setzen somit die über 1300 Jahre alte Tradition fort.

Wir setzen uns vor dem Eingang in die Sonne und beobachten die Gläubigen, die hier ihre Kotaus vollziehen. Dafür werfen sie sich in voller Länge zu Boden und strecken Arme und Beine von sich. Dann stehen sie auf und werfen sich erneut hin. Und stehen wieder auf... Ich blicke in den tiefblauen Himmel und lausche dem Rascheln ihrer Kleider und dem Schaben ihrer Schuhe auf dem blank polierten Steinboden, in den die zahllosen Betenden vor ihnen bereits tiefe Rillen gekerbt haben.

11. Tag: Das Joghurt-Festival: Buddhabilder, Theater und ... Joghurt

Route: Lhasa – Kloster Drepung – Norbulingka – Molkerei – Kloster Sera – Lhasa
Fahrtzeit: 05:30 – 19:30 Uhr, 12 Stunden
Distanz: 60 km
Höhe: Kloster Drepung 4000 m ü.d.M.

Unser Aufenthalt in Lhasa fällt in die Zeit des tibetischen Joghurtfestes. Früher bezeichnete dieses auf tibetisch „Shoton" genannte Fest das Ende der sommerlichen Meditationszeit für die Mönche. Dieser Anlass wurde mit Musik, Theater und Ausstellungen von Heiligenbildern, den Tangkas gefeiert. Der Name rührt daher, dass die Feierlichkeiten früher mit der Milch- und Joghurtproduktion im Herbst zusammenfielen.

Mittlerweile wurde das sieben Tage andauernde Shoton-Fest jedoch in das Frühjahr verlegt, in den siebten Monat nach dem tibetischen Kalender. Das Leben im Hochland ist erwacht, das Gras wächst, die Adler brüten, es wimmelt von Insekten. Überall trifft man auf Familien, die im Freien picknicken, Theatergruppen führen tibetische Opern auf, an Berghängen werden große Buddhabilder ausgebreitet.

Für die Mönche der Gelugpa-Schule markiert das Fest das Ende der jährlich verhängten zweimonatigen Ausgangssperre. Zwischen dem vierten und dem sechsten Monat dürfen sie das Kloster nicht verlassen, um nicht Gefahr zu laufen, die soeben aus dem Winterschlaf erwachten Insekten zu zertreten. Nun, da die Insekten durch die Luft schwirren, ziehen die Mönche umher und bitten um Almosen. Diese bestehen zu einem Teil aus Joghurt, den Gläubige zubereiten und den Klöstern spenden.

Das Buddhabild am Kloster Drepung

Drei große Klöster in Lhasa bilden das spirituelle Zentrum der Gelugpas („die Tugendhaften"): Drepung, Sera und Ganden. Die Gelugpa- oder auch Ganden-Schule wurde im 14. Jahrhundert von dem Lehrer und Reformator Tsonkhapa (1357 – 1419) gegründet und ist somit die jüngste der vier Hauptschulen des tibetischen Buddhismus. Sie zeichnet sich vor allem dadurch aus, dass sie auf strenge Disziplin und das Einhalten des Zölibats der Mönche Wert legt.

Das im Jahr 1614 erbaute Kloster Drepung liegt an einem Berghang oberhalb der Stadt und ist weithin sichtbar. Aus der Ferne ähneln die schneeweißen Gebäude Reiskörnern auf dunklem Untergrund. Daher rührt vermutlich auch die Bedeutung des Namens Drepung: „Reiskloster".

Es ist das größte und bedeutendste Lamakloster Tibets. Aus diesem Grund wird der erste Tag des Joghurtfestes auch als „Drepungfest" bezeichnet.

An diesem Tag pilgern zahlreiche Gläubige an diesen Ort acht Kilometer außerhalb des Stadtzentrums. Sie spenden Joghurt und nehmen an der religiösen Zeremonie teil, in deren Verlauf ein riesiges Buddhabild entrollt wird.

Bereits um halb sechs Uhr morgens, die Sonnenstrahlen haben den Potala noch nicht erreicht, sind die Menschen in Lhasa schon auf den Beinen. Mit Autos, Pferden oder zu Fuß machen sie sich in ungeordneten Gruppen in westlicher Richtung auf den Weg zum Kloster Drepung. Auch wir brechen auf und mischen uns unter die Menge, in der Hoffnung, einen guten Platz mit freier Sicht auf das zeremonielle Geschehen zu ergattern. Viele Gläubige sind schon am Vorabend zum Kloster gezogen und haben dort ihr Nachtlager aufgeschlagen.

Die Menschen drängen sich in gespannter Erwartung auf den Beginn der Zeremonie. Dann sehen wir Mönche, die den gegenüberliegenden Berghang hinaufsteigen. Langsam entrollen sie ein gigantisches Buddhabildnis mit den beeindruckenden Maßen von 30 mal 20 Metern. Der Buddha sitzt auf einer Lotusblüte, sein Gesicht ist mit einem dünnen weißen Tuch bedeckt, das nun vorsichtig entfernt wird. Tränen laufen den Menschen über die Gesichter. Ehrfürchtig knien sie nieder und beginnen zu beten. Dabei werfen sie Münzen und weiße Gebetsschals in Richtung des Bildnisses.

Dieses Ritual, bei dem das Buddhabild auf dem Hang entrollt wird, nennen die Tibeter „der Buddha sonnt sich". Es wird nur dieses eine Mal im Jahr durchgeführt. Doch heute ist die Sonne nicht zu sehen, ab und zu fallen sogar ein paar Tropfen Regen. Ich bedaure, dass sich der Buddha in diesem Jahr nicht sonnen kann.

Doch da beginnen die Mönche Verse zu rezitieren. Ihre auf- und abschwellenden Stimmen ähneln dem Branden der Meereswellen. Eine geheimnisvolle Kraft geht von ihren Worten aus. Sie rufen nach der Sonne, sie soll mit ihren Strahlen das Bild zum Leuchten bringen. Eine Stunde dauern die Rezitationen an, da bricht plötzlich die Sonne zwischen den dunklen Wolken hindurch und wirft einen blendenden Strahlenkranz auf den Berghang. Nun kommt der Buddha doch noch in den Genuss eines Sonnenbades.

Eine Gebetsmühle gehört immer dazu

In Opfergefäßen ringsum werden Zypressen- und Kiefernäste sowie Spindelsträucher verbrannt, dazu Tsampa und Salz, es steigt dichter weißer Rauch auf. Die Luft unter dem inzwischen strahlend blauen Himmel ist von einem intensiven Duft erfüllt. Der Berghang ist nun voller Menschen. Am unteren Rand des Bildes legen sie weiße Hadas ab, bevor sie weiter bergauf wandern. Bald ist das Buddhabild von einem weißen Meer aus Hadas umgeben, das den Wunsch der Menschen nach Glück und die Hoffnung auf ein gutes nächstes Leben symbolisiert.

Am Eingang des Klosters bildet sich eine lange Schlange. Die Gläubigen stehen an, um sich die Stirn von einem „lebenden Buddha" berühren zu lassen.

Wir reihen uns hinter einem älteren Paar ein. Die beiden kommen aus den Weidegebieten um Nagqu. Nach einer halben Stunde ist der „lebende Buddha" zu erschöpft, um seine Hand zum Segnen zu heben, doch die wartende Menschenmenge ist immer noch gewaltig. Also halten zwei junge Lamas seinen Arm in die Höhe, und die Gläubigen gehen wie durch ein Tor gebückt darunter hindurch.

Als ich an die Reihe komme, um vor den „lebenden Buddha" zu treten, schließe ich die Augen, und lege die Handflächen aneinander: Diesen ganz besonderen Moment will ich in meinem Herzen bewahren.

Tibetische Oper im Norbulingka

Nachmittags um zwei Uhr folgen wir den Menschenmassen zum „Juwelengarten", um die Aufführung einer tibetischen Oper zu sehen. Jetzt, während des Joghurtfestes, ist der Eintritt in all diese Sehenswürdigkeiten frei. Der im Westen der Stadt gelegene Garten, der Norbulingka, wie er auf tibetisch heißt, ist der historische Sommersitz des Dalai Lama. Der Großteil des Gartens ist mit Schatten spendenden Bäumen bewachsen, auf saftigen Wiesen blühen alle Arten wilder Blumen. Da die UV-Strahlung während des Sommers in der Stadt des gleißenden Lichts besonders intensiv ist, ist dieser Rückzugsort bei den Bewohnen Lhasas zum Feiern, Picknicken und Ausruhen besonders beliebt. Mit Autos, Maultieren oder Motorrädern schaffen sie Tische, Stühle, Elektrogeräte und Kochutensilien heran. Das Szenario gleicht einer Völkerwanderung.

Einige Familien bauen weiße Zelte auf, deren Wände mit glückverheißenden Symbolen verziert sind. Vom Abend bis zum nächsten Morgen wird gesungen, getanzt und getrunken. Die Woche der Feierlichkeiten bildet eine willkommene Pause von der oft sehr harten Arbeit im Hochland.

Entlang der Wege im Park bieten Händler Handarbeiten und alle nur erdenklichen Köstlichkeiten an. Die ausgelassene Atmosphäre ist ansteckend. Wir setzen uns auf eine kleine Bank unter einer Pappel, kaufen zwei Gläser extrem süßen Gerstenwein und ein paar Spieße mit gegrilltem Lammfleisch und lassen es uns gut gehen. Es ist das erste Mal, seit wir in Tibet sind, dass wir Alkohol trinken. Langsam scheinen wir uns den lokalen Gewohnheiten anzupassen. Auch unsere Hautfarbe ähnelt inzwischen der der Tibeter und selbst die Höhe macht uns nichts mehr aus. Auf dem Weg zurück ins Hotel bekomme ich jedoch auf einmal Nasenbluten, wahrscheinlich von der trockenen Luft.

Für die Aufführung der tibetischen Oper kommen jährlich zum Joghurtfest professionelle Schauspieler und Laiengruppen im Norbulingka zusammen. An mehreren Tagen hintereinander finden Aufführungen statt, manche in Zelten,

Ein Tor am Norbulingka mit Hadas geschmückt

manche vor dem Hintergrund einer Leinwand, manche einfach mitten im Park.

Je nachdem, welchen Charakter die Schauspieler darstellen, tragen sie blaue oder weiße Masken. Sie drehen sich scheinbar ohne Unterbrechung im Kreis und springen in die Luft. Für die musikalische Untermalung der akrobatischen Darbietung sorgen „Feen", die mit rosa oder rot geschminkten Gesichtern am Rande des Geschehens stehen und in verschiedensten Tonlagen singen. Die Stimmung der weit über das Hochland getragenen Melodien reicht von fröhlich bis tieftraurig. Die Lieder besingen zumeist Episoden der tibetischen Geschichte und die tibetische Kultur.

Die Menschen sitzen auf Matten oder auf dem nackten Boden, trinken Buttertee aus Thermosflaschen oder Gerstenwein, der in Wasserkesseln erwärmt wird, und verfolgen mal stöhnend, mal lachend, wie das Gute das Böse und das Schöne das Hässliche besiegt.

Der Geschmack von Joghurt

Drei Dinge sind an diesen Festtagen wichtig zu wissen: Wo das größte Buddhabild ausgerollt wird, wo es die beste tibetische Oper zu sehen gibt und – nicht zuletzt – wo man den besten Joghurt zu essen bekommt.

Joghurt ist seit dem Altertum zur Zeit der Milchverarbeitung im Sommer ein fester Bestandteil auf dem Speiseplan der Bewohner des tibetischen Hochlands. Der Überlieferung nach mochte schon der Abt Attisha aus Bangladesh, der den tibetischen Buddhimus mitbegründete, für sein Leben gern Joghurt. Jedes Jahr im Sommer brachten ihm Mönche und Gläubige Joghurt ins Kloster. Und jedes Mal dankte er den Spendern und betete für ihr Wohlergehen. In der Überlieferung heißt es, dass das Vieh jener Familien, die dem Abt Joghurt darboten, nicht krank wurde, nicht weglief und nicht von wilden Tieren gerissen wurde. Es lohnte sich also, Joghurt zu spenden!

Allerdings sollte man sich in Tibet von seinen gewohnten Geschmacksvorstellungen von „Joghurt" verabschieden. Der tibetische Joghurt hat einen sehr intensiven Geschmack von reiner Milchsäure. Die größte Auswahl an Kostproben findet man in Lhasa direkt unterhalb des Potala-Palastes, in der „Joghurtgasse". In langen Strömen ziehen Touristen hier durch. Die Wände der kleinen Läden sind mit Bildern der Reisenden gepflastert, einige haben auch Sprüche an die Wände geschrieben, um ein Andenken zu hinterlassen.

Dem Yakjoghurt werden keinerlei künstliche Substanzen wie Stabilisatoren oder Zucker beigemischt. Die Yakmilch wird erhitzt und gekocht, dann lässt man sie auf etwa 40 Grad abkühlen, bevor Enzyme aus fertigem Joghurt beigemischt werden. Die lebenden Bakterienkulturen, die die Fermentation auslösen und für die Verwandlung der Milch in Joghurt sorgen, werden in Tibet seit mehr als 1000 Jahren gezüchtet.

Dann werden die Gefäße versiegelt und ins Freie gestellt, die Sonne und trockene Kühle des Hochlandes lassen den Joghurt langsam reifen. Wenn er zu festen Stücken gestockt ist, kann er wie Tofu geschnitten werden. Gekühlt ist er nun zum Verzehr bereit.

Neugierig probiere ich diese Spezialität. Doch der Joghurt ist so sauer, dass ich erschrocken aufschreie. Wer hätte gedacht, dass es einem bei der Lieblingsspeise von Abt Attisha alle Poren zusammenzieht? Zum Glück steht eine Schale Zucker auf dem Holztisch – meine Rettung! Ich rühre fast die Hälfte des Zuckers in den Joghurt, jetzt erst ist er für mich genießbar und schmeckt wirklich gut. Langsam lasse ich ihn auf der Zunge zergehen.

12. Tag: Yamdrok-See, der Spiegel der Götter

Route: Lhasa – Berg Khampala – Yamdrok-See – Nagarze – Karuola-Gletscher – Gyangzê – Kloster Palkor – Pala-Garten – Bainang – Shigatse
Fahrtzeit: 07:30 – 20:30 Uhr, 13 Stunden
Distanz: 340 km
Höhe: Gyangzê 4040 m ü.d.M., Shigatse 3950 m ü.d.M.

Bevor wir uns auf den Weg in Richtung der nepalesischen Grenze machen, nutzen wir noch einmal den Luxus der Großstadt und waschen und putzen unser Auto. Mit dem frisch ausgestellten Visum für Nepal in der Tasche brechen wir am nächsten Morgen wieder auf.

Eine zeitlang führt die Strecke am Fluss Lhasa entlang. Die Berghänge zu beiden Seiten des Ufers sind mit Felsmalereien übersät, der größte Teil symbolisiert den Aufstieg der Seelen in den Himmel. An der Qushui-Brücke mündet der träge dahinfließende Lhasa in den brausenden Brahmaputra.

Hier gabelt sich die Straße, auf der vierspurigen B318 sind es auf direktem Weg 273 km bis zu der berühmten Kulturstadt Shigatse.

Richtung Westen führt die Landstraße 307 zunächst zum Yamdrok-See, von dort aus weiter nach Nagarze und dann in einem Bogen nach Shigatse. Diese Strecke beträgt insgesamt 340 km. Der Umweg lohnt sich jedoch auf jeden Fall, ohne zu zögern nehmen wir die alte Landstraße.

Mit „Opa Lobsang" über den Khampala-Pass

Die Straße über den 4800 m hohen Khampala-Pass zum Yamdrok-See ist inzwischen gut ausgebaut. Dennoch muss man höllisch aufpassen, denn viele tibetische Fahrer halten sich nicht rechts, sondern fahren mittig, wobei sie einen großen Teil der Straße einnehmen. Vor einer Kurve empfiehlt es sich daher auf jeden Fall zu hupen!

Doch kein Vergleich zu unseren früheren Fahrten auf dieser Strecke. Für 900 Yuan hatte uns „Opa Lobsang" damals angeboten, uns in seinem altersschwachen Jeep nach Nagarze mitzunehmen. Unterwegs stieg noch ein junger Arbeiter namens Laba zu, der an einem Staudamm bei Nagarze arbeitete und seinen Lohn abholen wollte. Schon sehr bald wurde uns klar, warum kaum jemand bereit war, diese Strecke zu fahren: Die sogenannte „Straße" bestand zum Großteil aus Schlaglöchern. In einem ähnlich desolaten Zustand befand sich auch der Jeep. Vom Lenkrad fehlte die Hälfte, es gab keine Scheibenwischer, keinen Rückspiegel und die Hupe funktionierte nicht, bzw. nur auf unübliche Weise: Jedes Mal wenn eine Viehherde die Fahrbahn blockierte, hielt Lobsang zwei Drahtenden aneinander, dann

ertönte ein zartes Hupen. Den hinteren Teil des Wagens hatte er so umgebaut, dass sich die Passagiere gegenüber saßen. Es gab keine Vorrichtung, an der man sich festhalten konnte und so wurden wir so durchgeschüttelt, dass wir die ganze Zeit in Gefahr liefen, uns die Köpfe am Wagendach anzuschlagen.

Blieb der Wagen im Morast stecken, stieg Laba aus, suchte ein paar Steine zusammen und legte sie unter die Reifen, sodass der Jeep wieder Halt fand. Schon bei der Vorstellung, in der dünnen Luft, bis zu den Knien im Schlamm watend das Auto anschieben zu müssen, versagten unsere Kräfte.

Auf einer Passhöhe war die Straße durch eine Flutwelle weggespült worden. Vor uns steckte ein Auto zur Hälfte im schlammigen Wasser fest. Es drohte jeden Augenblick ins Tal gerissen zu werden. Ein paar ahnungslose Touristen hatten versucht, mit einem ganz normalen PKW zum Yamdrok-See zu gelangen. Wir halfen, den Santana rückwärts aus dem Sturzbach zu ziehen. Der Fahrer machte postwendend kehrt und fuhr nach Lhasa zurück.

Lobsangs klappriger Jeep braucht gutes Zureden

Opa Lobsangs Jeep dagegen wirkte wie ein erfahrenes Pferd, das seinen Weg im Schlaf findet. Mit Schwung durchquerten wir jede Strömung. Dennoch träumte er davon, sich irgendwann einmal einen chinesischen Jeep vom Typ „Stadtjäger" kaufen zu können.

Später erzählte uns der alte Mann, warum er diese anstrengenden Fahrten trotz der Gefahren immer wieder auf sich nahm: Seine Frau war verstorben, er musste die fünf Kinder alleine durchbringen. Ein Sohn war Soldat in Chongqing, zwei Kinder gingen auf tibetische Internate in Chengdu und Changchun. Sie alle benötigten Geld.

Der Jeep hatte unterwegs mehrere Pannen, doch diese passierten zu unserem Glück immer an landschaftlich schönen Stellen, an denen es sich lohnte, etwas zu verweilen: Wie etwa auf dem Bergpass am Khampala. Von dort aus hat man einen wunderschönen Blick auf den Yamdrok-See unten im Tal.

Während Lobsang mit alten Lappen die Zündkerzen trockenwischte, nutzten wir die Gelegenheit, um uns die Beine zu vertreten und Fotos zu machen.

Der See liegt wie ein glitzernder Edelstein inmitten von Weideflächen. Ein tibetisches Sprichwort lautet: „Im Himmel haben die Feen Spiegel, auf der irdischen Welt haben sie den Yamdrok-See". Und wirklich: Der See gleicht einem geheimnisvollen Zauberspiegel, sein eiskaltes Wasser reflektiert die Gipfel des fernen Himalayas. Die Wiesen ringsum bieten Schafen und Rindern ausreichend Nahrung. Golden blühende Blumen wachsen in saftigem Grün, über dem tiefblauen Wasser kreisen Vogelschwärme.

Der See hat keinen Abfluss, das Schmelzwasser von den Bergen und die Verdunstung des Sees halten sich die Waage.

Etwa eine Stunde fuhren wir am See entlang. Bei jedem Halt bewunderten wir erneut die überwältigende Schönheit der Natur. Einmal ritt ein Tibeter mit einem Rucksack auf dem Rücken gemächlich an uns vorbei. Noch heute trifft man hier auf Menschen, die fernab jeglicher Zivilisation tagelang alleine unterwegs sind und offenbar die Einsamkeit nicht fürchten.

Abends um acht erreichten wir schließlich das Städtchen Gyangzê. Unterwegs hatte Lobsang zwei Packungen Zigaretten geraucht und sein Jeep 40 l Sprit verbraucht.

Inmitten des lebhaften Treibens in den Straßen Gyangzês brach es plötzlich aus Lobsam heraus: „Hier in Gyangzê gibt es wirklich viele tolle Autos!" Unwillkürlich mussten wir lachen.

Er hatte sein Versprechen gehalten und uns heil ans Ziel gebracht. Wir gaben ihm noch 30 Yuan extra für eine Stange Zigaretten. In der Dunkelheit nahmen wir Abschied und wünschten uns gegenseitig „Tashi Delek": „Möge es dir wohlergehen."

Diesmal legen wir die 240 km von Lhasa nach Gyangzê in nur fünf Stunden zurück. Inzwischen allerdings muss man an den schönsten Aussichtspunkten Parkgebühren zahlen, wenn man anhalten und fotografieren will.

Eine Begegnung im Kloster Palkor

In Gyangzê essen wir je eine Schale Nudeln mit Rindfleisch zum Mittagessen. Danach gehen wir zum Kloster Palkor, dem „Kloster des Glücksrades und der großen Freude". Buddhas Augen scheinen uns direkt anzusehen. Das Besondere an diesem Kloster ist, dass es Mönche aller drei Hauptrichtungen des tibetischen Buddhismus beherbergt: Die Sakya-, die Bodong- und die Gelug-Schule.

Das Kloster hat seit der Zeit seines Entstehens die jeweiligen Stärken dieser unterschiedlichen geistigen Strömungen zusammengeführt und vereint.

Es wurde 1427 erbaut und ist für seine einzigartige Architektur berühmt. In diesem monumentalen Sakralbau, dem größten Chörten Tibets, befinden sich über 100 Gebetsnischen, die in mehreren Stockwerken übereinander angeordnet sind. Sie sind mit mehr als 10.000 Wandbildern bemalt, daher die umgangssprachliche Bezeichnung „10.000-Buddha-Pagode". Während der Kulturrevolution wurde das Kloster schwer beschädigt, seit 1996 steht es jedoch auf Chinas Liste schützenswerter Denkmäler.

Im Kloster treffen wir einen jungen Mann aus Beijing. Er ist hier, um Lama zu werden.

Nach seinem Physik-Studium an der Pädagogischen Hochschule in Beijing hat er sich vor etwa sechs Jahren dem Buddhismus verschrieben. Während seiner Wanderjahre hatte er in den Klöstern Kumbum in Qinghai und im Songtsen-Gampo in Yunnan die buddhistische Lehre studiert, bevor er schließlich hierher ins Kloster Palkor kam.

Seither widmet er sich in erster Linie einer esoterischen Form des Buddhismus, da er versuchen möchte, Phänomene anhand einer Verbindung von theoretischer Physik und buddhistischem Glauben zu erklären. Seiner Vorstellung nach präsentiert sich Buddha den Menschen in gleißendem Licht, wie es etwa auf der Oberfläche eines Sees zu beobachten ist. Indem er solche Arten des Zugangs zum buddhistischen Glauben schafft, hofft er, dass Buddha sich allen Menschen offenbart.

Es ist schon seltsam, was für Menschen man auf einer Reise begegnet. Wer hätte gedacht, an solch einem entlegenen Ort einen so gebildeten und gleichzeitig so frommen Menschen zu treffen!

Wir bitten den Mönch, uns seinen Meditationsraum zu zeigen. Dieser liegt im dritten Stock, wir gehen durch düstere Räume und Flure. Die Wände sind voller Ölflecken, in der Luft hängt ein intensiver Geruch von Buttertee. Er zeigt uns eine Sammlung von beinahe 1000 Thankas, religiöser tibetischer Malereien.

Die Wände seines Zimmers sind mit rotem Stoff behängt, ein Bett und ein Tisch befinden sich darin, sonst nichts. Vom Fenster aus hat man einen Blick auf die historische Festung auf dem ockerfarbenen Bergrücken gegenüber.

Als er eine Kerze anzündet, wird mir erst bewusst, wie gut er aussieht. Welch außergewöhnlicher junger Mann, still wie tiefes Wasser. Der gesamte Besitz des Mönchs passt in einen kleinen schwarzen Koffer und einen blauen Rucksack. Seit einem Jahr lebt er nun hier im Kloster. Wenn die Zeit reif ist, wird er weiterziehen.

Nie werde ich den Augenblick vergessen, als wir uns zum Abschied noch einmal umdrehen. Mir ist, als verabschiedete ich mich von einem anderen „Ich". Ist es in dieser hektischen Welt möglich, solche wertvollen Augenblicke zu bewahren?

Zwei Touristen auf dem Weg nach Shigatse

Die Entfernung von Gyangzê nach Shigatse beträgt noch einmal 90 km, allerdings ist die Geschwindigkeit auf der ganzen Strecke begrenzt.

Wir fahren am Fluss Nyang Qu entlang, er hat im Tal fruchtbares Schwemmland aufgespült. Ein Dorf reiht sich hier ans andere, die Häuser sehen ordentlich aus, die Gegend wirkt wohlhabend. An den Hauswänden kleben getrocknete Fladen aus Rinderdung, goldgelbenen Kuchen gleich, sie dienen als Brennstoff zum Kochen und Heizen.

Soweit man sehen kann, reiht sich ein Gerstenfeld an das andere. Die Bauern bringen die Ernte ein, sie haben Pferde vor ihre Mähgeräte gespannt. Es ist ein malerischer Anblick.

An einer Straßenkreuzung warten zwei Anhalter aus Europa darauf, mitgenommen zu werden. Wie sich herausstellt, kommen sie aus Österreich. Sie schleppen schwere Rucksäcke, die Höhe scheint ihnen nichts auszumachen. Auch das tibetische Essen, das ich oft schwer verdaulich finde, schmeckt ihnen. Ihre persönliche Herausforderung scheint darin zu bestehen, möglichst günstig zu reisen. Daher halten sie hier auch ihre Daumen in die Höhe, da sie sich das Busticket sparen wollen.

Am Abend erreichen wir unser Tagesziel. Wir quartieren uns im „Hotel Shigaze" ein, während die beiden Anhalter nach einem preisgünstigeren Quartier Ausschau halten.

Das Kloster Tashilhunpo

13. Tag: Basislager am Everest, die Luft wird dünn

Route: Shigatse – Kloster Tashilhunpo – Lhatse – Berg Xicuola – Tingri – Baiba – Kontrollpunkt Lulu – Jiawula-Pass – Zhaxizong – Kontrollpunkt Quzong – Kloster Rongbuk – Basislager Mount Everest
Fahrtzeit: 07:00 – 19:00 Uhr, 12 Stunden
Distanz: 361 km
Höhe: Lhatse 4012 m ü.d.M., Tingri 4330 m ü.d.M., Basislager Mount Everest 5200 m ü.d.M.

Shigatse ist die zweitgrößte Stadt Tibets. Der Name bedeutet soviel wie „Garten voller fruchtbarer Erde". Das bedeutendste Wahrzeichen der Stadt ist das Kloster Tashilhunpo. Gemeinsam mit den Klöstern Drepung, Sera und Ganden in Lhasa, dem Kumbum-Kloster in Qinghai sowie dem Labrang-Kloster im Süden der chinesischen Provinz Gansu gehört es zu den sechs großen Klöstern der Gelug-Schule.

Das Kloster Tashilhunpo wurde 1447 vom ersten Dalai Lama gegründet und ist bis heute der Stammsitz des Panchen Lama, des zweithöchsten religiösen Führers der tibetischen Gelug-Schule. „Panchen", ein Mischwort aus Tibetisch und Sanskrit, bedeutet „Großer Gelehrter". Der erste Panchen Lama wurde 1385 geboren und im Alter von 18 Jahren wegen seiner besonderen Klugheit von seinen Lehrern als Reinkarnation des Amitabha, des „Buddhas des unendlichen Lichts", erkannt. Der aktuell amtierende Panchen Lama ist die elfte Reinkarnation, traditionell ist er auch Abt des Klosters Tashilhunpo. Frühere Inkarnationen sind im Kloster beerdigt.

Gräber und wimmelndes Leben

Trotz des Regens machen wir uns am nächsten Morgen auf den Weg zum Kloster am Rande der Stadt. Traktoren fahren durch den Ort wie Taxis, für einen Yuan pro Person bringen sie einen an jedes beliebige Ziel in der Innenstadt. Man wird kräftig durchgeschüttelt, doch solange einem davon nicht schlecht wird, macht die Fahrt Spaß.

Das Kloster ist direkt an einen Berghang gebaut, ein imposanter Anblick. In einer der Hallen ist die größte kupferne Buddhastatue der Welt zu bewundern. Der Platz direkt vor der Statue ist für die Andacht reserviert. In den Gängen ringsum sitzen Mönchsnovizen im Teenageralter und rezitieren buddhistische Sutren.

Ich möchte ein Foto machen, doch sofort deuten sie mir mit den Fingern: Das kostet einen Yuan. Lachend entgegne ich, dass es bestraft wird, wenn man während des Rezitierens Geschäfte macht. Sofort vergraben sie ihre Köpfe wieder in den gelben Schriftrollen.

Die Stupas im Kloster sind die Grabstätten früherer Inkarnationen des Panchen Lama, auch der 1989 in Shigaze verstorbene zehnte Panchen Lama hat hier eine Gedächtnishalle mit einer Stupa bekommen. Stupas haben sich im Laufe der Geschichte aus einfachen Grabhügeln entwickelt. Hier im Kloster sind sie mehrere Meter hoch und bestehen aus drei Stockwerken in denen buddhistische Grabbeigaben aufbewahrt werden: Unten Gerste, Weizen, Reis, Tee, Salz, Alkali, Trockenfrüchte und Süßigkeiten, Sandelholz, Heilkräuter, Seidenstoffe, ein Sattel, das Horn eines Rhinozeros, Silber und Perlen, eine Robe und tibetische Kleidung. In der Mitte lagern die Schriften des Tripitaka, Ausgaben wichtiger Werke der Gelug-Schule sowie früherer Reinkarnationen des Panchen Lama. Ganz oben schließlich ist Raum für die buddhistischen Sutren und Buddhastatuen. Die Asche des Verstorbenen wird im Zentrum der Stupa platziert. Um die Stupas herum sind religiöse Gegenstände ausgebreitet: Roben, Thankas, Buddhafiguren und vieles mehr.

Das Kloster Tashilhunpo gleicht einer riesigen Burganlage. Es dauert eine ganze Weile, bis man die Strecke von einem Ende zum anderen zurückgelegt hat. Es nieselt, die Landschaft und die Gebäude haben heute eine dunklere Färbung als sonst im grellen Sonnenlicht. Ich spaziere auf den feuchten Pflastersteinen durch die engen gewundenen Gassen innerhalb des Klosterkomplexes.

Dies ist der Ort, an dem sich vor 300 Jahren der sechste Dalai Lama geweigert hatte, seinen Mönchseid zu leisten. Zudem hatte er verlangt, dass der fünfte Panchen Lama seinen bereits geleisteten Eid für ungültig erklärte. Die Liebe hatte ihn rebellisch gemacht, völlig auf sich gestellt, hatte er sich der Fesseln des buddhistischen Klerus entledigt.

Während ich meinen Gedanken nachhänge, beobachte ich einen Hirten, der sich betend an eine Buddhastatue wendet. Wie glücklich er wirkt! In der Sutrenhalle zwängen sich Touristen unter einem Bücherregal hindurch in einen Seitenraum. Es heißt, wer es schafft, hier durchzukommen, wird im nächsten Leben des Lesens und Schreibens mächtig sein. Ob ich in meinem letzten Leben schon mal hier war?

In Tibet sieht man häufig herrenlose Hunde auf der Straße umherlaufen. Fast alle Tibeter sind gläubige Buddhisten. Statt die Hunde zu töten und zu essen wie es in Südchina üblich ist, werden sie hier sich selbst überlassen. Auch im Kloster streunen jede Menge tibetische Doggen herum, die Mönche geben ihnen manchmal etwas Tsampa zu fressen.

Sobald die Hörner zur Zeremonie blasen, versammeln sich die Hunde im Innenhof des Klosters, wo sie aufrecht sitzend dem Rezitieren der Sutren lauschen.

Fast 200 Hunde haben hier im Kloster ein Zuhause gefunden. Sie leben hier, können sich ungehindert bewegen, paaren sich, bekommen Welpen. Auf der Straße vor dem Kloster kaufe ich etwas Futter für die imposanten Tiere und bitte einen Lama, es ihnen zu geben. Sofort kommen einige angelaufen und umringen den Mönch. Gerecht verteilt er kleine Häppchen, indem er die einzelnen Hunde anspricht. Wer dran ist, springt auf und fängt seinen Teil. Es gibt keinen Streit. Ein Hund ist schwer verletzt, er ist wohl von einem Auto angefahren worden. Er bekommt eine extra Portion. Eine Hündin liegt unter dem Vordach der Gebetshalle, vier kleine Welpen liegen neben ihr und schlafen friedlich. Trotz der schwierigen Lebensbedingungen machen sie einen zufriedenen Eindruck.

3000 km entfernt von Zuhause

Ein tibetisches Volkslied trägt den Titel „Mein Zuhause ist in Shigatse". Darin heißt es:

Mein Zuhause ist in Shigatse,
dort fließt ein wunderschöner Fluss.
Am Berghang weiden die Schafe,
die Bodhisattvas beschützten uns.
Weiße Wolken ziehen dahin,
Wellen kräuseln sich auf dem Fluss.
Ein Adler spreizt seine Flügel
und lässt die Menschen unter sich ...

Auch wir ziehen weiter, wie der Adler in dem Lied. Sobald wir Shigatse hinter uns haben wird das Land trockener, Viehweiden gibt es kaum noch, ringsum breitet sich endloses Ödland aus.

Auf dem Weg zum Mount Everest passieren wir Lhatse, eine mittelgroße Kreisstadt.

Lhatse bedeutet soviel wie „Goldenes Dach, das im Sonnenschein glitzert". Im Ort teilt sich die Straße. In Richtung Süden geht es von hier aus über Tingri nach Zhangmu, dem Übergang an der chinesisch-nepalesischen Grenze. Die andere Strecke führt nach Westen duch Ngari, eines der am dünnsten besiedelten Gebiete Tibets, und von dort weiter in die chinesische Provinz Xinjiang, die autonome Region der uigurischen Bevölkerung.

12 km hinter Lhatse liegt das Dorf Baiba. Reisende, die zum Mount Everest wollen, müssen hier ein Ticket kaufen. Fahrzeuge müssen pro Rad eine Umweltschutzgebühr von 100 Yuan entrichten. Darüber hinaus muss jeder Passagier eine Eintrittsgebühr in der Höhe von 180 Yuan bezahlen. Von Baiba aus geht es weiter zum Kontrollposten Lulu. Ein Stück dahinter entdecken wir an einer Abzweigung eine Hinweistafel auf das Naturschutzgebiet des Mount Everest. Die bequeme Asphaltstraße ist hier zu Ende, die letzten 102 km bis zum Basislager sind ungepflastert.

Keine fünf Sterne: Unterkunft am Basislager

Dreimal Sauerstoff am Kloster Rongbuk

Die Frage, ob die letzten Kilometer bis zum Basislager des Mount Everest für Touristen zu einer Teerstraße ausgebaut werden sollen, führte lange Zeit zu heftigen Diskussionen. Umweltschützer aus China, Nepal und sogar aus den USA sprachen sich gegen den Ausbau aus. Ihr Argument war, dass es auf der Welt ohnehin kaum mehr unberührte Regionen dieser Art gäbe. Eine bessere Infrastruktur würde mehr Touristen anlocken und ein verstärktes Reiseaufkommen wäre zwangsläufig mit schädlichen Abgasen verbunden. Die Stille und das ökologische Gleichgewicht um den Mount Everest würden so nachhaltig beeinträchtigt werden.

Aus diesen Gründen verzögerte sich das geplante Projekt und der Mount Everest blieb lange ein Paradies für wenige Individualtouristen. Mit Erscheinen des Katastrophenfilms „2012" im Jahr 2009 aber änderte sich die Situation: Der Inhalt des Films basiert auf der apokalyptischen Vorhersage des Maya-Kalenders, nach der im Jahr 2012 die Welt durch Naturkatastrophen untergeht.

Wie der gezackte Rücken eines Drachen liegt der Berghang in der Sonne

Als ein Wissenschaftler eines Tages einen ungewöhnlichen Temperaturanstieg der Erdkruste feststellt, scheint das Ende nahe. Ein geheimes internationales Regierungsprogramm läuft an, im Zuge dessen im Himalaya Archen gebaut werden. Diese sollen Menschen, Tiere und bestimmte kulturelle Errungenschaften aufnehmen, um deren Erhalt und Fortbestand zu sichern.

Im Nachklang dieses Blockbusters boomte der Tourismus am Mount Everest: Die Menschen schienen die lebensrettenden Archen finden zu wollen, bevor es zu spät war.

An mehreren Kontrollstellen wird das aktuelle Datum auf das Ticket gestempelt.

Nach 26 km erreichen wir den 5215 m hohen Jiawula-Pass. Bei gutem Wetter kann man von hier aus vier Achttausender nebeneinander sehen: Ganz links den Makalu (8463 m), daneben den Lhotse (8463 m), den Mount Everest (8848 m) und den Cho Oyu (8201 m).

Die Ehrfurcht, die einen beim Anblick dieser Bergriesen ergreift, ist kaum in Worte zu fassen. Kein Wunder, dass die Tibeter sie als Göttinnen verehren!

Auf der anderen Seite des Passes führt die Straße in steilen Serpentinen abwärts, die Witterung hat zahllose Rillen gegraben, wie auf einem Waschbrett.

Wir erreichen das kleine Dorf Zhaxisong. Hier müssen wir uns noch einmal registrieren lassen. Bis auf ein paar heruntergekommene Straßenküchen hat das Dorf nicht viel zu bieten. Von hier aus sind es noch 41 km entlang des Flusses Rongbuk bis zum Basislager des Mount Everest.

Der Rongbuk speist sich aus dem gleichnamigen Gletscher. Drei Gletscher vereinigen sich auf der Nordseite des Mount Everest und bilden ein gewaltiges Gletschersystem mit einer Länge von 26 km und einer Fläche von mehr als 85 km². Doch die weiße Pracht ist bedroht. Seit 1980 hat sich die Gletscherzunge um 2 km zurückgezogen, im mittleren Abschnitt hat das Eis 90 m seiner Dicke eingebüßt. In der Folge schwankt der Wasserpegel des Flusses Rongbuk viel stärker als früher, das sensible Gleichgewicht der Natur im weiteren Flusslauf ist bedroht.

Das sagenumwobene Kloster Rongbuk kommt in Sicht. Es ist das einzige Kloster am Mount Everest und mit seiner Lage an einem Steilhang in 5100 m Höhe das höchstgelegene Kloster der Welt. Zu Fuß wären es von hier aus etwa 20 km bis zum Gipfel des Mount Everest.

Das Kloster wurde 1899 von der Nyingma-Schule gegründet. Das Ungewöhnliche ist, dass Nonnen und Mönche hier gemeinsam leben. Mehr als 500 waren es zur Blütezeit des Klosters, nun sind nur noch etwa 50. Bis zu Beginn des Tourismus in Tibet in den 1980er Jahren hatten die Mönche und Nonnen dieses Klosters kaum Kontakt zur Außenwelt.

Den heiligen Berg, seine Strenge, Erhabenheit und stille Eleganz stets vor Augen, leben sie ein Leben in äußerster Kargheit, das gänzlich den Göttern gewidmet ist. Immer wieder werfen sie sich im Gebet zu Boden.

Als um halb neun die Sonne untergeht, stehe ich, dem eiskalten Wind trotzend, vor der weißen Pagode des Klosters und blicke nach Süden. Wie eine Pyramide ragt der Mount Everest, auf Tibetisch „Qomolangma" genannt, zwischen den anderen Bergen hervor. Wer zum Basislager des Mount Everest will, kann entweder hier im Kloster Rongbuk übernachten, oder in einer Zeltstadt nahe am Berg.

Auch im Sommer fallen die Temperaturen auf dieser Höhe nachts unter Null und die Luft ist ausgesprochen dünn.

In dieser Nacht bekomme ich die schlimmste Höhenkrankheit meines Lebens: Ich werde von rasenden Kopfschmerzen und heftigem Erbrechen geplagt. Um mich herum scheint sich alles zu drehen, ich habe das Gefühl, nicht mehr atmen zu können. Ich nehme verschiedene Medikamente ein, doch sie zeigen keine Wirkung.

Schließlich bleibt nur der Griff zu einem O2-Konzentrator, ein kleines Gerät, das aus der Umgebungsluft fast 100%-igen Sauerstoff gewinnt. Doch selbst nachdem ich nahezu reinen Sauerstoff eingeatmet habe, sind die Kopfschmerzen noch so stark, dass an Schlaf nicht zu denken ist.

Ich verbringe die ganze Nacht aufrecht sitzend und betrachte durch das Fenster die nächtliche Szenerie. Qomolangma verschluckt das Getöse der Welt: Es herrscht absolute Stille, kein Laut ist zu vernehmen. Das Ganze hat etwas Unwirkliches – als wäre ich der einzige Mensch auf dieser Erde.

Ich sollte dankbar sein, solch eine Reise unternehmen und diese einzigartige Schönheit erleben zu dürfen. Stattdessen aber fiebere ich nur dem nächsten Morgen entgegen: Ich möchte so schnell wie möglich von hier verschwinden.

14. Tag: Klatschnass am Grenzübergang

Route: Basislager Mount Everest – Kontollpunkt Lulu – Gangga – Gucuo-Senke – Nieru-Xiongla-Pass – Nyalam – Zhangmu
Fahrtzeit: 05:00 – 23:00 Uhr, 18 Stunden
Distanz: 399 km
Höhe: Berg Nieru Xiongla 5050 m ü.d.M., Nyalam 3900 m ü.d.M., Zhangmu 2300 m ü.d.M.

Im Himalaya muss man nachts nicht von Sternen träumen – ein Blick nach oben lässt jeden Traum verblassen.

Der Himalaya gehört mit seinen etwa 20 Millionen Jahren zu den jüngsten Gebirgen unseres Planeten. Das Faltengebirge besteht aus mehreren parallelen Gebirgszügen, die in west-östlicher Richtung, verlaufen und in deren Zentrum die höchsten Berge der Welt aufragen. Westlich des Kreises Burang, im tibetischen Regierungsbezirk Ngari beginnt das Karakorum. Viele Geologen rechnen auch dieses Gebirge dem Himalaya zu.

31 Bergriesen mit über 7000 m Höhe sowie alle 14 Achttausender der Erde sind auf diese beiden Gebirgszüge verteilt. Fünf der Achttausender befinden sich in einem Umkreis von 5000 km² um den Mount Everest herum. Das hier ist in der Tat das „Dach der Welt.“

Die Schneefahne

Reisende, die den Mount Everest bei Sonnenaufgang erleben wollen, müssen um fünf Uhr morgens aufbrechen. Mit Stirn- und Taschenlampen ausgerüstet und in dicke Bergsteigerjacken und -hosen gehüllt, machen sie sich in absoluter Dunkelheit auf den vier Kilometer langen Weg in Richtung Basislager.

Ab acht Uhr gibt es auch einen Shuttle-Service mit Elektro-Kleinbussen, doch wer den nutzt, verpasst den Sonnenaufgang.

Meine Kopfschmerzen haben nachgelassen, doch fit fühle ich mich nicht. Allerdings ist das vermutlich die einzige Chance in meinem Leben, die Qomolangma aus nächster Nähe zu sehen. Ich nehme alle meine Kräfte zusammen und kämpfe mich Schritt für Schritt gegen den schneidenden, eisigen Wind vorwärts.

Die Hauptsaison für Bergsteiger ist April und Mai, außerhalb dieser Zeit gibt es selten freie Sicht auf den Mount Everest, schon gar nicht während der Regenzeit im August.

Beim Kontrollposten am Basislager muss man seinen Personalausweis abgeben. Der tibetische Bergsteigerverband hat an dieser Stelle im September 1992 eine Tafel angebracht, auf der auf Tibetisch, Chinesisch und Englisch in roter Schrift zu lesen ist: „Basecamp Qomolangma, 5200 m Höhe". Ein paar Leute machen Fotos. Ganz in der Nähe, am Ufer des Rongbu liegen Mani-Steine aufgetürmt.

Wer keine Erlaubnis zum Besteigen des Mount Everest hat, darf ab hier nicht mehr weiter.

Ich setze mich auf den Boden und versuche, tief durchzuatmen. Als ich mich umsehe, bemerke ich ein Dutzend Leute, die dasselbe tun: Ich bin nicht die Einzige, der das Atmen schwerfällt!

An diesem Morgen hüllt sich die Göttin in eine dicke Wolkendecke. Kaum meint man, die Wolken würden gleich aufreißen, ziehen plötzlich neue auf. Es gelingt uns kein Blick auf den Gipfel. Wir warten. Doch als wir vor Kälte schon ganz starr sind, beschließen wir, uns auf den Rückweg zu machen.

In der für Touristen errichteten Zeltstadt gibt es Versteinerungen zu kaufen; in einem der Zelte hat man sogar ein winziges Postamt eingerichtet. Der einzige Mitarbeiter verkauft Postkarten mit Erinnerungsstempel.

Der Müll, den die Reisenden hinterlassen, stellt ein großes Problem dar. Jeden Morgen um acht Uhr meldet sich hier ein Trupp von 30 Freiwilligen – Jugendliche und Erwachsene aus den umliegenden Dörfern – zum Arbeitseinsatz. Jeder bekommt einen blauen Müllsack, sie gehen die Wanderwege ab und sammeln auf, was achtlos weggeworfen oder verloren wurde: Plastikflaschen, Konserven, Packungen mit Fertignudeln, Plastiktüten – nicht abbaubarer Wohlstandsmüll. „Hinterlasse nichts als deine Fußspuren, nimm nichts mit außer deinen Erinnerungen". Es wäre schön, wenn sich alle Reisenden an diesen Grundsatz halten würden!

Neben dem Sonnenaufgang ist die „Schneefahne" am Mount Everest eine besondere Attraktion. Bei klarem Wetter ist eine wabernde Wolke zu sehen, wie eine weiße Fahne flattert sie auf der Höhe des Gipfels in den Himmel. Der Everest ist der einzige Berg der Welt, an dem man dieses Schauspiel in solcher Klarheit bewundern kann. Mit Schnee hat diese Erscheinung jedoch nichts zu tun, es handelt sich um feuchte Luft, die am Berg aufsteigt und kondensiert. Oft kann man die Wolke schon am Morgen sehen, doch um die Mittagszeit ist sie am ausgeprägtesten. Wegen des Jetstreams zieht die Wolke fast immer nach Osten, doch unter besonderen Wetterbedingungen weist sie manchmal auch in die entgegengesetzte Richtung.

Bergsteiger können aus der Länge und Form der „Schneefahne" auf Wind- und Wetterbedingungen am Gipfel schließen. Meteorologen nennen sie daher den „höchsten Wetterhahn der Welt".

Als wir bereits auf dem Rückweg sind, klart es plötzlich auf. Aus der Ferne werfen wir noch einen langen Blick auf die Göttin, deren weißer Gipfel nun wie ein prächtiger Kopfschmuck glitzert, umweht von der flatternden Fahne.

Nachtfahrt von Nyalam nach Zhangmu

Wir kehren dem höchsten Berg der Erde den Rücken zu und verlassen diese wunderschöne aber lebensfeindliche Gegend. Auch wenn der Everest für die meisten Menschen für immer unerreichbar bleibt: Vielleicht hat der Gedanke daran, ihn eines Tages zu besteigen, so Manchen dazu motiviert, sich zunächst einmal nicht ganz so hohe Gipfel vorzunehmen, sich kleinere Ziele zu stecken und diesen – Schritt für Schritt – näherzukommen…

Auf der B318 nach Nepal befindet sich der Kontrollposten Lulu. Hier muss man aussteigen, die Papiere vorweisen und sich registrieren lassen. Von hier aus sind es 237 km bis zur nepalesischen Grenze. Bald erreichen wir die Gucuo-Senke. Am Straßenrand stehen Kinder mit laufenden Nasen, die „Chrysanthemensteine" oder „Papageischnecken" verkaufen. Es handelt sich dabei um versteinerte Meereslebewesen – und tatsächlich bewegen wir uns hier auf ehemaligem Meeresboden. Als vor 100 Millionen Jahren tektonische Platten gegeneinander stießen, schoben sie einander in die Höhe und der Himalaya faltete sich auf.

Eine Nachtfahrt bedeutet Orientierung in absoluter Dunkelheit

Die kleinen Souvenirs, die die Kinder für wenige Yuan verkaufen, zeugen noch von jenen fernen Zeiten, als sich hier das Meer ausbreitete.

Das letzte Hindernis auf der Nordseite des Himalaya vor der nepalesischen Grenze ist der Nie-ru-Xiongla-Pass. Die Strecke bis zur Passhöhe ist schwierig, doch von oben haben wir einen herrlichen Ausblick auf den 8012 m hohen Shisha Pangma – der fünfte Achttausender im Mount-Everest-Nationalpark.

30 km vor der nepalesischen Grenze liegt der kleine Ort Nyalam, auf Tibetisch bedeutet das „Flaschenhals". Und tatsächlich bildet diese Route seit dem Altertum die zentrale Verkehrs-ader zwischen der tibetischen Hochebene und dem indischen Subkontinent. Von Nyalam auf 3900 m Höhe führt die Straße mehr als 1000 m steil abwärts ins Dorf Zhangmu, das auf der Höhe von 2300 m liegt.

Auch auf dieser Strecke werden wir, wie schon so oft, von Bauarbeiten aufgehalten. Erst abends um acht wird sie freigegeben. Es ist stockdunkel und damit wirklich lebensgefährlich. Die Straße ist offenbar zur Gänze aus der Steilwand heraus-gemeißelt worden, die Einheimischen bezeichnen sie daher als „hängende Straße".

Im Sommer beträgt die Sichtweite aufgrund von Nebel und Regen oft nur wenige Meter. Vom Regen ausgewaschene Rinnen machen es nicht einfacher, hier entlangzufahren. Es genügt ein Augenblick der Unachtsamkeit, um in den rei-ßenden Fluss unten um Tal zu stürzen.

Die Strecke bleibt abenteuerlich

Die Nacht ist so schwarz, dass man die Hand vor Augen nicht sieht. Zahllose Bäche haben die schmale Straße in einen Flusslauf verwandelt. An einigen Stellen haben sich Wasserfälle gebildet, die tosend in den Fluss tief unter uns im Tal hinabstürzen. Das Rauschen des Wassers übertönt alles. Ab und zu ist noch das Schaben des Bodenblechs des Autos zu vernehmen, wenn es über einen Felsbrocken schrammt. Ein vollbesetzter Kleinbus vor uns hat sich festgekeilt und kommt nicht mehr weiter, es gibt keine Möglichkeit, an ihm vorbeizufahren. Mit einer Taschenlampe in der Hand gehen wir zum Bus und versuchen die Fahrgäste davon zu überzeugen, auszusteigen und den Bus anzuschieben. Die Wasserläufe auf der Straße schwellen weiter an, es besteht die Gefahr, dass der Bus von der Straße gespült wird.

Der Fahrer steht im knietiefen Wasser und weiß nicht weiter, die Passagiere rühren sich nicht. Ängstlich bleiben sie sitzen. Wir holen ein Abschleppseil aus unserem Auto, um den Bus freizubekommen. Das gelingt zwar, doch der Bach, der über die Straße schießt, ist inzwischen so reißend, dass ihn der Bus mit seinem geringen Bodenabstand nicht mehr überqueren kann. Fahrer und Passagieren wird wohl nichts anderes übrig bleiben, als eine eisige Nacht im Bus zu verbringen. Immerhin steht er jetzt so nah an der Felswand, dass ihm nichts passiert und wir vorbeifahren können.

Abends um 23 Uhr kommen wir endlich in Zhangmu an der nepalesischen Grenze an. Auf der langen Fahrt über das tibetische Hochland hat die intensive Sonnenstrahlung und Trockenheit unsere Lippen aufspringen lassen. Aber jetzt: Ha! Die feuchte Luft vom indischen Subkontinent ist wie Balsam auf der Haut.

Zhangmu liegt am südlichen Rand des Himalayas, auf halber Höhe in einen Berghang gebaut, der in eine Schlucht hinabführt. Die Landschaft mit den dichten Wäldern ist nach all der Kargheit wunderschön anzusehen. Zu beiden Seiten der Serpentinenstraße drängen sich größere und kleinere Häuser aus Holz und Stein. Die meisten haben ein Blechdach und einen kleinen Garten. Gebetsfahnen und Glücksbäume dienen als Dekoration.

Ununterbrochen, Tag und Nacht, rollen bunt bemalte Lastautos der Marke Tata aus Nepal über die Grenze und auch in die Gegenrichtung herrscht reger Verkehr. Mit der majestätischen Ruhe der Bergwelt ist es spätestens jetzt vorbei.

15. Tag: Kathmandu – links fahren bis zum Schwindligwerden

Route: Grenzübergang Zhangmu – Freundschaftsbrücke – Barabise – Kathmandu
Fahrtzeit: 09:00 – 17:00 Uhr, 8 Stunden
Distanz: 129 km
Höhe: Kathmandu 1300 m ü.d.M.

Früh am Morgen ist Zhangmu in dichten Nebel gehüllt. Menschen aller Hautfarben drängen sich auf dem schmalen, steilen Fußweg neben der Fahrbahn. Die Fahrzeuge quälen sich im Schritttempo in Richtung Grenzübergang nach Nepal.

**Die Grenzabfertigung:
Schrecken mit gutem Ende**
Um halb zehn erreichen wir den Grenzposten. Vor uns hat sich eine lange Schlange von Reisenden gebildet, sie warten, den Pass in der

Hand und einen großen Rucksack auf dem Rücken, auf ihre Abfertigung. Ich stelle mich hinten an.

Als ich ein paar Fotos von der Menschenschlange mache, bekomme ich umgehend Ärger: Ein unhöflicher Grenzpolizist nimmt mir den Fotoapparat weg und deutet auf ein Schild: „Fotografieren verboten". Nun sehe ich es auch, es war durch einen Mast verdeckt. Ich muss ihm in einen Büroraum folgen und versuche, das Versehen zu erklären.

Der Polizist hat es nicht eilig, er lässt sich die Bilder zeigen, die ich gemacht habe. Schließlich verlangt er, dass ich ein Bild mit europäischen Touristen darauf lösche. Ich verstehe nicht warum, möchte mich aber auf keine Diskussion einlassen. Hauptsache, ich komme hier schnell wieder raus. Draußen reihe ich mich erneut in die Schlange ein. Mein Gefährte, der in der Zwischenzeit den Wagen geparkt hat, hat gar nicht bemerkt, dass ich 20 Minuten verschollen war. An solch einem chaotischen Grenzübergang fällt es überhaupt nicht auf, wenn sich jemand in Luft auflöst!

Bevor wir endgültig nach Nepal einreisen dürfen, müssen wir noch auf beiden Seiten der Grenze die Zollformalitäten für das Auto erledigen. Zum Glück hatte ich mich schon im Vorfeld genau über die Details informiert.

Dann ist es endlich soweit und das Tor nach Nepal steht uns offen!

Nach dem Grenzposten führt eine rutschige Straße über neun Kilometer hinab zur „Freundschaftsbrücke", über die die eigentliche Grenze verläuft. Auf beiden Seiten der Brücke haben Bewohner des Grenzgebiets Verkaufsstände aufgebaut, sie bieten tibetische Teppiche und alle Arten von nepalesischem Kunstgewerbe an. Auf der Brücke markiert ein roter Streifen die Grenzlinie zwischen Tibet und Nepal. Kurz davor müssen wir erneut anhalten. Pässe und Papiere werden noch einmal kontrolliert, dann sind wir auf nepalesischem Boden. Der nächste Halt ist nur wenige Meter weiter, bei Kodari, dem Kontrollpunkt auf nepalesischer Seite. Hier müssen wir nun nach der Ausreise die Einreiseformalitäten erledigen.

Nepal wurde früher stark von England beeinflusst, neben der Amtssprache Nepali wird daher viel Englisch gesprochen. In einem Büro, das nicht viel größer als ein Handtuch ist, erklären wir dem Zollbeamten, warum wir mit dem Auto einreisen wollen.

Er händigt uns ein umfangreiches Zollformular aus, das wir ausfüllen sollen. Nur: Es ist ausschließlich auf Nepali verfasst. Zum Glück warten vor der Tür bereits ein paar Nepalesen, die gegen ein Entgelt von 50 Rupien beim Ausfüllen helfen.

Neben dem Namen des Fahrers müssen Autotyp, Farbe, Motornummer usw. angegeben werden. Während wir uns an die Arbeit machen, erzählt uns der gesprächige Zollbeamte, dass er schon einmal in Beijing war.

Für jedes ausländische Auto wird in Nepal eine Verwaltungsgebühr von 400 Rupien pro Tag erhoben. Wir planen 15 Tage zu bleiben, allerdings muss man zum festgesetzten Termin ausreisen, sonst droht eine Strafe, die das Zehnfache des Tagessatzes beträgt. Also bezahlen wir die Gebühr für 20 Tage, für den Fall, dass wir aufgehalten werden.

Der Beamte lacht und lobt unsere Vorsicht. Er weist uns noch darauf hin, dass in Nepal Linksverkehr gilt. Dann gibt er uns ein paar Glücksbohnen mit, die uns unterwegs beschützen sollen.

Im Büro nebenan bezahlen wir die Gebühr und bekommen die Zollpapiere ausgehändigt.

Als wir wieder einsteigen, sterilisiert ein nepalesischer Grenzbeamte das Auto mit Desinfektionsmittel aus der Sprühdose. Dann ist auch diese Hürde geschafft.

Erschöpft registrieren wir unseren ersten Eindruck von Nepal: Welch ein Kontrast herrscht zwischen den schwerbewaffneten Soldaten in Tarnfarben und der Zivilbevölkerung in ihren bunten Saris und Kurtas!

Dann konzentrieren wir uns auf den Linksverkehr.

Begegnung mit Maoisten

Vom Grenzübergang bis nach Barabise, der ersten Kleinstadt in Nepal, sind es nur 30 km. Trotz der geringen Entfernung zu Tibet bietet sich hier ein ganz neues Bild: Dörfer, Felder und Häuser wirken völlig anders als jenseits der Grenze. Vom Indischen Ozean weht feuchtwarme Luft heran, die an den Südhängen des Himalayas abregnet und so wachsen ringsum dichte Wälder.

Die lokale Ethnie der Gurong baut hier Reis an. Überall sieht man Bauern mit Bambuskörben auf dem Rücken. Sie tragen sie mithilfe eines Bandes, das über die Stirn gelegt wird. Über einen steilen Felshang stürzt ein Wasserfall herab. Frauen baden dort in ihren Saris und waschen die Wäsche. Im Ort halten wir an. Zum Mittagessen gibt es nepalesisches Curryhuhn.

In Nepal isst man traditionell mit der Hand: Man formt die Finger zu einer Art Löffel, so benötigt man kein Besteck. Für uns ist das noch zu ungewohnt, wir bitten um Besteck.

Die Chefin serviert das Essen und schwirrt geschäftig um die Tische. Falls die Portion zu klein ist, dürfen wir nachbestellen, lässt sie uns wissen.

Ihre gute Laune ist ansteckend. „Barabise", so erklärt sie uns, „liegt nur 80 km von Kathmandu entfernt. In ein paar Jahren, wird unser kleiner Ort in Nepal die gleiche Bedeutung haben, wie Shenzhen heute in China." Ihr Optimismus ist bemerkenswert – zählt Nepal doch zu den ärmsten Ländern der Welt. Der Lebensrhythmus ist langsam, alles bewegt sich im Tempo eines alten Ochsenkarrens. Halt und Zuversicht schöpfen die Menschen aus der Religion. Der Großteil der Menschen ist tiefgläubig, 82 % sind Hinduisten, 12 % Buddhisten.

Im Vergleich zu den Straßen Tibets stellen diese hier keine so große Herausforderung dar. Allerdings ist der Verkehr in Nepal wesentlich dichter, vor allem die Motorradfahrer mit ihrem chaotischen Fahrstil sind eine Gefahr. Und nicht zuletzt ist auch der Linksverkehr immer noch gewöhnungsbedürftig. Als müsste ich plötzlich meine Essstäbchen mit der linken Hand benutzen.

Kurz hinter Barabise treffen wir auf eine kleine Gruppe sogenannter „Maoisten". Diese Rebellen sind Anhänger der „Nepal Communist Party", ihre Ideologie ist nach eigenen Angaben eine maoistische Variante des Marxismus-Leninismus und des Maoismus. Politische Beziehungen zu China pflegen die Rebellen jedoch nicht. Sie treten für soziale Gerechtigkeit ein, für die Gleichstellung der unterdrückten Volksgruppen, die Abschaffung der Monarchie und für die Diktatur des Proletariats. Die wenigsten Nepalesen können sich jedoch mit der Idee einer kommunistischen Republik anfreunden. Dennoch verfolgten die Maoisten von 1996 bis zur Abdankung des Königs jahrelang unbeirrt ihr Ziel. Dabei setzten sie stets auf den bewaffneten Aufstand, über 10.000 Menschenleben forderte dieser „Volkskrieg".

Inzwischen sind die maoistischen Gruppen durch das freie Wahlsystem in der heutigen Republik Nepal an der Regierung beteiligt.

Die Maoisten, die nun vor uns stehen, sind an ihren roten Armbinden erkennbar. Sie verlangen „Wegegeld" von den Vorbeifahrenden. Offenbar wird diese Unterbrechung von den meisten als ganz normal betrachtet. Keiner steigt aus, die Fahrer reichen 100 Rupien durch das Fenster und dürfen passieren.

Doch nur wenig später geraten wir in die nächste Verkehrsblockade: Ein Lastwagen-Streik. Die Straße von Kathmandu nach China ist eine der wichtigen Verkehrsadern des Landes. Regelmäßig postieren sich hier die maoistischen Guerilla-Kämpfer, um Wegzoll zu verlangen – nicht nur von den Reichen, sondern auch immer wieder von einfachen LKW-Fahrern.

Indem sie nun die Straße blockieren, wollen die Fahrer Druck auf die Regierung ausüben, damit diese endlich etwas gegen die räuberischen Aktionen der Maoisten unternimmt.

Viele Einheimische und Touristen lassen ihr Fahrzeug einfach stehen, gehen die paar Kilometer bis zum vorderen Ende der Blockade und versuchen, von dort aus auf andere Weise weiterzukommen. Wir überlegen, uns hier in der Gegend eine Unterkunft zu suchen und ein wenig wandern zu gehen, schließlich befinden wir uns hier in einem touristisch erschlossenen Gebiet.

Während wir noch überlegen, treffen wir einen jungen Mann, der in einer Bar in Kathmandu als Kellner arbeitet. Er spricht gut Englisch und bietet uns an, mit ihm gemeinsam zu den Streikführern zu gehen. Er will ein gutes Wort für uns einlegen, damit sie uns als Ausländer vielleicht passieren lassen.

Dal Bhat, ein traditionelles nepalesisches Gericht

Einer der Soldaten, dem Rangabzeichen nach wohl ein Offizier, erklärt mir freundlich, dass die Verhandlungen schon den ganzen Vormittag lang andauern und voraussichtlich in einer halben Stunde abgeschlossen sein würden. Dann ginge es vermutlich weiter. Er rät uns, noch ein wenig zu warten. Und in der Tat, nur kurze Zeit später können wir weiter Richtung Kathmandu fahren.

Nach 20 km erreichen wir schließlich die Hauptstadt Nepals. An die südlichen Ausläufer des Himalaya geschmiegt, liegt die farbenfrohe, quirlige Stadt mit ihren prächtigen Tempeln und Klöstern am Zusammenfluss des Bagmati und des Dhobi Khola. Nach so viel Landschaft ist hier nun Zeit für kulturelle Entdeckungen!

Damit sind wir am Ende dieser Reise angelangt, in 15 Tagen von der Sichuaner Tiefebene quer über das „Dach der Welt", bis hin zu den südlichen Ausläufern des Himalaya. Wir gönnen uns zwei entspannte Wochen in dem faszinierenden Himalaya-Staat. Ich weiß jetzt schon, Nepal ist mehr als nur eine Reise wert. Ich werde für längere Zeit hierher zurückkehren, Kultur und Landschaft wandernd entdecken, abseits der wenigen Strassen, ich werde meine Erlebnisse in Nepal zu Papier bringen.

Nach diesen zwei wunderbaren Wochen fahren wir auf dem schnellsten Weg auf der G318 zurück nach Chongqing. Soviel wir auch auf dieser Reise erlebt haben, wir haben nur einen kleinen Teil Tibets gesehen. Insgeheim träumen wir jetzt schon davon, in den nächsten Jahren noch weitere wilde Routen nach Tibet in Angriff zu nehmen.

Der „Affentempel" in Kathmandu

Qiangtang
Naturschutzgebiet

Nagqu

Sog Baqing

G317

Zhizhu Bön Kloster

Skelett Kloster

Yambajan

Dênqên

Qamdo

Damxung

Riwoqê

Nyenchen Tanglha

Heng

Lhasa

Nujiang

Mekong

Sêrtar
Akademie

See der
Verlockung

Kasa See

Garzê

ergzüge

Chengdu

Kangding

Xinduqiao

Yangtse

**B. NORDROUTE
SICHUAN – TIBET:**
Die höchste Straße
der Welt

Die zweite Reise

B. Nordroute Sichuan – Tibet: Die höchste Straße der Welt

Route: Chengdu – Ya'an – Luding – Kangding – Xinduqiao – Bame – Daofu – Luhuo – Garzê – Manigange – Dege – Jinsha-Brücke – Jomda – Qamdo – Riwoqê – Dênqên – Baqing – Sog – Nagqu – Damxung – Yambajan – Lhasa
Gesamtstrecke: 2412 km
Reine Fahrtdauer: 5 Tage
Fahrtdauer mit Zwischenstops und Besichtigungen: 8 Tage
Höhe: Minimum 500 m ü.d.M. in Chengdu, Maximum 5050 m ü.d.M. am Qu'er-Pass

Die Nordroute von Sichuan nach Tibet wurde 1954 offiziell in Betrieb genommen. Ein großer Teil der Strecke führt durch eisiges und dünn besiedeltes Hochland, eine ursprüngliche und gewaltige Landschaft. Der Höhenunterschied zwischen den fruchtbaren Tälern und den schneebedeckten Pässen beträgt mitunter 4500 Höhenmeter – horizontal gemessen wäre das in etwa die Strecke von München bis zum Mont Blanc.

Die schmale Lehmstraße führt durch geologisch unstabiles Gebiet, regelmäßig kommt es zu Steinschlag oder der Wagen versinkt im Morast. Beim Bau der Straße kamen mehr als 3000 Soldaten und über 1000 Arbeiter ums Leben. An den Kurven oder Steilhängen sind häufig Gebetsfahnen und weiße Bänder angebracht, sie zeigen an, wo Unfälle passiert sind.

Von Chengdu ausgehend, führt der Weg entlang der Bundesstraße 318 über Ya'an und Kanding, bis sich der Weg in Xinduqiao gabelt. Von dort geht es in nördlicher Richtung über Bamei und Dafu nach Luhuo, und von hier aus weiter auf der Bundesstraße 317 über Garzê und Dege. Bei Gangxia überquert man die Brücke über den Jingsha und erreicht Tibet. Innerhalb Tibets führt die Route zunächst nach Jomda und Qamdo. Von da führt eine Straße in südlicher Richtung nach Bangda, wo der Weg wieder auf die Südroute trifft, und schließlich nach Lhasa. Diese Strecke hat eine Länge von 2413 km und die Form eines riesigen Oktopus. Da der letzte Teil des Weges mit der Südroute identisch ist, wird der Weg unter Reisenden auch als „kleine Nordroute" bezeichnet.

Zwischen den Steinmetzen falle ich auf wie ein bunter Hund

Alternativ zu der Strecke über Bangda kann man von Qamdo aus der Bundesstraße 317 weiter nach Westen folgen, durch das nordtibetische Hochland über Riwoqê, Dênqên, Baqing, Sog, Nagqu und Damxung bis man wiederum Lhasa erreicht. Der größte Teil dieser Streck führt über die Hochebenen auf über 4000 m. Dies ist die „große Nordroute", dies ist unser Weg!

Die Höhepunkte der Nordroute sind das steil aufragende Hengduan-Gebirge, die Berge Nyenchen Tonglha und Tanggula, die Flüsse Dadu, Yalung, Yangtse, Mekong und Nujiang sowie die endlosen Weiten des Qiangtang-Graslandes. Auf den ersten Blick erscheint das Hochland öde und trostlos. Doch wenn man eine Weile dort unterwegs ist, wird einem bewusst, welche Schönheit dieser rauen Landschaft innewohnt.

Die Fahrt über die „große Nordroute" bedeutet, sich Verzicht und Strapazen stellen zu lernen: Essen und Unterkunft entlang des Weges sind ausgesprochen bescheiden, touristische Einrichtungen und Service so gut wie nicht existent. Nach buddhistischer Vorstellung ist Leben unweigerlich mit Leiden verbunden. Nirgendwo auf der Welt kann man das besser nachvollziehen als auf dieser Reise, die einer Fahrt durch den „Wilden Westen" gleicht.

In so abgelegenen Orte wie Dênqên und Baqing gibt es noch Anhänger der vorbuddhistischen Bön-Religion. Diese animistische und polytheistische Glaubensrichtung hat erstaunliche Ähnlichkeiten mit dem mongolisch-sibirischen

Die Schönheit der Natur und der Landschaft sind manchmal erst auf den zweiten Blick erkennbar

Schamanismus, auch der Ahnenkult spielt eine wichtige Rolle. Bön bedeutet soviel wie „wahre Lehre" und war bis ins achte Jahrhundert, also noch vor der Verbreitung des Buddhismus, die vorherrschende Religion in Tibet.

Das Kloster der heiligen Schriften in Dege und die Akademie bei Sêrtar sind wiederum wichtige Zentren der buddhistischen Kultur Tibets. Auf dem Weg dorthin findet man die größten Mani-Steine und die längsten mit Gebetsfahnen gesäumten Alleen der Welt. Einzigartig ist auch ein Kloster, dessen eine Wand komplett aus Skeletten errichtet ist.

Kurz gesagt: Die gesamte Nordroute ist von einer vielfältigen, intensiven religiösen Aura geprägt, sie hinterlässt einen bleibenden Eindruck bei den Reisenden.

Täglich begegnen wir einheimischen Bauern, Rindern, Schafen, Pferden und Nomaden. Weitaus öfter jedoch sehen wir Gruppen frommer Gläubiger, die sich auf den matschigen Straßen der Länge nach auf den Boden werfen und sich so – Körperlänge für Körperlänge – in Richtung Lhasa bewegen.

1. Tag: Sêrtar – Eine buddhistische Akademie der Superlative

Route: Kanding – Xindu-Brücke – Tagong-Grasland – Bamei – Daofu – Luohuo – Liangzi – Nike – Sêrtar – buddhistische Akademie Larung Gar
Fahrtzeit: 07:00 – 19:00 Uhr, 12 Stunden
Distanz: 447 km
Höhe: Sêrtar 3900 m ü.d.M, buddhistische Akademie Larung Gar 4200 m ü.d.M

Die Hitze des Sommers ist vorüber. Am Morgen zieht ein zarter Nebel auf, sacht weht eine kühle Brise. Auf dem Balkon der Jugendherberge an der Xindu-Brücke trinke ich eine Tasse Kaffee, gieße noch eine Thermosflasche mit Tee auf und verstaue sie im Wagen. Mein Gefährte kniet auf dem Boden und prüft mit dem Druckmesser, ob genug Luft in den Reifen ist. An der Tankstelle lassen wir volltanken. Unsere Überlandfahrt kann beginnen. Und dieser Morgen scheint wie geschaffen, um auf Reisen zu gehen!

Erdbebensichere Holzhäuser in Daofu

Die erste Station, an der wir Halt machen, ist „der Ort, den Boddhisatvas lieben", das Grasland von Tagong. Als wir hier ankommen, erstrahlt die Hochebene in der ersten Morgensonne. Purpurrote Strahlen erleuchten den 5820 m hohen heiligen Berg Yala, durchfluten die endlose Steppe und die gewundenen Bäche mit goldenem Licht. Rauch steigt von den Feuerstellen in den schwarzen Zelten aus Yakleder auf und bildet in der dünnen Luft feine Wölkchen. Ein Sonnenaufgang in der Stille der Wildnis ist etwas ganz anderes als in der Enge der Großstadt. In meinem Innersten erwacht ein Glücksgefühl. Die Mühen der holprigen Strecke des vorhergen Tages sind vergessen. Dieser Anblick verleiht Kraft.

Als wir weiterfahren, passieren wir Bamei, eine kleine Ortschaft an der Bundesstraße 317. Der chinesische Ortsname bedeutet „Acht Schönheiten" und die Landschaft ringsum hält, was der Name verspricht: Er steht für die Attraktionen der Region Kang im Westen Sichuans – schneebedeckte Berge, dichte Wälder, imposante Felssäulen, Viehweiden, Seen, Pilze, Quellen und Klöster.

Blick auf die buddhistische Akademie Sêrtar

Auf Tibetisch heißt der Ort recht unprosaisch „unterhalb des Viehhofes", und ist ein einfacher Hinweis auf seine Lage.

Unser nächstes Ziel, die buddhistische Akademie Larung Gar, liegt rund 350 km in nordwestlicher Richtung. Auf der ganzen Strecke sind Bauarbeiten im Gange. Alle paar Kilometer müssen wir am Straßenrand anhalten und inmitten von Staubwolken warten bis ein Laster mit Erde vollgeladen ist, dann erst geht es weiter. Ein Arbeiter lenkt den Verkehr. Sein Haar ist zu Zöpfen geflochten, er hockt auf einem Sandhaufen und dirigiert mit der rechten Hand die Baufahrzeuge, in der linken lässt er unablässig eine kleine Ge-

betsmühle kreisen, ein Anblick, der mich unwillkürlich auflachen lässt.

Der nächste Ort auf der Strecke heißt Daofu. Die Menschen hier betrachten sich als Nachfahren des Tangutenreichs der Westlichen Xia-Dynastie. Der Vielvölkerstaat wurde im Jahr 1038 im Gebiet der heutigen nordwestchinesischen Provinz Gansu gegründet. Neben den Tanguten, die die politische Führung innehatten, lebten auch Uiguren, Han-Chinesen, Tibeter und Mongolen in diesem Staat. Sie waren teils als Ackerbauern sesshaft tätig oder sie zogen als Nomaden, Halbnomaden oder Karawanenhändler umher.

Der tibetische Name Daofu bedeutet „Fohlen". Die stabilen, tibetischen Häuser mit quadratischem Grundriss, die entlang des Flusses stehen, gelten als Inbegriff künstlerischer Perfektion, sie sind im tibetischen „Benke"-Stil errichtet. Typisch für diesen Baustil ist das Verbauen ganzer Baumstämme. Diese werden der Länge nach einmal durchgesägt und zu einer Wand übereinandergeschichtet, wobei die glatte Schnittfläche ins Hausinnere zeigt, die halbrunde nach außen. Je nach den Bedürfnissen des Bauherrn wird noch ein Dachgeschoß draufgesetzt. An den Außenseiten des Hauses werden die Wände mit Natursteinen verstärkt. Für die ganze Konstruktion wird kein einziger Nagel verwendet. Außen werden die Benke-Häuser mit einer rotbraunen Farbe gestrichen, die Feuchtigkeit und Insekten abweist, Dachfirst und Türrahmen bekommen eine blendend weiße Farbe. Zuletzt werden noch die Säulen, Wände und Zimmerdecken im Inneren kunstvoll bemalt: Buddhafiguren, Drachen und Phönixe, Kraniche, phantasievolle Vögel, seltsame Tiere, Glückswolken. An der heiligsten Stelle eines tibetischen Hauses, im Gebetswinkel, wird in einer Nische eine Buddhaskulptur aufgestellt, daneben farbige Bilder aus Yakbutter. Über all dem liegt ein intensiver Duft nach Weihrauch in der Luft.

Daofu liegt an einer geologischen Bruchlinie am südöstlichen Rand des Tibet-Qinghai-Plateaus, am Übergang zwischen steil ansteigenden Bergen und der Hochebene. Daher ist der Ort stark erdbebengefährdet, in den Jahren 1923 und 1981 wurden Erdbeben der Stärke sieben aufgezeichnet. Die Menschen in Daofu waren so umsichtig, den traditionellen Baustil ihrer Vorfahren beizubehalten. Ihre Häuser sind nicht nur ausgesprochen ästhetisch, sondern auch erdbebenresistent, außerdem isolieren sie gut gegen die Kälte.

Der Kommandeur der Roten Armee trank Tee am Kasha-See

Auf der Strecke, auf der wir nun unterwegs sind – heute trägt sie die Bezeichnung Bundesstraße 317 – von Luding über Kanding nach Daofu und weiter nach Luhuo und Garzê, kam im Jahr 1947/48 auch die Rote Armee auf ihrem legendären Langen Marsch entlang. Die schneebedeckten Berge, Wiesen, staubigen Wege, kleinen Steine und großen Felsen, an denen wir vorbeikommen, sie alle waren Zeugen des weltberühmten „Rückzugs- und Verfolgungsfeldzuges" der Kommunisten unter der Führung Mao Zedongs und Chiang Kaisheks Guomindang.

Grund für die Wahl dieser Route war wohl die günstige strategische Lage. Der Ort Luhuo, den wir nun als nächstes erreichen, liegt zwischen Wäldern und Flüssen, an der einzig befahrbaren Schlucht auf der Nordroute nach Garzê und weiter nach Tibet. Der Ort war seit jeher strategisch und wirtschaftlich von großer Bedeutung.

Einige der Kommandanten der Roten Armee waren während des Langen Marsches ein halbes Jahr lang im Kloster Shouling in Luhuo stationiert.

Nicht weit entfernt am Kasha-See auf 3510 m Höhe liegen etwas verstreut einige bescheidene Mönchs- und Nonnenklöster. Alle zwölf Jahre, jeweils im Jahr des Schafes nach dem traditionellen chinesischen Kalender, kommen unzählige Pilger von weit her und umrunden den See.

Doch nicht nur menschliche Pilger sind hier unterwegs: Auch für Vögel stellt der See einen wertvollen Lebensraum dar. Jedes Jahr im Frühsommer überfliegen Zugvögel aller Art, darunter Kraniche, Flugenten und Gänse zahllose Berge und Flüsse, um an ihren angestammten Platz am Kasha-See zurückzukehren und hier ihre Nachwuchs auszubrüten.

Wir halten am See und machen ein kleines Picknick, das hauptsächlich aus Melonen besteht. Das Grasland ist mit wilden Blumen übersät, der Fluss Xianshui, der sich hier durchschlängelt, malt ein romantisches Bild, man kann sich kaum sattsehen. Dennoch machen wir uns wieder auf den Weg und lassen die Idylle hinter uns. Es geht weiter in Richtung Norden. Auf Feldwegen aus Matsch und Schotter mühen wir uns ab, die restlichen 51 km zu bewältigen. Der nächste Ort, den wir erreichen, ist Sêrtar, der glücksverheißenden Ort aus der „Geschichte des Königs Gezar", einem tibetischen Heldenepos aus dem zwölften Jahrhundert.

Sêrtar – ein Stück Land ganz in rot

Der tibetische Ortsname Sêrtar bedeutet „goldenes Pferd". Der Legende nach wurde hier einmal ein Stück Gold gefunden, das die Form eines Pferdes hatte, daher der Name. Sêrtar liegt an der Grenze der Provinzen Sichuan und Qinghai auf einer Höhe von über 4000 m. Es ist der höchstgelegene Ort im Bezirk Garzê mit den niedrigsten Temperaturen und den schwierigsten Lebensbedingungen. Das einzige Gewerbe, das man hier betreiben kann, ist die Viehzucht. Vor der Gründung der Volksrepublik gab es keine befahrbaren Straßen, alle Lasten wurden von Mensch oder Tier über holprige Wege geschleppt. Bis heute ist das Gebiet kaum mit modernen Lebensweisen in Berührung gekommen. Ausgerechnet an diesem abgelegenen, unwirtlichen Ort liegt die größte buddhistische Akademie der Welt. Das lässt uns neugierig werden!

20 km hinter der Kreisstadt Sêrtar beginnt das Larung-Tal. Diesem folgen wir weitere zwei Kilometer – die Straße, die hierher führt, wurde erst im Jahr 2002 fertiggestellt. Wir erwarten, gleich das übliche Bild, das Klöster im tibetischen Hochland abgeben, zu sehen zu bekommen: Ein tiefrotes, altes Gemäuer vor blauem Himmel mit weißen Wolken. Doch das Szenario, das sich uns hinter der nächsten Kurve bietet, ist atemberaubend: Ein Meer von tausenden, vielleicht sogar zehntausenden roten Holzhäuschen, die sich über mehrere Quadratkilometer rings um das Kloster erstrecken, breitet sich vor uns aus; Reihe um Reihe sind sie in die Berghänge gebaut: Dies sind die Herbergen der Mönche.

Auf den ersten Blick scheint die Siedlung völlig chaotisch gewachsen, doch sieht man genauer hin, fällt auf, dass religiöse Richtlinien und Tabus streng beachtet werden.

Hoch oben in der Nähe des Berggipfels sind die Mönche untergebracht, die Nonnen wohnen dagegen weiter unten im Tal. Die beiden Wohnsiedlungen sind durch einen Streifen kommunaler Einrichtungen wie Kantinen und Versammlungsräume getrennt. Männer und Frauen dürfen nicht miteinander in Kontakt treten, nicht einmal kommunizieren und selbstverständlich auch keine Paare bilden.

Das mittig am Talgrund errichtete Kloster ist der Ort, an dem die buddhistische Lehre weitergegeben und diskutiert wird. Sein Zentrum bildet eine prachtvolle Konstruktion mit goldenen Wänden, das „Auditorium Maximum" der Akademie. Die prächtige „Altarstadt", ragt als höchster Punkt aus dem Klostergebäude heraus. Gläubige umrunden sie auf einer Art Galerie im Obergeschoss. Wenn es einem nicht gut geht, so sagt man, müsse man 100 Runden drehen, dann sei man wieder in bester Verfassung. Im unteren Stockwerk befinden sich Gebetstrommeln. Schiebt man sie mit der Hand an, drehen sie sich unter lautem Knarren ein paar Mal um die eigene Achse.

In der Akademie mangelt es an Wasser und Elektrizität, auf 4200 m Höhe fällt das Atmen schwer. Die Mönche schleppen jeden Tag auf ihrem Rücken Wasser von den umliegenden Bergbächen heran. Das Essen besteht nur aus dem, was sie an Almosen von Besuchern und von den Einwohnern der wenigen Dörfer in der Umgebung erhalten. Aber das alles hält die Menschen nicht davon ab, in großer Zahl ins Kloster zu kommen. Es wimmelt geradezu von Mönchen und Nonnen in ihren roten Roben, auch Jugendlichen begegnen wir unterwegs, die – oft von weit her kommend – mit einem Sack auf dem Rücken unterwegs zum Kloster sind, um hier zu studieren.

In und um Sêrtar gab es seit jeher eine ganze Reihe tibetischer Klöster, sie alle gehören der Nyingma-Schule an, den sogenannten „Rotmützen".

1980 gründete der 1933 geborene Lama Khenpo Jigme Phuntsok im Larung-Tal die buddhistische Larung-Gar-Akademie. Innerhalb weniger Jahre verbreitete sich ihr guter Ruf und schon bald war sie die größte buddhistische Akademie der Welt.

Mehr als 10.000 Tibeter, Han-Chinesen und Mongolen lebten und studierten hier zeitweise zusammen. Bei besonderen Zeremonien ver-

Die strengen Regeln der Akademie tun der Fröhlichkeit ihrer Schüler keinen Abbruch

sammelten sich zuweilen sogar mehr als 100.000 Menschen. Im Vergleich dazu lebten im Drepung-Kloster, dem wichtigsten Kloster Lhasas, selbst zu Hochzeiten nie mehr als 7700 Mönche.

Auf unseren Reisen haben wir fast alle tibetischen Gebiete befahren, rückblickend erscheint mir die Religiosität nicht im heiligen Lhasa am stärksten, sondern hier, in der Region Kang. Auf Außenstehende wirkt der religiöse Eifer und der Verzicht auf alle irdischen Annehmlichkeiten beinahe fanatisch.

Nirgendwo anders gibt es so viele Gebetsfahnen und Ansammlungen von Mani-Steinen. Es ist kein Zufall, dass die buddhistische Akademie gerade hier gegründet wurde. Auch die weite Verbreitung ihres Rufs und das schnelle Anwachsen der Mönchs- und Nonnengemeinde der Akademie lässt sich zumindest teilweise durch die starke Frömmigkeit in der näheren Umgebung erklären.

Warum gerade die Bewohner Kangs so besonders gläubig sind, lässt sich wohl nur anhand der Geschichte und Mentalität der Menschen erklären.

Eine Gruppe junger Mönche kommt auf uns zu, der Unterricht ist gerade zu Ende. Sie haben buddhistische Schriften bei sich, die zwischen langen Bambusplatten eingeklemmt sind – ihr Unterrichtsmaterial. Ich bin neugierig, was sie lernen und sie laden mich in ihre Unterkunft auf eine Tasse Buttertee ein. Der Raum ist nur knapp zehn Quadratmeter groß, alle sitzen auf dem Boden. Das Studium dauert vier bis fünf Jahre, dann folgen strenge Prüfungen. Besteht der Absolvent, erwirbt er den Titel „Khenpo"-Meister.

Auf die Studienjahre folgen die Lehrjahre: Acht bis zehn Jahre lang ziehen die frischgebackenen Meister als Wandermönche bis in die entlegensten Winkel des Landes und predigen die Lehren Buddhas aus den heiligen Schriften.

Sonnenstrahlen fallen durch das Fenster in das niedrige Holzhaus und lassen die jungen Gesichter und die roten Roben erstrahlen.

Tibet sei, so sagt man, der Ort, an dem man neu geboren werde. An diesem Ort, an dem es keine Polizei, keine Kriminalität, keinen Handel, keinen Verkehr, keine Alkohol und keinen Lärm gibt, hier möchte man das glauben!

Im Juli des Jahres 2016 begannen die chinesischen Behörden mit dem Abriss des Klosters, innerhalb von nur zwei Monaten wurden über 2000 Häuser zerstört, Mönche und Nonnen zwangsweise des Klosters verwiesen. Offenbar wurde den chinesischen Behörden jedoch bewusst, welch kultureller Verlust der Abriss des Klosters nicht nur für Tibet, sondern auch für den Rest der Welt bedeutete und baute einen Teil der Unterkünfte wieder auf.

2. Tag: Garzê – Stepptanz im Garten

Route: Larung-Gar-Akademie – Sêrtar – Nike – Luowo Liangzi – Rongbacha-Grasland – Garzê
Fahrtzeit: 06:00 – 18:00 Uhr, 12 Stunden
Distanz: 120 km
Höhe: Garzê 3390 m ü.d.M.

Morgens um sechs erwache ich vom Rezitieren buddhistischer Sutren. Ich öffne das Fenster und habe einen Panoramablick auf die Akademie. Die endlosen Reihen der Mönchskaten leuchten ockerfarben im sanften Morgenlicht, die golden funkelnde Pagode im Zentrum ragt wie ein Fels aus dem roten Meer.

Kleine Lebewesen im Fluss werden vor der Trockenheit gerettet

Die Berge ringsum entfalten sich wie die acht-blättrige Lotusblüte, der Sitz Buddhas. Wenn man dem Nirvana ein Stück näher kommen kann, dann hier.

Vor mehr als 200 Jahren schrieben buddhistische Gelehrte in ihrer „Vorhersage der Zukunft": „In Sêrtar inmitten der heiligen Berge liegt ein den Schülern der Bodhisattwas geweihter Ort, alle Schulen des Buddhismus werden hier ihren Platz finden." Wie recht sie doch behalten haben: Wie ein riesiger Altar zu Ehren Buddhas breitet sich die Stadt vor mir aus. Der ganze Ort ist von einer spirituellen Atmosphäre erfüllt, sie dringt bis in mein Innerstes.

Die Kraft des Glaubens

Begleitet vom Klang der Sutren gehen wir hinunter ins Tal, ins Zentrum der Akademie. Wir mischen uns unter die Menschenmenge, ein starker Geruch von Buttertee liegt in der Luft. Nirgendwo sonst erfolgt die Unterweisung in den buddhistischen Lehren auf so spektakuläre Weise wie hier.

Die Vorlesungen der buddhistischen Lehrmeister finden auf dem großen Zeremonienplatz statt.

Tibeter und Chinesen, Mönche und Laien, Anwohner und Touristen, alle sind eingeladen, zuzuhören.

Der Zeremonienplatz ist von drei Seiten mit einer Backsteinmauer umgeben, der Platz selbst besteht aus einer schlichten Betonfläche und fasst bis zu 10.000 Zuhörer. Ich sehe mich um und werde fast schwindlig bei dem Anblick der zahllosen roten Mönchsroben um mich herum.

Für die Zuhörer gelten strenge Regeln: Man muss die Schuhe ausziehen, die Mütze abnehmen und darf keinen Regenschirm aufspannen. Die klimatischen Bedingungen sind hart, vor allem im Winter und Frühling ist es eisig kalt, Sturm und Schnee wechseln sich ab. Schneeflocken wirbeln durch die Luft, ununterbrochen fliegen mir welche in den Kragen. Im Sommer gibt es keinen Schutz vor der Sonne und da die UV-Strahlung in dieser Höhe besonders stark ist, bekommt man schnell einen Sonnenbrand. Das Kloster liegt in einer regenreichen Gegend und bei Regen bilden sich auf dem Betonboden schnell Pfützen. Doch auch Unterlagen sind nicht zugelassen, man sitzt also auf dem nassen Boden. Nur die ausgerollten Sutren darf man sich über den Kopf halten und sich so notdürftig vor dem Regen schützen. Bis zum Ende der zweistündigen Vorlesung sind unterschiedslos alle – Touristen, Kenpos, und „lebende Buddhas" – bis auf die Knochen durchweicht.

Jeden Nachmittag zwischen sechs und acht Uhr geht es auf dem Zeremonienplatz hoch her wie auf einem Marktplatz. Mönche und Nonnen versammeln sich nach Geschlechtern getrennt in kleinen Gruppen zur täglich stattfindenden großen Debatte über die Auslegung der Sutren.

Diese regelmäßigen religiösen Diskussionen sind eine Besonderheit des tibetischen Buddhismus. Sie sind ein Mittel, um Zweifel an den

Die Mönche finden sich in kleinen Gruppen zusammen und diskutieren die heiligen Sutren

Texten auszuräumen, den Verstand zu schärfen, das Gelernte zu festigen und die Rhetorik zu verbessern. „Ein Mal diskutieren ist besser als zehn Mal hören", so eine geläufige Redensart. Die Hingabe und Begeisterung, die allabendlich in diesem größten Freiluftauditorium der Welt herrscht, ist ansteckend. Ich fühle mich wie eine Fackel, die in Brand gesetzt wird.

Jedes Jahr im Mai beginnt im Hochland die Trockenzeit, viele Bäche trocknen aus. Zu dieser Jahreszeit wandern Mönche, Nonnen und andere Gläubige mit Eimern, Schüsseln, Schalen und Bechern ausgestattet die Bachläufe der Umgebung ab. Singend kriechen sie zuweilen auf allen Vieren durch die wasserarmen Flussbetten, sammeln Fische, Krabben und Kaulquappen ein und legen sie in Behälter mit Frischwasser. Darin tragen sie die Tiere zu dem nächsten größeren Fluss, der mehr Wasser führt und setzen sie dort wieder aus.

Wir, die wir von diesem Brauch noch nie gehört haben, haben keine Ahnung, was die Frauen und Männer, Jungen und Alten da auf dem Bauch liegend so treiben. In meiner konsumistisch geprägten Vorstellungswelt denke ich sofort an Goldschürfen, an die Suche nach Edelsteinen oder seltenen Heilkräutern.

Doch dann wird mir klar, was hier vor sich geht. In den Augen eines Buddhisten sind Mensch und Tier gleichgestellt, alle haben ein Recht auf Leben. Einen Vogel oder einen Fisch zu retten, ist mehr wert, als eine siebengeschossige Pagode zu bauen, so steht es in den buddhistischen Sutren. Diese Worte Buddhas mit solch einer Ernsthaftigkeit in die Tat umgesetzt zu sehen, ist ein bemerkenswertes Schauspiel.

Langsam beginne ich zu verstehen, warum so viele Mönche und Nonnen von weit her hier zusammenkommen, warum sie bereit sind, sich in dieser lebensfeindlichen Umgebung niederzulassen und ihr ganzes Dasein Buddha zu widmen: Der Glaube, der in ihren Herzen wohnt, verleiht ihnen eine unbändige Kraft.

Prächtiger Stepptanz zum Reiterfest

Wir nehmen Abschied von Sêrtar, fahren ein Stück zurück und dann weiter in Richtung der Bezirkshauptstadt Garzê im äußersten Nordwesten Sichuans.

Garzê bedeutet auf tibetisch „rein und schön wie weiße Jade". Am Straßenrand steht ein großes Schild, das diese Stadt als „Heimat des Stepptanzes" ausweist. Interessant: Garzê war mir seit frühester Jugend als ein Ort im Bewusstsein, mit dem man alles andere als Tanz und Feierlichkeiten verbindet, im Gegenteil: Früher hat man politisch Rechte und Intellektuelle strafweise hierher verbannt. Für Chinesen war Garzê so etwas wie Sibirien für die Russen.

Doch diese schweren Zeiten scheinen in weiter Ferne zu liegen. Schon auf dem Weg drängen sich alle Arten von Fahrzeugen und jede Menge Menschen dicht an dicht und voller Enthusiasmus auf der Fahrbahn in Richtung Garzê. Gerade ist nämlich auf dem Rongbacha-Grasland das Reiterfest in vollem Gange. Während der nächsten Tage genießen wir die festliche Atmosphäre und bewundern die Tanzvorführungen.

Im Juli vereinigt sich das Schmelzwasser unzähliger Rinnsale im Fluss Yalong, mit majestätischer Langsamkeit fließt er durch das Grasland.

Für Hirten im Hochland ist der Sommer ein Fest, es braucht sonst keinen besonderen Anlass, dass die Wiesen grün und saftig sind, genügt.

Hier treffen sie sich, um gemeinsam zu picknicken, zu tanzen und zu singen. In jedem der kleinen Orte ringsum finden mehrtägige Pferdemärkte statt, über Nacht pulsiert plötzlich das pralle Leben in dem sonst so einsamen Grasland.

Die Tradition des Reiterfestes in Garzê geht auf die Sage des Schlachtrosses von König Gezar zurück. Bis heute sind die Hirten stolz darauf, dass ihre Pferde von der gleichen Rasse sind wie das des legendären Königs Gezar. Viele Sagen ranken sich um sein Pferd, voller Klugheit rettete es mehrfach seinen Besitzer. Als es in einer Schlacht verwundet wurde, brachte König Gezar es zur Genesung auf das Grasland bei Garzê. So wurde diese edle Pferderasse hier heimisch.

Das Grasland um Garzê gilt als Heimat des Reitsports in Tibet. Im Gegensatz zum Reiterfest in Kanding finden hier viel mehr traditionelle Wettbewerbe statt, teilweise mit mehreren Tausend Teilnehmern. Zu den Disziplinen gehören unter anderem Trab, Galopp, Bogenschießen vom Pferd aus und Dressurreiten. Im Anschluss an das Wettreiten werden Pferdeauktionen veranstaltet. Die Gebote bewegen sich meist zwischen 10.000 und 25.000 Yuan.

Doch an diesem Tag erzielt ein Pferd mit dem schönen Namen Maxia, was soviel wie „Pfau" bedeutet, den höchsten Preis: Es wechselt für 100.000 Yuan den Besitzer. Wir erfahren, dass dieses Pferd einen extrem geschmeidigen Gang haben soll: Der Reiter auf seinem Rücken könne in vollem Galopp eine randgefüllte Tasse Tee in der Hand halten, ohne dass ein einziger Tropfen überschwappe. Lediglich ein leichtes Zittern sei beim Reiten zu spüren – als würde ein Pfau sein Gefieder zu einem Rad auffächern.

Ein Hirte erzählt uns, dass er in diesem Jahr allein durch den Verkauf von Pferden bereits 140.000 Yuan verdient habe.

Schon seit alten Zeiten ist sind die Schicksale der Hirten und ihrer Pferde untrennbar miteinander verbunden, die Menschen haben ein enges Verhältnis zu ihren Tieren.

Sie dienen ihnen nicht nur zum Lebensunterhalt, sondern zählen als vollwertige Gefährten. Pferde aus der Gegend um Garzê bezeichnete man früher als „adelig", nur Häuptlinge und Fürsten durften sie halten. Noch heute gilt: Ein gutes Pferd muss reinrassig sein und von einem erfahrenen Trainer drei bis fünf Jahre lang ausgebildet werden. Dabei geht es weniger darum, den Tieren formvollendete Technik beizubringen, vielmehr setzt man darauf, alles an Kraft und Tempo herauszuholen.

Und tatsächlich bewegen sich die Beine der Pferde im Galopp, dass einem der Blick nur so verschwimmt. Besonders bemerkenswert ist der Abdruck, den die vier Hufe im weichen Boden hinterlassen: Sie bilden eine perfekte Gerade.

Die Reiter tragen langärmlige weiße Hemden und schwingen bunte Bänder, die wild hinter ihnen herflattern. Es beeindruckend anzusehen.

Nach den Reitwettbewerben beginnen die Tanzvorführungen. Im Vergleich mit anderen tibetischen Tänzen wird hier mehr Augenmerk auf die Schrittfolge und den Rhythmus gelegt und darauf, wie Fußspitze und Ferse den Boden berühren.

Zu Beginn des Programms führen Mönche aus den Klöstern Garzê und Dajin ihre Stepptänze auf, dann sind die Laien an der Reihe.

Die Tänzer sind durchweg junge, kräftige Männer, sie sind festlich gekleidet, mit farbigen Stiefeln, auf dem Kopf tragen sie ungewöhnlich aussehende Mützen. Um ein Bein oder um die Hüfte haben sie eine Kette mit Glöckchen gebunden, was ihre Schritte beim Tanz akustisch noch zusätzlich untermalt. Die Musik wird zunehmend beschwingter, bis der anfängliche Stepptanz in stürmische, ungezügelte Bewegungen übergeht, die Tänzer scheinen in der Luft zu schweben.

Manchmal tanzen mehr als 1000 Jugendliche gleichzeitig, sie nehmen weder Rücksicht auf die Grasnarbe noch auf die Trommelfelle des Publikums. Es ist ein Tanz in Ekstase, der Welt entrückt, wild und kunstvoll zugleich, Zeugnis einer langen Tradition.

Neben mir steht eine Tibeterin, sie erklärt mir aufgeregt: „So sind unsere Männer in Garzê: Wer sprechen kann, der kann auch singen. Wer gehen kann, der kann auch reiten und tanzen".

Die Sonne geht hinter den schneebedeckten Bergen unter und wirft lange Schatten. Über den im Grasland verstreuten Zelten kräuseln sich Rauchfahnen. Die Hirten gehen zum nächsten Programmpunkt über: Dem Gerstenwein.

3. Tag: Chola – die Peitsche reicht bis zum Himmel

Route: Garzê – Laima – Heiliger Berg Zhari Yongkang – Mani Gange – See der neuen Straße – Berg Chola – Dege
Fahrtzeit: 08:30 – 20:30 Uhr, 12 Stunden
Distanz: 207 km
Höhe: Mani Gange 3900 m ü.d.M., Dege 3270 m ü.d.M.

Während die Berge zum Klang von Feenmusik erwachen, packen wir unsere verstreuten Dinge in die Taschen. Wie umherziehende Nomaden, die Liebe, etwas Hexerei, Traumfänger, Kristall-kugeln, Kaffeekannen, Töpfe und Pfannen stets mit sich führen, haben auch wir in unserem mobilen Zuhause immer alles mit dabei. Als die Mönche bei Sonnenaufgang mit dem Rezitieren buddhistischer Sutren beginnen, brechen wir auf. Die Reise geht weiter.

Nonnen sind mit Buddha verheiratet

Die Ausfallstraßen um Garzê sind auf beiden Seiten von hohen weißen Pappeln gesäumt. Im Herbst sind die leuchtend gelben Blätter weithin sichtbar, es ist, als betrachte man das Gemälde eines französischen Impressionisten.

Auf dem 207 km langen Streckenabschnitt von Garzê nach Dege stehen Klöster, Pagoden, Ge-betstrommeln und Mani-Steine in dichter Ab-folge, wie Schafe in einer Herde drängen sie sich aneinander. In dieser Konzentration ist das hier einzigartig. Da ist das einfache aber würdevolle Kloster Garzê, die Klöster Dajin, Baisha, Dongfu, Degong... Insgesamt 43 historische Klöster ste-hen in und zwischen den Dörfern und Flecken entlang des Weges.

Die unterschiedlichen buddhistischen Schulen – nach der Farbe der Kopfbedeckungen der Mön-che „Gelbmützen", „Rotmützen", „bunte Mützen" und „weiße Mützen" benannt – sowie die noch ältere Bön-Religion, sind alle hier vertreten. Die zahllosen Schnüre mit Gebetsfahnen, die zelt-förmig aufgespannt sind, wirken wie machtvolle Skulpturen.

Die bunten Gebetsfahnen leuchten wie Farbkleckse, die ein Maler in die eintönige Landschaft getupft hat

In den Ortschaften entlang der Strecke nach Garzê erzählen sich die Menschen seit Generationen die Sagen über den epischen König Gezar. Die Tibeter schreiben ihm göttliche Eigenschaften zu und verehren ihn bis heute als Helden.

Am Rande der Straße liegt eine Höhle, in der Gezar einst als Eremit gelebt haben soll. Später ließ er an dieser Stelle eine Pferderennbahn und einen Platz zur Geisterbeschwörung errichten. An einem Berghang sind Zeichnungen aus Gezars Leben eingraviert: Ein Bild zeigt seine Geburt, andere seine Vorratskammer, seinen Hund, seine Kuh und den Pflock, an dem er sein Pferd anband.

Die Landschaft um Garzê ist typisch für die endlosen Hochebenen Tibets. Wo es Flüsse gibt, haben Bauern das Land erschlossen, dort bauen sie ihr Hochlandgetreide an. Im Sommer leuchtet das Gras smaragdgrün, mehr als 100 verschiedene Arten von Wildblumen blühen gleichzeitig, die Gerstenfelder erstrahlen in einem goldenen Gelb. Hinter jedem Kloster flattern unzählige Gebetsfahnen im Wind. Alte religiöse Bräuche verschmelzen mit der atemberaubenden Schönheit der Natur.

Unterwegs dringt plötzlich monotoner Gesang an unser Ohr. Wir versuchen herauszufinden, woher er kommt und entdecken in der Ferne eine Reihe von Felshöhlen in einem Berghang. Wir verlassen die Bundesstraße und folgen den Gebetsfahnen, die uns entlang eines schmalen Weges voller Dornenbüsche zu einem Kloster weisen.

Bald erfahren wir, dass wir uns beim Nonnenkloster am Fuß des heiligen Berges Zhari Yongkang befinden.

Eine junge Frau füttert am Ufer eines Baches Fische, als sie uns bemerkt legt sie Tsampa und Nudeln beiseite und läuft erfreut auf uns zu.

Sofort bietet sie sich als Führerin an. Sie ist eigentlich als Praktikantin am Amtsgericht in Garzê tätig, nun ist sie aber mit ihrer Familie hierhergekommen, um nach buddhistischer Sitte von Anglern gefangene Fische freizulassen. Das Wasser ist klar, man sieht bis auf den Grund, die Fische scheinen ausgelassen zu schwimmen und zu springen.

Der Zhari Yongkang ist ein relativ kleiner Berg mit ellipsenförmiger Grundfläche in wunderschöner Umgebung. Man sagt, die Bergspitze habe die Form des Helms von König Gezar. Archäologen haben bei Ausgrabungen am Berg ein Horn und Reste von Kriegstrommeln gefunden, die man Gezars Eroberungszügen zuschreibt. Die Felsen sind voller geheimnisvoller Skulpturen aus dem elften Jahrhundert.

Die junge Frau führt uns vor, dass ein seltsamer Ton erklingt, wenn man mit dem Mund kräftig gegen die Ritzen im Fels bläst, es klingt wie „u-u-u".

Im heiligen Berg sehen wir Höhlen, in denen hohe Würdenträger meditiert haben. Und schließlich wurde hier dieses Kloster gegründet, das größte Nonnenkloster Tibets. Die Nonnen leben in kleinen Holzhütten, die am Berghang vertikal übereinander angeordnet sind, die Höhlen hinter ihren Hütten dienen ihnen als Refugium.

Die Nonnen bekomme man nie zu Gesicht, erklärt uns unsere Führerin. Dass sie überhaupt existierten, bewiesen nur ihre magischen Gesänge, die auch uns in den Bann gezogen haben.

In Tibet würden nicht wenige junge Frauen ihr Leben ganz und gar der Andacht Buddhas widmen, erzählt die junge Frau weiter. Für sie selbst sei das nichts. Sie wolle heiraten und eine Familie gründen. Wie man so ein extremes Leben führen wolle, könne sie nicht verstehen.

Ich drehe mich noch einmal um. Auf allen Fensterbrettern der Holzhütten blühen bunte Blumen. Die Gebetsmühlen vor den Hütten sind nicht wie sonst üblich aus verwitterter Bronze, sondern aus bunten Blechstreifen zusammengefügt und machen einen farbenfrohen Eindruck.

Auch wenn sich der Geist der Nonnen in himmlischen Sphären bewegt – den Sinn für irdische Ästhetik haben sie sich bewahrt.

Mani Gange, ein Cowboy-Dorf auf der tibetischen Hochebene

Zurück auf der Straße halten wir nun auf das kleine Dorf Mani Gange zu, bis dorthin sind es noch 79 km. Ein Stück weiter liegt die letzte Weggabelung auf der B317 in der nordwestlichsten Ecke Sichuans. Richtung Norden gelangt man nach Yushu in der Provinz Qinghai, der andere Weg Richtung Westen führt nach Dege, die Stadt an der Grenze zwischen Sichuan und Tibet.

In der wärmenden Mittagssonne gehen Straßenarbeiter ihrer Tätigkeit nach, mit roter Ölfarbe malen sie glücksverheißende Bilder auf die Begrenzungsmauer der Straße. Junge Mönche bekommen um diese Jahreszeit Urlaub von ihren Klöstern, um den Eltern mit dem Vieh zu helfen. Auf ihren Motorrädern brausen sie die Straße entlang und treiben Schaf- und Rinderherden vor sich her.

Auf den Steinen im Fluss sind buddhistische Schriften eingraviert

„Mani Gange" bedeutet „Pilgerweg". Schon im Altertum war der Ort ein Handelsplatz in Dreieck Sichuan – Qinghai – Tibet, ein wichtiger Zwischenstopp auf den alten Handelswegen, Tee und Pferde waren die wichtigsten Güter. Vor wenigen Jahren noch bestand Mani Gange aus nur einer Straße mit wenigen einstöckigen tibetischen Häusern, jetzt ist der Ort mehr als doppelt so groß. Im Umkreis von etwa 50 km gibt es keine nennenswerte Siedlung, also machen fast alle Reisenden hier Rast und füllen ihre Vorräte auf. Der kleine Ort wimmelt von Menschen und Fahrzeugen, die Atmosphäre gleicht der auf einem Viehmarkt. Die meisten Männer auf der Straße sind stämmige, gut aussehende Khampas, mit einem roten Band im Haar und einem langen Dolch im Gürtel. Ihre Gesichter sind dunkel gegerbt, das Haar tragen sie lang und wild, mit einem Friseurladen ist hier kein Geschäft zu machen. Die Kleidung besteht üblicherweise aus einem langärmligen tibetischen Umhang, der eine Schulter frei lässt, und hohen braunen Stiefeln.

Jeder noch so kurze Aufenthalt in Mani Gange ist für einen Khampa ein kleines Freudenfest: Kaum angekommen, bindet er sein Pferd an einem der altersschwachen Pflöcke fest, dann beginnt der Tauschhandel oder Einkauf. Im Anschluss daran sitzen die Männer um die mit Dung befeuerten Öfen, trinken Buttertee oder Schnaps und singen aus Leibeskräften. Es ist eine Szenerie, wie ich sie aus amerikanischen Cowboyfilmen kenne. Wie gerne würde ich mich unter sie mischen und ein paar Gläschen mittrinken, auf dass das Herz für immer jung bleibe!

Mani-Steine im See der Verlockung

Doch wir reisen weiter. 16 km hinter Mani Gange kommen wir an einen smaragdgrünen See mit dem Namen: „See an der neuen Straße", an dessen Ufer im Altertum das Refugium einer Konkubine von König Gezar gelegen haben soll. Diese prosaische Bezeichnung, die so gar nicht zu dem bezaubernden Anblick des glitzernden Naturjuwels passen will, hatte ihm die chinesische Armee verliehen, als sie die Straße nach Lhasa baute, da sie den tibetischen Namen des Gewässers nicht kannte. Auf Tibetisch heißt er nämlich Yulongla Cuo – „See der Verlockung". Das trifft die Romantik der Szenerie schon sehr viel besser!

Wenn ich gedacht hatte, dass wir uns an Seen und den sich darin spiegelnden schneebedeckten Bergen bereits sattgesehen hätten, so habe ich mich getäuscht: Beim Anblick dieser Landschaft, des Ufers, des Wassers, der Bäche und der zum See hin abfallenden Hänge, die über und über mit kunstvoll gravierten Mani-Steinen bedeckt sind, gehen uns Augen und Herzen auf. Es ist, als hätten wir eine Reise in ein längst vergangenes Zeitalter unternommen.

Nicht nur die Mani-Steine sind hier mit Gebetssprüchen und religiösen Symbolen wie etwa den Augen Buddhas versehen, sondern auch jeder größere natürliche Felsbrocken. Man kann sich kaum sattsehen. Die Frage drängt sich auf, wie es den Steinmetzen gelungen sein mag, inmitten der steilen Bergwände Bilder und Schriftzeichen in den Fels zu schlagen? Oder in die gewaltigen Gesteinsbrocken, die die Ufer säumen? Haben sie gewartet, bis der See zugefroren war? Oder haben sie Flöße aus Schaffell gebaut und sind darauf zu den Felsen gerudert? Haben sie sich mit einem Strick um die Hüfte an den Felsen herabgelassen? In jedem Fall ist es ihnen gelungen, Kunstwerke zu Buddhas Ehren für die Ewigkeit zu schaffen.

Ich tauche meine Hand in das eiskalte Seewasser und benetze mein Gesicht. Die Mani-Steine am Ufer speichern die Wärme der Sonnenstrahlen. Wie die Tibeter beuge ich mich nieder und berühre einen Stein mit meiner Stirn. Ich fühle die Wärme, die von ihm ausgeht, spüre, wie sie direkt in mein Herz fließt. Dies ist ein Ort, an dem man Lebensenergie neu auftanken kann!

Die höchste Straßenmeisterei der Welt

Der höchste Berg an der Nordstrecke von Sichuan nach Tibet ist der Chola mit 6168 m. Die Menschen in der Gegend behaupten, dass man mit einer nach oben gestreckten Peitsche auf dem Chola stehend den Himmel berühren könne.

Der Pass über den Chola führt bis auf 5050 m, es heißt, selbst Vögel könnten ihn nicht überfliegen. Auf einem Schild am Straßenrand lesen wir: „Höchster Punkt zwischen Sichuan und Tibet, gefährlicher Straßenabschnitt."

Außer uns sind hier vor allem Lastautos unterwegs. Sie transportieren wertvolle Erze, Gold, Silber, Wolfram, Zinn, Niob, Beryllium, Lithium, Tantal und Quarz bis nach Chengdu, dem westlichsten Bahnhof Sichuans.

Wir kriechen mit der Geschwindigkeit einer Schnecke vorwärts. Plötzlich hält ein tibetischer Fahrer vor uns, steigt aus und kommt auf uns zu. Dann bindet er eine schneeweiße Hada an den Rückspiegel unseres Autos. Dieser Glücksbringer nimmt uns tatsächlich ein wenig die Angst vor der weiteren Fahrt über diesen schwierigen Streckenabschnitt!

Jenseits des Passes liegt auf 4889 m Höhe die „Chola Straßenmeisterei", die höchstgelegene der Welt. Ich betrete das Gebäude, um ein wenig Trinkwasser zu holen, währenddessen gießt mein Gefährte Wasser über die heißen Bremsbelege.

Drinnen treffe ich eine Frau, die sich als Frau des Straßenmeisters vorstellt. Ihr Name ist Jiangyong Zhima. Sie arbeitet als Lehrerin in einer Grundschule in Dege, nur während der Sommerferien kann sie hierher kommen, um ihren Mann zu besuchen, den Rest des Jahres leben sie zwangsläufig getrennt. Am Tag ihrer Heirat ritt Jiangyong Zhima für ein gemeinsames Essen einen Tag lang von ihrem Dorf bis hierher zu seiner Unterkunft, das war die Hochzeitsfeier.

Ihr Mann hat sich schon mit 25 Jahren hier inmitten von Schnee und Eis niedergelassen. Er war der erste Siedler in diesem Niemandsland. Gemeinsam mit seinen Männern ist er für die Instandhaltung der Straße über einen Streckenabschnitt von zehn km zuständig, auf weiteren 26 km müssten sie den Schnee räumen.

27 Jahre Jahre lang arbeitet der Straßenmeister schon in dieser lebensfeindlichen Umgebung. Hier gibt es keinen Frühling, die Luft ist dünn, der Schnee endlos, es ist ein Leben im Wintermantel.

Außer an Steinen mangelt es an allem. Acht bis neun Monate im Jahr herrscht Frost, fünf Monate im Jahr weht der Wind mindestens mit Stärke sechs. Auf dem Berg gibt es keine Wasserläufe, Schnee zu schmelzen ist die einzige Möglichkeit, um Trinkwasser zu gewinnen. Das Essen besteht oft aus nicht mehr als einem Löffel Bohnen und einer Schüssel Nudeln. Viele Arbeiter leiden an Lungenkrankheiten.

Doch genau hier auf dem Pass, wo einem der Atem wegbleibt und schwindelig wird, hat der Straßenmeister seine Lebensaufgabe gefunden: Er und seine Mitstreiter haben im Laufe der Jahre 130.000 Fahrzeuge heil über den Pass gebracht, 2100 Wagen in Not haben sie Hilfe geleistet.

Als im März dieses Jahres im Schneetreiben ein Wagen in eine Schlucht stürzte, kletterten die Männer 60 m in die Tiefe, um die Leichen zu bergen. Es gelang ihnen, sie zur Straße hinaufzubringen, wo sie eine Nacht lang bei einem Feuer Totenwache hielten, um zu vermeiden, dass die Leichname von Wölfen und Geiern gefressen wurden.

Wer hätte gedacht, dass in diesem unscheinbaren Gebäude wahre Rettungsengel leben! Wir nehmen uns vor, auf der nächsten Passüberquerung eine Ladung Gemüse und andere Lebensmittel für diese selbstlosen Menschen mitzunehmen. Und selbstverständlich sollte sich jeder Durchreisende, der hier seine Wasserflaschen auffüllt, die Zeit nehmen, ein paar Worte mit den Straßenmeistern zu wechseln. Es gibt so viel zu erfahren…

Es dämmert schon, als wir uns herzlich verabschieden. Ein letzter Rest dunkelroten Tageslichts schimmert noch einmal kurz hinter den Bergen hervor, dann wird es dunkel. In der Dämmerung fahren wir langsam hinab in die Schlucht. Plötzlich strahlen uns Lichter entgegen: Die buddhistische Druckerei von Dege taucht vor uns auf. Für mich als Autorin ist der Besuch hier einer der Höhepunkte unserer Reise!

4. Tag: Dege – die Sutren-Druckerei im Mondschein

Route: Dege, Sutren-Druckerei – Jingsha-Brücke – Jiangda – Berg Damala – Qamdo
Fahrtzeit: 15:30 – 02:00 Uhr, 10 1/2 Stunden
Distanz: 337 km
Höhe: Jiangda 3650 m ü.d.M, Qamdo 3240 m ü.d.M

Unser Hotel liegt direkt neben dem stiebenden Oupu, am Morgen weckt mich das Rauschen des Flusses. Das Gebäude der jahrhundertealten Sutren-Druckerei oberhalb der Stadt leuchtet golden im Licht des Sonnenaufgangs. Eilig machen wir uns auf den Weg. Wir durchqueren das 60.000 Einwohner zählende Städtchen, dessen Name „Land der Gnade" bedeutet, und kommen im Ortszentrum an einem großen Buchladen vorbei. Die Tafel, die auf den Laden hinweist, ist fast ebenso groß wie der Laden selbst. Als echte Leseratte wird mir sofort warm ums Herz: Buchläden (wie übrigens auch Obstgeschäfte) sind selbst in wohlhabenderen Gegenden Tibets eine Seltenheit.

Mani-Steine können – bunt bemalt oder schlicht weiß beschrieben – ganz unterschiedlich aussehen

10.000 Mondauf- und Untergänge

Nach nur zehn Minuten Fußweg haben wir die Druckerei, die am Rand der Stadt an einem Berghang liegt, erreicht. Wie um ein Kloster ziehen Gläubige entlang der hohen Außenmauern des Gebäudes ihre Runden. Die langen Schatten, die ihre Körper in der Morgensonne werfen, begleiten sie, es ist ein beeindruckendes Bild.

Und tatsächlich stellt diese Werkstätte für Tibeter ein wahres Heiligtum dar: Mit den etwa 250.000 Druckstöcken, getrennt nach Schrift- und Bildplatten, lagern hier im „Dege Parkhang Chödzö Chenmo" (Druckhaus von Dege, Großer Schatz des Dharma), gut zwei Drittel des gesamten literarischen Erbes Tibets.

Diese „Schatzkammer unter den Schneebergen", wie sie im Volksmund genannt wird, war im Jahr 1729 von König Tenpa Tshering eingerichtet worden. Die beeindruckende Werkstätte ist dem Kloster Gönchen Lhündrub Teng angeschlossen, das im 15. Jahrhundert von dem Mönch und Architekten Thangtong Gyelpo (1361–1485) gegründet worden war und den Königen von Dege bis ins Jahr 1909 als Regierungssitz diente.

In den zahllosen Klöstern, die einst in Dege angesiedelt waren, waren Vertreter aller vier buddhistischer Schulen, wie auch der Bön-Religion anzutreffen. Während die Roten Garden während der Kulturrevolution bis auf drei Klöster alle zerstörten, blieb die Druckwerkstatt (wie auch der Potala-Palast) auf Geheiß Zhou Enlais verschont.

Der einzige größere Verlust entstand, als gegen Ende der Qing-Dynastie zu Beginn des 20. Jahrhunderts Duojisenge, der Bruder des amtierenden Königs, versuchte, die Macht an sich zu reißen. Die bürgerkriegsähnlichen Zustände, die im Anschluss daran entstanden, nutzte die Konkubine des Königs, um das 20.000 Druckplatten umfassende religiöse Werk „Enzyklopädie der Kostbarkeiten" zu entwenden und an die Gaju-Schule im Kloster Babang zu verkaufen. Diese Schriften sind heute verschollen.

Seit 1996 steht Dege Parkhang, die größte der drei historischen Druckwerkstätten Tibets, auf der Liste der bedeutenden Denkmäler der Volksrepublik China, 2009 erkannte die UNESCO die traditionelle Drucktechnik aus Dege als Immaterielles Kulturerbe an.

Die Architekur der Druckerei ist außergewöhnlich: Hoch ragen die roten Mauern des dreistöckigen Gebäudes auf, Bäume gedeihen im witterungsgeschützten Innenhof. Das Gelände erstreckt sich über drei Quadratkilometer, die Gebäude sind im tibetischen Stil erbaut.

Die Hallen sind nach Funktionen gegliedert: Es gibt eine Lagerhalle für Druckplatten, eine für Papier, in einem der Gebäude werden die Schriften getrocknet. Eine Plattform dient dem Reinigen der Druckplatten, es gibt eine Buchbinderei sowie eine Gebetshalle und einen Versammlungssaal.

Über vier Generationen war die Druckerei auf dem weitläufigen Areal zu dem herangewachsen, was heute zu bewundern ist. Nachdem Tenpa Tshering vor 300 Jahren den Grundstein gelegt hatte, arbeiteten vier Generationen seiner Nachfolger an dem gewaltigen Projekt weiter, bis die dreigeschossigen Gebäude sowie ein Kellergeschoss nach 30 Jahren Bauzeit schließlich fertiggestellt waren.

Dann wurden Lesekundige in alle Winkel des Landes ausgesandt, um nach Schriften zu suchen und sie abzuschreiben oder in Holz zu kerben. Aus diesen groben Abschriften fertigten Gelehrte einen Druckentwurf, den die fähigsten Handwerker der Gegend auf Druckplatten übertrugen. Nach neuerlicher Prüfung wurde in vier Arbeitsschritten gedruckt, wobei nach jedem Arbeitsschritt ein weiterer Kontrolldurchgang eingeschoben wurde. So wurde sichergestellt, dass die Druckplatten fehlerfrei waren.

Bis heute bewirkt der Hinweis „gedruckt in Dege", dass die Menschen die hier angefertigten Schriften voller Ehrfurcht behandeln. Sutren aus Dege gelten als ein besonderer Schatz. Und Gläubige, die es in ihrem Leben nicht schaffen, nach Lhasa zu pilgern, können sich mit einer kulturellen Pilgerreise nach Dege einen Herzenswunsch erfüllen.

Das Ziel meiner Pilgerfahrt:
Holz und Papier

Ich betrete die Druckerei durch das rötlich schimmernde, bronzene Eingangstor und sofort zieht mich die Atmosphäre dieses alten Gemäuers in ihren Bann. Im Eingangsbereich im Erdgeschoss steht eine Reihe von Becken, die zum Reinigen der Drucktafeln dienen. Sie sind randvoll mit einer roten Flüssigkeit gefüllt. Auch die Schürzen der Arbeiter sind rot verfärbt und selbst die im Hof umherstreunenden Katzen haben ihre Farbtupfer abgekommen.

Die Mönche, die hier arbeiten, verdienen zwar ein wenig Geld, viel ist es jedoch nicht, gerade einmal 17 Yuan am Tag bekommen sie zum Beispiel für die Arbeit an den Waschtrögen.

Beim Reinigen der Druckplatten rezitieren die Männer buddhistische Sutren. Ein Blick auf die schwieligen Hände lässt erahnen, wie oft sie diese Verse schon wiederholt haben.

Die getrockneten Druckplatten werden mit einer Schicht Yakbutter bestrichen, über die 60 Grad steile Holztreppe in den zweiten Stock hinaufgetragen und – nach Themen geordnet – in den Regalen gelagert.

Die Lagerhalle für die Druckplatten umfasst sechs Räume und nimmt die Hälfte des Gebäudes ein. Auch gedruckt wird in diesen Räumen. An jeder der Druckplatten ist ein kleiner Griff angebracht, eine der praktischen Besonderheiten der Druckerei in Dege.

Ich bestaune die Druckplatten mit dem längsten Heldenepos der Welt – der Geschichte des König Gezar. Auch die weltweit einzige Kopie des indischen Werkes „Strömungen des indischen Buddhismus" steht hier. Das Original ist im Ursprungsland des Buddhismus schon vor langer Zeit verloren gegangen.

Der Mönch, der mich herumführt, zeigt mir die wertvollsten Platten der Sammlung, die „8000 Verse der Weisheit", auf Sanskrit „Prajnaparamita", ein Frühwerk des Mahayana-Buddhimus, in welchem die These aufgestellt wird, dass alle Dinge der Welt in Wirklichkeit nur Illusionen sind.

Ich muss mich beherrschen, um meine Hand nicht auszustrecken und die fein gekerbten Muster auf der Druckplatte zu betasten. Das Werk umfasst 550 Druckplatten, sie wurden zur Zeit des chinesischen Kaisers Kangxi (1654 - 1722) gefertigt und sind somit über 300 Jahre alt. Die Oden sind in den vier Sprachen Sanskrit, Nepalesisch, Tibetisch und Chinesisch graviert. Es ist ein einzigartiges Meisterwerk, die weltweit ältesten erhaltenen Druckplatten buddhistischer Texte.

Ich senke den Kopf und berühre die Platten ganz vorsichtig mit meiner Stirn, eine fromme Geste der Würdigung dieses Schatzes. Es verwundert nicht, dass es im ganzen Haus keinen elektrischen Strom gibt: Diese Vorsichtsmaßnahme soll helfen, Brände zu vermeiden.

So fällt nur ein wenig Tageslicht auf die unzähligen Druckplatten, die den Duft von Tinte verströmen.

Wie ist es möglich, so viele Druckplatten aus reinem Holz über Jahrhunderte vor Korrosion und Schädlingsbefall zu bewahren? Der Leiter der Druckerei erklärt mir, dass das Grundmaterial der Druckplatten aus Rotbirke bestehe. Im Spätherbst gehen die Drucker in die Berge, um Bäume zu schlagen. Es werden nur makellos glatte Stämme ausgewählt. Diese werden in 100 cm lange und vier Zentimeter dicke Bretter geschnitten, die über kleiner Flamme getrocknet und anschließend einen Winter lang in einen Sud aus Tierdung eingelegt werden. Im Frühjahr des darauffolgenden Jahres werden die Bretter herausgenommen, in Wasser gekocht und erneut getrocknet. Schließlich werden sie geschmirgelt und poliert, damit sind die Rohlinge der Druckplatten fertig.

Die meisten Schnitzer sind zugleich begabte Kalligrafen. Ein versierter Schnitzer benötigt einen vollen Tag für eine Druckplatte, wenn sie nur reinen Text beinhaltet. Kommen Bilder dazu, kann die Arbeit bis zu zehn Tage in Anspruch nehmen.

An den besonders sorgfältig gefertigten 213 Platten, die für den Druck des 1108 Texte, bzw. 102 Bände umfassenden tibetischen „Kangyur", der „Worte Buddhas", benötigt wurden, haben 100 Kalligrafen und 500 Schnitzer vier Jahre lang – zwischen 1729 und 1733 – gearbeitet.

Um die kostbaren Druckplatten vor Diebstahl zu schützen, ließ der damals amtierende Stadt-

Die hölzernen Druckplatten werden gesäubert

halter Deges auf jeder Platte sein Familienwappen eingravieren. Das Wappen ist bis heute auf den Drucken zu sehen.

Um sicherzustellen, dass die Druckplatten mit Kraft tief genug geschnitzt wurden und sich nicht nach einigen Jahren abnutzten, erdachte der findige Stadthalter zudem eine exquisite Form der Motivation und Qualitätssicherung: Die Bezahlung für die Gravur erfolgte in Form von Goldstaub, der auf den Druckplatten ausgestreut wurde, je tiefer die eingekerbten Schriftzeichen waren, desto mehr Goldstaub bekam der Schnitzer.

Ich trete vor die Tür der Lagerräume. Hier arbeiten die 16 Drucker paarweise zusammen, es sind jeweils Vater und Sohn. Die älteren Männer sitzen etwas erhöht, ihre Aufgabe ist es, die Tinte auf die Platte aufzubringen und das Papier passgenau darauf zu befestigen. Ihre Söhne sitzen auf niedrigen Hockern am anderen Ende der auf einer schrägen Ebene zwischen ihnen liegenden Druckplatte. Mit einer Rolle streichen sie von oben nach unten über das Papier, um es gegen die Platte zu drücken, heben es ab und legen es neben sich auf einen Stapel. Der ganze Vorgang dauert nicht länger als ein Wimpernschlag, meine Augen können den Handgriffen kaum folgen. Die Bewegungen der Männer sind fließend und präzise aufeinander abgestimmt, etwa 10.000 Seiten drucken sie in einem Monat.

Trotz dieser Expertise und der hohen Geschicklichkeit ist der Verdienst eines Druckers mit nur 33,50 Yuan pro Tag – 1000 Yuan im Monat – sehr gering.

Lager für Verpackungsmaterial

Die Frage drängt sich auf, warum in modernen Zeiten immer noch auf diese Weise gearbeitet wird – wieso werden keine Maschinen eingesetzt? Doch während ich die Männer bei ihrer Arbeit beobachte, beantwortet sich meine Frage von selbst: Dies ist eine Tätigkeit zu Ehren Buddhas. Es ist eine Art der Meditation.

Auf dem Tisch der Druckereileitung liegen Bestellungen von Klöstern aus allen Ecken Tibets. Ein zinnoberroter Band des „Kangyur" besteht aus 103 Rollen und kostet 1817 Yuan. Eine tabakfarbene Ausgabe des „Tengyur" umfasst 213 Rollen, der Preis liegt bei 19.350 Yuan. An ihren Bestimmungsorten werden Mönche Generation für Generation die uralten Traditionen fortsetzen und diese wertvollen Sutren mit Ehrfurcht rezitiert werden.

Damit die Werke die Generationen überdauern, muss auch das Papier besonders haltbar sein. Das Geheimnis liegt in der Beimischung der Wurzeln des Stellera-Chamaejasme-Krauts zum Papierpulp. Diese Arzneipflanze, die in der Volksheilkunde zur Behandlung von Fieber, Syphilis, Furunkeln und Gicht eingesetzt wird, hat eine leicht toxische Wirkung, wodurch das Papier auf natürliche Weise vor Schädlingsbefall geschützt ist. Zudem sind die Fasern der Wurzel weich und saugfähig, wodurch verhindert wird, dass die Papierbögen leicht brechen.

Außerhalb der Druckerei, in einem benachbarten Gebäude, sitzen Frauen im Kreis. Sie zerkleinern fehlerhaft bedruckte Seiten in Mörsern, waschen die Tinte heraus, filtern den Papierbrei und gießen ihn anschließend auf Gitternetze. So entstehen neue Bögen des beigefarbenen Papiers, auf dem die tiefe Gläubigkeit der Menschen dieses Landes ihren Ausdruck findet.

Einige Handwerker meißeln Mani-Steine. Den Kopf voller Staub, ist sogar ein elfjähriger Junge bei der Arbeit. Er meißelt Katzen, Hunde, Fische und Vögel in die Steine. Ich kaufe ihm ein Exemplar mit einem Hund darauf ab und lege ihn, wie es die Tibeter hier tun, an der Außenmauer der Druckerei ab.

5. Tag: Dêngqên – uralte Karawanenstraßen, mystische Bön-Religion

Route: Qamdo – Kloster Jampaling – Riwoqê – Kamaduo Pagoden – Kloster Zezhol – Dêngqên
Fahrtzeit: 10:00 – 21:00 Uhr, 11 Stunden
Distanz: 247 km
Höhe: Riwoqê 3810 m ü.d.M,
Dêngqên 3873 m ü.d.M

Unser nächster Halt ist Qamdo, die größte Stadt im Westen Tibets Wir erreichen die Bezirkshauptstadt um zwei Uhr Früh. Sämtliche Hotels sind voll belegt, schließlich bekommen wir noch ein Zimmer in einer kleinen Herberge, die Wände haben keine Schalldämmung und so wachen wir schon sehr früh von dem ungewohnten Verkehrslärm auf. Als wir uns auf der Suche nach einem Frühstück auf die stark befahrene Straße begeben, haben wir den Eindruck, in einer chinesischen Kleinstadt gelandet zu sein: Autos und Motorräder fahren wild durcheinander, Ampeln blinken, die Leute schützen sich mit einem Mundschutz gegen den vielen Staub.

Menschen in traditioneller Kleidung sieht man hier nur selten, Pilger mit Gebetsmühlen gar nicht. Dieser alte Handelsplatz, das ehemalige Zentrum Osttibets und Hauptstadt der Khampas, ist zu einer modernen, sinisierten Stadt herangewachsen. Den „blauen Himmel" und die „strahlende Sonne", die Han Hong, eine berühmte Sängerin tibetischer Volksweisen, in ihrem Lied „Qamdo im Herzen" so inbrünstig besingt, sucht man hier vergebens.

Wahrscheinlich kann man nur einmal im Jahr während des örtlichen Kulturfestes ein Gefühl von dem Charme und der Ausstrahlungskraft der Khampas bekommen.

Handelnde Khampas, handelnde Klöster

Qamdo liegt am Rande des Hengduan-Gebirges. Eiskalte Bäche haben rings um die Stadt tiefe Rinnen in die rote Erde gegraben und so ein großflächiges Muster entstehen lassen. Unterhalb der Stadt treffen zwei Flüsse aufeinander, der Zhaqu aus östlicher, der Angqu aus westlicher Richtung. Vereint werden sie zum gigantischen Langcang, flussabwärts in Laos und Vietnam Mekong genannt.

Qamdo liegt auf der Halbinsel oberhalb des Y-förmigen Zusammenflusses. Der Name der Stadt leitet sich von dem früheren tibetischen Namen „Chamuduo" an, was soviel wie „Flussgabelung" bedeutet. Das alte Straßennetz aus Tee- und Pferdestraßen durchzog das ganze Gebiet um Qamdo. Die heutige Bundesstraße 214 von Yunnan nach Tibet, die Bundesstraßen 317 und 318 von Sichuan nach Tibet sowie die Landesstraße 303, sie alle folgen diesen alten Routen. Bis heute ist Qamdo ein zentraler Knotenpunkt im Straßennetz Tibets.

Das Befahren der Brücken erfordert Mut

Wir folgen der B317 weiter in Richtung Westen. Hier zogen in alten Zeiten die Karawanen von Ya'an in Sichuan über Qamdo bis nach Lhasa. 15 bis 20 km legten sie dabei täglich zurück. Sie brachen im April oder Mai auf und kehrten erst ein ganzes Jahr später, im Frühjahr des darauffolgenden Jahres, wieder nach Hause zurück. Qamdo stellte in diesem Netz der Karawanenstraßen einen zentralen Handelsposten auf dem Weg nach Zentraltibet dar. In erster Linie wurden hier Tee aus Zentralchina und die Pferde der lokalen Ethnien transportiert und gehandelt.

Die Geschichte der Khampas, einem Volk von Reitern und Händlern, ist eng mit diesen Handelswegen verknüpft. In Lhasa wird das Wort „Khampa" zuweilen sogar synonym für „Händler" oder „Antiquitäten" benutzt.

Die meisten Khampas sind von großer und kräftiger Statur. Es heißt, dass eine große Anzahl von Europäern, die mit den mazedonischen Truppen Alexanders des Großen nach Nordindien zogen, dort zurückblieben. Ein Teil dieser Männer gelangte entlang des Hengduan-Gebirges in den Osten Tibets, wo sie sich niederließen und mit der lokalen Bevölkerung vermischten.

Selbst die Klöster in den von den so bescheidenen Khampas bewohnten Gegenden stechen durch ihre besonders reichhaltige Ausstattung hervor. Das Kloster Jampaling in Qamdo ist in zweierlei Hinsicht besonders: Zum einen ist da diese spezielle Lage zwischen den beiden Flüssen, zum anderen die besonders hervorstechende Geschäftstätigkeit.

Im Jahr 1437 bestimmte ein Schüler des indischen Heiligen Tsongkhapa die Landzunge als den idealen Standort, um ein Kloster zu errichten. Seitdem hat sich Jampaling zum größten Kloster der Gelupta-Sekte im Bezirk Qamdo entwickelt. Es kann bis zu 2500 Mönche gleichzeitig beherbergen.

Vom Haupterwerbszweig der Khampas, dem Handel, blieb auch das Kloster nicht unberührt – die Pilgerwege fungieren zugleich als Handelsstraßen. Neben den Aufgaben im Kloster betteln diese Mönche nicht wie sonst üblich um Lebensmittel, sondern sie sind im Transportwesen tätig, betreiben die vier kleinen Klosterläden oder handeln mit landwirtschaftlichen Produkten. Das Einkommen wird zum Kauf von Lebensmitteln wie Yakbutter, Tsampa oder Tee verwendet, die zu gleichen Teilen an alle Mönche verteilt werden. An das Kloster ist ein Grundstück mit einer Fläche von 270 Mu (das entspricht etwa 18 Hektar) angeschlossen, auf dem mehr als 1700 Obstbäume und Anbauflächen für Gemüse die Selbstversorgung garantieren. Solchermaßen unabhängig, ist Jampaling nicht auf Spenden von Gläubigen angewiesen und gilt somit inzwischen als Vorbild für viele andere Klosterbetriebe in Tibet.

Riwoqê, ein großer Berg erfordert großen Mut

Von Qamdo aus geht die Fahrt weiter, vor uns liegt nun der schwierigste Teil der „großen Nordroute". Der Abschnitt von Qamdo über Riwoqê, Dêngqên, Baqing und Suoxian nach Nagqu wird als Ausweichstrecke benutzt, falls die Südroute von Sichuan nach Tibet durch Erdrutsche versperrt ist. Hier kommt kaum jemals ein Auto entlang, die immer wieder schneebedeckte Straße ist eine wilde Abfolge von Serpentinen entlang steiler Abhänge. Auch Straßenräuber stellen – vor allem nachts – angeblich eine Gefahr dar. Wir nehmen unseren Mut zusammen und machen uns auf den Weg.

Zehn Kilometer außerhalb von Qamdo halten wir in einem kleinen Ort und lassen uns an dem Kontrollposten registrieren. Das Gesicht des Polizisten hat die Farbe dunkler Jade, auf dem Tisch steht eine Schale mit scharfem Huntun, ein Sichuaner Nudelgericht. Aber er kommt nicht zum Essen, er muss ein Auto nach dem anderen abfertigen. Die Schüssel hat er auf zwei Fahndungsfotos gestellt, damit sie nicht vom Wind weggeweht werden.

Nur wenige Kilometer weiter ist die Teerstraße schon wieder zu Ende und geht in eine rote Staubstraße über. Eine Frau hält eine Polizeikelle hoch und lässt uns nicht passieren. Sie erklärt uns, dass auf den nächsten 105 km bis Riwoqê Bauarbeiten im Gange seien, die Straße sei von morgens um acht Uhr bis abends um sechs Uhr gesperrt, wir sollen über die Dörfer fahren.

Auf einem kleinen Weg, der auf keiner Landkarte verzeichnet ist, fahren wir in einem kleinen Konvoi aus drei Fahrzeugen am Rande eines Flussbettes entlang. Ich muss an die Pferdewagen der Karawanen denken, die in alten Zeiten unter größten Mühen diese gefährlichen Wege entlanggezogen waren.

Ein entsetzter Schrei aus dem Fahrzeug vor uns schreckt uns auf: ein Stein hat das Bodenblech des Wagens aufgerissen der Fahrer beschließt, sofort nach Chengdu zurückzufahren. Wir, die Insassen der verbleibenden beiden Autos, wollen versuchen, die Frau an der Schranke zu überreden, uns doch noch durchzulassen. Trotz der Bauarbeiten scheint uns das die einzige befahrbare Strecke zu sein. Doch sie besteht darauf, dass die Schranke erst um 18:00 öffnet. Die Perspektive ist unerfreulich, uns fehlt der Mut, nachts durch die Berge zu fahren.

Der Fahrer vor uns, offenbar ein Geschäftsmann, ist gerissen: Er zieht einen 100-Yuan-Schein aus der Tasche und blinzelt mir zu.

Ich verstehe und fingere ebenfalls 100 Yuan heraus – sofort geht die Schranke nach oben. Beinahe erschrocken darüber, wie einfach die Wächterin zu „überzeugen" gewesen war, fahren wir nun auf der regulären Straße weiter.

Riwoqê bedeutet auf Tibetisch „Große Berge". Die gewaltigen Gipfel der 4000 und 5000 m hohen Berge Zhujiao, Seji, Machala und Mapeng reihen sich hier aneinander, der Anblick gibt uns das Gefühl, klein wie Ameisen zu sein.

Die Straße ist in einem schlimmen Zustand. Zudem fällt sie zum Abgrund hin ab, stundenlang fährt man mit Schlagseite, kein gutes Gefühl. Man muss höllisch aufpassen und darf sich keinen Fehler leisten. An Hilfe im Notfall braucht man in dieser menschenleeren Gegend gar nicht erst zu denken. Über uns spannt sich ein tiefblauer Himmel, wir sind froh, hier nicht in der Dunkelheit entlangfahren zu müssen. Bei durchschnittlich 20 km pro Stunde erreichen wir nach knapp sechs Stunden Fahrt Riwoqê.

Obwohl wir erschöpft sind, halten wir nur für eine kurze Rast und fahren dann weiter: Wir wollen nach Dêngqên, ins Zentrum der vorbuddhistischen Bön-Religion.

Bön im Land der 39 Stämme

Die indigene Bön-Religion entwickelte sich ursprünglich im alten Reich Shangshung im zweiten Jahrtausend vor unserer Zeitrechnung. Das Zentrum des Gebiets lag rund um den heiligen Berg Kailash im heutigen Regierungsbezirk Ngari im Westen Tibets. Der mythische Ahnherr Shenrab Miwoche soll das Volk der Shangshung unter seiner Herrschaft vereint und die Bön-Religion gegründet haben, indem er noch ältere, schamanistische Praktiken in einem einheitlichen religiösen System zusammenfasste.

Bönpa, wie sich die Anhänger des Bön-Glaubens nennen, glauben an die Beseeltheit der Natur. Sie beten zu Himmel und Erde, zu Mond, Sternen, Blitz und Hagel, zu Bergen und Flüssen, Bäumen und Gräsern, zu Vögeln, Rindern und Schafen. Ihre Rituale bestehen aus Geistertänzen, Opfern, Wahrsagen, Zaubersprüchen und Hexenzeremonien, Trommeln spielen bei der Kontaktaufnahme mit den Geistern eine zentrale Rolle.

Der Begriff „Bön" bedeutet „Wahrheit" oder „Wahre Lehre" und war bis ins achte Jahrhundert die vorherrschende Religion der Tibeter. Von Shangshung aus hatte sie sich entlang des Brahmaputra in ganz Tibet verbreitet. Unter König Trisong Detsen wurde der schamanistische Glaube jedoch zunehmend vom Buddhismus verdrängt. Die Bönpa wurden in Randgebiete verdrängt.

Das „Gebiet der 39 Stämme" um Dêngqên gilt heute als das wichtigste Rückzugsgebiet für die Anhänger der Bön-Religion in Tibet. Namensgebend für die Gegend waren die 39 Mongolenstämme, die hier vor 700 Jahren einfielen, viele von ihnen nahmen die Bön-Religion an. Hier gibt es noch die meisten aktiven Bön-Klöster innerhalb Tibets, allein im Stadtgebiet von Dêngqên sind es 34. Während die buddhistischen Tempel fast immer in einem satten Rot gestrichen sind, sind die Bön-Klöster charakteristischerweise in Weiß gehalten.

Aasgeier sind heilige Vögel, sie tragen die Seelen der Verstorbenen in den Himmel

Das Symbol ihrer Religion ist ein Hakenkreuz, dessen Füße – anders als die des buddhistischen Symbols – gegen den Uhrzeigersinn weisen. Das Zeichen stand in der Himalaya-Region seit jeher für die Verehrung des Sonnengottes – schon lange bevor es von den Nationalsozialisten für ihre Zwecke missbraucht wurde.

Wie bei den Buddhisten ist es auch bei den Anhängern der Bön-Religion Tradition, ihre Heiligtümer zu umrunden. Auch das tun sie entgegen dem Uhrzeigersinn.

Dêngqên ist in jeder Hinsicht ein besonderer Ort. Nicht nur, dass sich hier die Bön-Religion über die Jahrtausende bis heute bewahren konnte. Das Gebiet blieb im Laufe seiner Geschichte die meiste Zeit über autonom, seine Bewohner jedoch fühlten sich stets als Tibeter.

Etwa 25 km außerhalb von Riwoqê stehen acht rechteckige, nur wenige Meter hohe Pagoden in einer Reihe nebeneinander. Im Sonnenschein wirken sie wie von einer starken Energie durchströmt. Ringsum haben Gläubige über viele Jahre hinweg Mani-Steine, Rinder- und Schafsknochen zu umgebenden Mauern aufgeschichtet, es sieht ein wenig furchteinflößend aus. Ein kleiner Junge fährt ausgelassen mit seinem Fahrrad zwischen den Pagoden Slalom.

Ein Stück weiter läuft ein Schaf zwischen den Mani-Steinen umher. Um seinen Kopf ist ein gelbes Band gewickelt, ein Zeichen dafür, dass es in die Freiheit entlassen wurde. Es ist eine Tradition, dass ein mit einem Stoffband markiertes Tier nicht mehr eingefangen, verkauft oder als Nutztier verwendet, geschweige denn geschlachtet werden darf.

Ich finde es immer wieder beeindruckend, welchen Respekt die Menschen hier auch den Tieren – oder vielmehr jeglicher Form von Leben – entgegenbringen. Eine Einstellung, die ansteckend wirkt und uns mahnt, stets ehrführchtig und bescheiden zu sein.

Heiliger Tanz im Kloster Zezhol

Bei Jue'en verlassen wir die Bundesstraße. Nach etwa neun Kilometern Fahrt auf einem holprigen Bergpfad erreichen wir das Kloster Zezhol. Es wurde im Jahr 1382 von dem Bön-Mönch Luodeng Ningbo gegründet und ist nicht nur das größte, sondern auch das älteste Kloster Tibets.

„Zhezhol" bedeutet „sechs Berggipfel", im übertragenen Sinne bezieht sich der Name auch auf die sechs Tugenden Großzügigkeit, Moral, Geduld, Kraft, Meditation und Weisheit.

Das Kloster liegt in 4783 m Höhe an einer schroff abfallenden Bergwand. Von unten kann man einen Blick auf das größte Heiligtum der Bön-Religion werfen. In diesem Kloster sind die Traditionen und Riten der Bön-Religion bis heute vollständig erhalten geblieben. Klassische Formen von Yoga-Übungen werden hier noch ebenso praktiziert, wie traditionelle heilige Tänze der Bön, die alle zwölf Jahre im Jahr des Huhns am 15. Tag des 15. Monats aufgeführt werden.

Wir rechnen kurz nach: 2029 ist es das nächste Mal wieder soweit. Aber ob wir 2029 an dem Ereignis teilnehmen werden, ist fraglich. 2005 kamen hier über 200.000 Gläubige und Touristen zusammen, die Infrastruktur des abgelegenen winzigen Örtchens war so hoffnungslos überlastet, dass 2017, im nächsten Jahr des Huhns, die Behörden die Teilnehmerzahl beschränkten.

Die rituellen Tänze werden von Mönchen angeführt, aber Laien können sich einreihen.

Einflüsse der buddhistisch geprägten tibetischen Tänze sind unübersehbar, die fast schon professionell tanzenden Mönche erhalten ihre Ausbildung an den gleichen Tanzschulen wie buddhistische Mönche.

Das berühmteste Tanzdrama ist die seit Urzeiten überlieferte Geschichte von „Himmel und Hölle". In zehn Akten stellen die Tanzbewegungen stilisiert dar, wie Yama, der König der Hölle, die guten Taten und Sünden der Menschen während ihres Lebens gegeneinander abwägt und entscheidet, welchen Weg der Mensch nach seinem Tod einschlagen muss.

Die rituellen Tänze waren ursprünglich „Nackttänze" und werden auch heute noch als solche bezeichnet. In früheren Zeiten und in abgelegenen Tälern des Himalaya tanzten oder tanzen die Mönche tatsächlich nackt, um ihre Reinheit zu symbolisieren. Ihrer Vorstellung nach beeinflusst die Ausführung solch eines Tanzes das Karma und somit den Weg, den die Seele nach dem Tod einschlägt. Ganz unbeeinflusst von modernen Einflüssen ist aber auch das Kloster Zezhol nicht geblieben: Bei den letzten beiden Aufführungen in den Jahren 2005 und 2017 trugen die Tänzer hier Lendenschurze.

Am Eingang des Klosters steckt eine dreieckige Tafel im Boden, sie symbolisiert den Schutzgeist des Klosters. Wir haben das Glück, hier von einem jungen, gutaussehenden und charismatischen Bön-Prediger, der den Status eines „lebenden Heiligen" innehat, in Empfang genommen zu werden. Er führt uns über eine steile Holztreppe hinauf in sein Zimmer. Wir sind überrascht, dass er fließend Hochchinesisch spricht. Geduldig beantwortet er alle unsere Fragen.

Wir erfahren, dass die „Lebender Heiligen" unter den Bönpas ihren Status an ihre Nachkommen weitergeben können: Während ihrer Zeit als Mönche leben sie zölibatär, doch ins Kloster zu gehen, ist bei den Bönpas genauso wie auch im tibetischen Buddhismus keine Entscheidung fürs Leben. Viele Mönche kehren nach Jahren im Kloster in das „normale" Leben zurück und gründen eine Familie.

Von seinem Zimmer aus sieht man einen aus aufgeschichteten Steinen errichteten Altar, der in einiger Entfernung am Berghang liegt. Auch im Bön wird die Himmelsbestattung praktiziert. Das Fleisch, das nun auf dem großen flachen Stein ausgelegt ist, ist das eines verstorbenen Esels aus einer benachbarten Familie. Geier ziehen am Himmel majestätisch ihre Kreise. Es wird nicht lange dauern, bis sie sich die Fleischbrocken holen. Zusammen mit den sterblichen Resten, so die Vorstellung, wird auch die Seele des toten Wesens hoch hinauf bis in den Himmel getragen.

Wir verlassen das Kloster und begeben uns bergab nach Dêngqên. Es ist inzwischen stockdunkel und wir sind erleichtert, als wir in der Ferne die Lichter des winzigen Örtchens erblicken.

6. Tag: Baqên – Pilger auf dem Weg nach Lhasa

Route: Dêngqên– Chidu – Nanmaitong-Grasland – Baqên – Kloster Zandang – Sog
Fahrtzeit: 07:00 – 18:00 Uhr, 11 Stunden
Distanz: 225 km
Höhe: Baqên 4500 m ü.d.M., Sog 3980 m ü.d.M.

Früh am Morgen erwachen wir in einer heruntergekommenen Fernfahrerabsteige. Es gibt keinen Strom, kein Wasser, keine Gardinen. Im Garten ist ein Brunnen, doch in der Dunkelheit lässt sich nicht abschätzen, wie hoch das Wasser steht.

Mein Gefährte hängt sich mit dem Oberkörper in den Brunnen und ich halte ihn mit aller Kraft an den Beinen fest, damit er nicht das Gleichgewicht verliert und hineinfällt. Mit großer Mühe gelingt es ihm, mit einem Leinensack etwas von dem kostbaren Nass zu schöpfen. Das Schmelzwasser des ewigen Eises ist so kalt, dass ich das Gefühl habe, meine Hand fällt ab, keine Chance, das nasse Handtuch auszuwringen. Mein Gefährte hat die zündende Idee: Er nimmt das Handtuch an einem Zipfel und schleudert das überschüssige Wasser heraus, jetzt ist wenigstens eine schnelle Katzenwäsche möglich. Doch trotz der warmen Kleidung weicht die Kälte erst, als die ersten Sonnenstrahlen über den Bergkamm klettern.

Körperlänge für Körperlänge bis nach Lhasa

Auf einem Yak-Kalb zum Unterricht

Kaum haben wir die Stadt hinter uns gelassen, erstrahlt die Landschaft im Morgenrot. Dächer und Fenster reflektieren das Licht, das am Morgen hart und kontrastreich erscheint, ganz anders als die sanften Strahlen der Abendsonne.

Über einen holprigen Weg fahren wir erneut bergauf, bis wir einen Pass auf 4470 m Höhe erreichen. Mir fällt auf, dass hier – zusätzlich zu den Gebetsfahnen und Schildern mit Höhenangaben – auffallend viele Steinblöcke entlang der Straße beschriftet sind. Zuerst denke ich, dass es sich um Gebete oder gute Wünsche für die Reisenden handelt. Doch dann entdecke ich auf der Rückseite eines Steins die chinesische Übersetzung zu der tibetischen Aufschrift: „Neun Jahre Mühsal für die Familie, ein glückliches Leben für das Kind." Nun wird mir klar, dass es sich um Parolen handelt, die Eltern dazu motivieren sollen, ihre Kinder zur Schule zu schicken.

Während in Kanding und Garzê die Schilder entlang der Straße vor allem für Tanz und Vergnügen warben, wird hier betont, wie wichtig es ist, Kindern eine Schulbildung zu ermöglichen.

Jenseits des Passes begegnen wir drei Kindern, die auf dem Weg zur Schule sind. Aufgrund der extremen klimatischen Bedingungen, sind die Sommerferien in Tibet kurz, die Winterferien dagegen sehr lang. Die meisten Kinder, die vom Land kommen, bleiben während der Schulzeit im Internat, die Kosten dafür übernimmt die Regierung. Manche Kinder müssen den langen Schulweg jedoch täglich zurücklegen. Aber auch sie arrangieren sich: Wir treffen auf eine Herde von Yaks und Schafen, Hirten treiben sie zum nächsten Ort. Mittendrin reiten ein paar Schüler auf Yak-Kälbchen mit, den Ranzen auf dem Rücken. Fröhlich bimmeln die Kuhglocken.

Ich steige aus, um Fotos zu machen, unter lautem Muhen und Mähen drängen die Tiere zum Straßenrand, sie haben Angst vor Fremden. In dem Getümmel wird ein Kälbchen mit einer Schülerin auf dem Rücken zu Boden gestoßen. Zum Glück ist nichts passiert, das Mädchen ist nur etwas schmutzig im Gesicht, die anderen Kinder lachen.

Die Pilgergruppe in Chidu

Nach 68 km Fahrt treffen wir in dem kleinen Ort Chidu auf eine Pilgergruppe. Das Ungewöhnliche an diesem Grüppchen ist, dass es fast ausschließlich aus Jugendlichen besteht, die da in Staub und Dreck vorwärtsrobben. Sogar ein sechsjähriges Kind ist dabei. Wir halten an, die Jugendlichen drängen sich um uns, ein Stimmengewirr umgibt uns, ich verstehe kein Wort. Nur der 49-jährige Anführer der Gruppe spricht etwas Chinesisch. Wir erfahren, dass das Dorf bei Yushu, aus dem sie stammen, erst kürzlich von einem Erdbeben getroffen wurde. Es gab fünf Todesopfer, alle Häuser stürzten ein.

Kurz nach dem Erdbeben machten sich die 33 Pilger auf den Weg nach Lhasa. Sie verkauften ihren verbliebenen Besitz oder ließen das Vieh in der Obhut von Bekannten oder Verwandten.

Seit vier Monaten sind sie nun unterwegs, 641 km haben sie – Körperlänge um Körperlänge – in der Zeit zurückgelegt. Weil Kinder mit von der Partie sind, kommen sie am Tag etwa vier bis fünf Kilometer voran, bei Regen schaffen sie manchmal auch nur einen Kilometer. 800 km haben sie noch vor sich, mit Glück können sie die Strecke in sechs Monaten bewältigen. Wenn sie ihr Ziel erreichen, wird es tiefster Winter sein, Schnee und Eis werden das tibetische Hochland bedecken.

Mit der Körperlänge die ganze Wegstrecke zu heiligen Plätzen auszumessen ist in Tibet eine besonders fromme Form der Verehrung Buddhas. Ein Gläubiger sollte im Laufe seines Lebens mindestens 100.000 Kotaus machen, aber diese Pilger werden das auf ihrem weiten Weg mindestens 600.000 Mal tun. Haut- und Haarfarbe sind von Staub und Schmutz unkenntlich geworden. Den Blick zum Himmel gerichtet, recken sie die Hände in die Höhe, schlagen sie vor der Stirn mit einem Klatschen aneinander, machen, Gebete murmelnd, einen Schritt vorwärts und legen sich dann bäuchlings der ganzen Länge nach auf den Boden und berühren ihn mit der Stirn. Dann richten sie sich wieder auf, recken die Hände in die Höhe, schlagen sie aneinander, gehen eine Schritt weiter und werfen sich erneut zu Boden.

Zum Schutz ihrer Hände tragen sie Holzbretter an den Unterarmen, die beim Zusammenschlagen der Hände einen kraftvollen Ton erzeugen. Auch die Knie sind durch Knieschoner und die Körpervorderseite durch einen Lederumhang vor den schlimmsten Blessuren ein wenig geschützt. Bis sie ihr Ziel erreicht haben, werden sie mehrere Lederumhänge und mehrere Paar Knie- und Unterarmschützer verschlissen haben. Bei jedem einzelnen der jungen Pilger prangt in der Mitte der Stirn frischer Schorf auf einer schwieligen Beule. Wie bieten ihnen unsere Wasserflaschen an, die sie dankbar herumgehen lassen. Es sind nur wenige Schlucke für jeden, es reicht gerade, um die aufgesprungenen Lippen ein wenig zu benetzen. Ich muss an die verwöhnten kleinen Prinzen in der Großstadt denken, deren Eltern alles dafür tun, um ihnen ihr Leben so angenehm wie möglich zu gestalten.

Langsam und in einer ständigen Auf- und Abbewegung zieht die Prozession weiter. Staub wirbelt auf. Von wem und wann wurde diese Form der Selbstgeißelung erfunden? Welch eine innere Kraft müssen diese Menschen besitzen, um derartige Strapazen durchzustehen? Es kommt immer wieder vor, dass Pilger unterwegs tot zusammenbrechen. Dann ziehen ihnen die Kameraden die Zähne heraus bringen sie zum Jokhang-Tempel in Lhasa, wo sie sie zur Aufbewahrung in ein eigens für solche Zwecke präpariertes Stück Sandelholz einlegen.

Mit Tränen in den Augen sehe ich den Pilgern nach. Noch lange ist das Klatschen ihrer Holzbretter zu vernehmen.

Milchtee, serviert in einem Zelt aus Rindsleder

Als wir uns wieder auf den Weg machen, sehen wir Geier hoch über uns kreisen. Wie häufig im Hochland, sind Sonne und Mond gleichzeitig am Himmel zu sehen.

Wir erreichen den kleinen Ort Baqên. Er liegt zwischen dem Oberlauf des Nujiang und der großen Qiangtang-Salzwüste auf der nordtibetischen Hochebene. Es ist eiskalt, die Luft ist dünn. Die Nomaden, die hier leben, sind Nachkommen eines der 39 Mongolenstämme, die hier einst mit ihren Pferden eingefallen waren. Die Klöster im Umfeld sind ausnahmslos Bön-Klöster. Abgesehen davon gibt es kaum feste Gebäude, seit jeher lebten die Menschen hier in Zelten – Hirten wie Häuptlinge gleichermaßen, mit dem einzigen Unterschied, dass das Häuptlingszelt zugleich als Festzelt fungierte und erheblich größer war als die anderen. Darauf deutet auch schon der Ortsname hin: Baqên bedeutet so viel wie „großes Zelt aus Rinderborsten".

Auf unserer bisherigen Reise haben wir schon viele Nomadenzelte gesehen, meist leuchten die

Stoffe in den verschiedensten Farben. Doch die Zelte der nordtibetischen Nomaden sind fast ausnahmslos durchgehend schwarz, gefertigt aus aus Rinderhaut, Teppichen und Filz.

Das Zelt bildet das Zentrum des Familienlebens. Der Eingang weist immer nach Osten. Im südlichen Teil des Zeltinneren befindet sich das „Frauenquartier", das ist das Reich der Hausherrin. Haushaltsgeräte, Nahrungsvorräte und Milchprodukte werden in diesem Teil aufbewahrt.

Der nördliche Teil wird vom Mann der Familie bewohnt. Es ist mit einem tibetischen Wollteppich ausgelegt, der Familienvater empfängt hier Freunde und Gäste und platziert sie entsprechend ihrem Alter.

Diese Ausrichtung nach den Himmelsrichtungen lässt sich auf die chinesisch-mongolische Mythologie zurückführen, die auch im Fengshui ihre Anwendung findet. Vor dem Eingang markiert ein Stein die Türschwelle, sie symbolisiert den „weißen Tiger" des Ostens." Wasser und Trinkgefäße im Süden stehen für den „grünen Drachen". Der Herd im Inneren des Zeltes weist in westliche Richtung und symbolisiert einen „roten Fasan". Ein nach Norden ausgerichteter Mühlstein schließlich steht stellvertretend für eine „schwarze Schildkröte". Diese vier symbolischen Figuren repräsentieren beseelte Schutzgeister, die Nomaden nennen sie „die vier Wächter des Heims".

Neben den schwarzen Wohnzelten sind zeitweise auch kleinere, weiße Zelte aus reiner Schaf-

In Nordtibet sind die Nomadenzelte ausnahmslos schwarz

wolle in Verwendung. Sie kommen vor allem im Sommer zum Einsatz, wenn die Herden in kleinere Gruppen aufgeteilt werden. Sie dienen zudem als Kälteschutz für neugeborene Lämmer und Kälber.

Schließlich gibt es noch das prachtvolle Festzelt. Der obere Teil ist schwarz, der untere weiß. Dach inklusive Dachluke sowie die Plane am Eingang sind aus schwarzem Rinderfell gefertigt, die Zeltplanen an den vier Seiten bestehen dagegen aus dickem Stoff, der mit glücksbringenden Symbolen bestickt ist. Wenn Nomaden zu den Marktflecken ziehen oder gemeinsam Feste feiern, wohnen sie in diesen wunderschön verzierten Zelten.

Im Sommer treiben die Nomaden ihre Schafe und Pferde auf die Sommerweiden. Hier oben, auf dem Grasland in 4400 m Höhe bilden pfauenblaue und weinbeige Wildblumen ein gigantisches Mosaik: Ein Flecken blau, ein Flecken gelb. Mit diesen Blüten, dem Silber der Bäche, dem Blau des Himmels und den weißen Wolken verschmelzen die Zelte zu einem Meer aus Farben, die qinghai-tibetische Hochebene vibriert vor Vitalität und Lebensfreude. Man erzählt uns, dass es alleine im Kreis Baqên weit über 4000 Zelte gebe. Das glauben wir gerne: Auch Kioske und Teehäuser sind in Zelten untergebracht, wie wir auf unserem Weg hierher auf kleinen Straßen durch Landschaft und Dörfer gesehen haben!

Inmitten weidender Schafe, Rinder und Pferde legen wir uns ins Gras und genießen faul die Wärme der Sonnenstrahlen, die sanfte Brise und das Konzert aus dem Muhen und Blöken, das uns umgibt.

Eine junge Hirtin kommt aus ihrem Zelt, um Kühe und Schafe zu melken. In ihr Haar hat sie einen prächtigen Kranz – „Meiduo" genannt – eingeflochten, ein jahrhundertealter traditioneller

Kopfschmuck der Tibeterinnen und angeblich der Lieblingsschmuck der Konkubine König Gesars.

Das Haar hat sie zu unterschiedlich dicken Zöpfen geflochten. In der Region Kang flicht man traditionell 108 Zöpfe, in Nagqu können es 120 oder sogar 150 sein. Die Schläfen werden mit Türkisen, Korallen oder mit einem „Katzenauge" genannten Stein verziert. An jedem Zopfende hängt ein kleines Schmuckstück aus Türkis oder Silber. Bei einer Schale frischer Milch, zu der mich die Hirtin in ihr Zelt einlädt, habe ich ausreichend Gelegenheit, ihre faszinierende Erscheinung zu bewundern.

Eine Schönheit an der Tankstelle, im Haar einen Meiduo

Blecheimer als Gebetsmühlen im Kloster Zandan

Durch das menschenleere Hochland Nordtibets zu fahren hat etwas Existentielles: Die Zeit, die man für die einzelnen Streckenabschnitte benötigt, muss genau kalkuliert werden, sonst verbringt man die Nacht im Grasland, begleitet vom Geheul der Wölfe.

Bis nach Sog sind es noch 30 km Fahrt. Am frühen Abend erreichen wir das Örtchen, bestehend aus je einer Häuserreihe im tibetischen Stil zu beiden Seiten der Straße. Als erstes fallen hier die vielen herrenlosen Hunde auf, nachts hören wir ihr Bellen.

Auf dem Berg Yaladuo westlich des Ortes liegt das Zandan-Kloster, das älteste und flächenmäßig größte Kloster der Gelbmützen-Sekte in Nordtibet. Der fünfte Dalai Lama hatte es 1668 gegründet, zunächst als Zweigstelle des Drepung-Klosters in Lhasa. Angeblich hatte es eine identische Kopie des Potala-Palastes werden sollen, doch auf dem Weg nach Sog, so die Legende, habe der Wind die Pläne verweht, weshalb der Baumeister improvisieren musste.

Von Sog aus schafft man den Weg zum Kloster, das oben auf dem Berggipfel liegt, in 20 Minuten. Form und Farben der beiden Hauptgebäude in Rot und Weiß ähneln tatsächlich dem Wahrzeichen Lhasas, weshalb ihn die Einheimischen auch als „Kleinen Potala" bezeichnen.

Unweit des Klosters liegt das kleine Dorf Yala, der Geburtsort der Lieblingskonkubine König Gesars. Wahrscheinlich deshalb tragen hier in Sog fast alle Frauen, denen wir auf der Straße begegnen, einen Meiduo im Haar, egal ob arm oder reich, alt oder jung, ob sie gerade Wasser oder Kuhfladen auf dem Rücken transportieren, ob sie Kühe melken oder Buttertee zubereiten: Wie anstrengend die Arbeit auch ist, der wunderschöne Haarschmuck gehört dazu.

Die Gegend hier um das alte Dorf Sog ist ärmlich, die Gebetsmühlen, die im und um das Kloster stehen, sind keine goldverzierten Kupfertrommeln wie in Lhasa, sie sind stattdessen aus kleinen Blecheimern gefertigt. Ein alter Mann in einem zerschlissenen tibetischen Gewand mit wettergegerbtem Gesicht voller Falten ist gerade damit beschäftigt, die alten Gebetsmühlen mit Butter zu bestreichen, um ihnen etwas Glanz zu verleihen. Ein paar Hirten ziehen ihre Bahnen um das Kloster. Die Suche nach Spiritualität stellt für die Menschen hier einen Ausgleich für das harte und entbehrungsreiche Leben, das sie hier führen, dar. Ein Satz des indischen Dichters Rabindranath Tagore kommt mir in den Sinn: „Gläubige Menschen sind glückliche Menschen."

7. Tag: Biru – Das Lächeln der Totenschädel

Route: Sog – Fünf-Buddha-Berg – Dazhuben – Kloster Damu – Biru – Xiaqu – Nagqu
Fahrtzeit: 05:00 – 20:00 Uhr, 15 Stunden
Distanz: 367 km
Höhe: Biru 3800 m ü.d.M., Nagqu 4500 m ü.d.M.

Der Kraterweg am Fünf-Buddha-Berg

Im Landkreis Sog geht das relativ ebene Nordtibetische Hochland in das zerklüftete Osttibet über.

Der Landkreis wird von vier Flüssen durchzogen, alle entspringen an der Südflanke des Tanggula-Gebirges, das größte Quellgebiet des Nujiang. In alten Zeiten bildete diese Bergge-

Auch auf dieser Fahrt müssen die Autos einiges aushalten

gend die natürliche Grenze zwischen Qinghai, Zentral-tibet und Kham. Aus dem Gebirgszug zwischen Qinghai und Zentraltibet erheben sich ein paar eigentümlich geformte Gipfel: Der Berg Yala, im Volksmund auch „Fünf-Buddha-Berg" genannt.

Die 110 km lange Strecke, die nun vor uns liegt, gilt als der schwierigste Abschnitt der Nordroute. Kurz hinter Sog stehen wir bereits vor der ersten Hürde in Form einer tiefen Rinne.

Wir müssen umkehren und beschließen, von nun an hinter einem LKW herzufahren – diese Fahrer kennen die Strecke. Der Beruf eines Fernfahrers in Tibet ist einer der schwierigsten und gefährlichsten auf der Welt. Dennoch sind diese Menschen stets besonnen und geduldig.

Die Wegstrecke ist extrem: Sie verläuft in Haarnadelkurven entlang eines steil aufragenden Berghangs, auf der anderen Seite gähnt ein Abgrund. Die Straße ist äußerst schmal und mit Schlaglöchern aller Größen übersät. Sie sind voller Wasser und Schlamm, ihre Tiefe kann man nur erahnen. Für die 20 km von der Kreisstadt ins nächste Dorf brauchen wir zwei Stunden, dabei kracht das Bodenblech unseres Autos sechs Mal auf den Fahrweg. Endlich können wir die Straße in Richtung Süden verlassen. Unser nächstes Ziel ist das Skelettkloster bei Biru.

Das Skelettkloster, auch für mich ein Kulturschock

Zu unserer Überraschung bestehen die 125 km Landstraße nach Biru aus einer gut ausgebauten, ebenen und funkelnagelneuen Teerstraße.

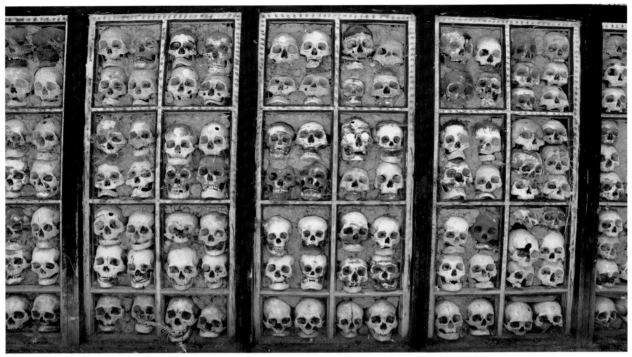
Die Bestattungskultur im Skelettkloster - ein für uns ungewohnter Anblick

Die Fahrt auf dem letzten Stück des Weges fühlt sich an, als lägen wir in einem Federbett. Innerhalb kürzester Zeit nähern wir uns wir Biru. Der Ortsname bedeutet „Horn einer Yak-Kuh". Es heißt, hier hätte einst ein Volksstamm gelebt, der sich so nannte. Wir hatten gedacht, das Skelettkloster würde in unmittelbarer Nähe der Stadt liegen, doch schon 74 km bevor wir Biru erreichen, leuchten uns die roten Roben einer Gruppe von Mönchen entgegen. Ich trete auf die Bremse und frage einen breitschultrigen Mann am Straßenrand, wo wir sind. Er ist Verkehrspolizist und sagt, dass direkt vor uns auf dem Berg das Skelettkloster liege. Allerdings, so erklärt er, brauche man die Genehmigung der regionalen Verwaltungsbehörde oder ein Empfehlungsschreiben

einer religiösen Organisation, um eingelassen zu werden. Wir trauen unseren Ohren nicht: Sollten wir den ganzen Weg hierher umsonst gemacht haben? Frustriert erzählen wir, dass wir schon seit acht Stunden unterwegs sind, nur um dieses Kloster zu sehen. Das wirkt: Der Polizist hat Mitleid und lässt uns passieren: „Wenn jemand fragt, dann sagt, dass ihr euch bei der Wache am Eingang registriert habt!"

Der offizielle Name des Skelettklosters ist „Damu". Es ist ein historischer Sitz des Gelupta-Ordens. Es heißt, dass Prinzessin Wencheng auf ihrem Weg nach Lhasa angesichts der atemberaubenden Landschaft mit den schneebedeckten Bergen und dem blauen Nujiang seufzend gesagt haben soll: „Es ist so wunderschön hier, man spürt den glücksverheißenden Hauch Buddhas." Daraufhin habe sie den „lebenden Buddha" Damu beauftragt, an dieser Stelle ein Kloster zu errichten, das später nach ihm benannt wurde.

Es ist der einzige Ort in ganz Tibet, an dem nach einer Himmelsbestattung die Schädelknochen der Verstorbenen zu Wänden aufgeschichtet werden. Diese Tradition besteht erst seit etwa 130 Jahren. Üblicherweise wird der Leichnam bei einer Himmelsbestattung für die Geier zerteilt, größere Knochen werden zermahlen, mit Tsampa verrührt und auf diese Weise ebenfalls den Geiern verfüttert. Tibeter glauben, dass die Seele dann sicher in den Himmel gelangt, wenn kein Teil des Toten zurückbleibt und so eine baldige Wiedergeburt möglich ist. Warum gerade in diesem Kloster die Schädelknochen aufbewahrt werden, wissen wir nicht.

Kaum haben wir das Kloster betreten, werden wir von wild gestikulierenden jungen und alten Mönchen umringt. Der Eintrittspreis betrage zehn Yuan, für jedes Foto müssen wir zusätzlich 150 Yuan bezahlen, das sei, so erklären sie, Vorschrift der Kreisverwaltung.

Ein alter Lama, auf einen Krückstock gestützt, führt uns über einen Weg zur Rückseite des Klosters. Der Pfad ist überwuchert von wilden Chrysanthemen – und das an diesem lebensfeindlichen Ort! Unwillkürlich schlägt mein Herz höher. Ein alter Mann in einem schmutzigen Umhang schließt das Tor für uns auf. Er wird uns als der Zeremonienmeister bei Himmelsbestattungen vorgestellt. Die Skelettwände befinden sich in einem kleinen Innenhof, in dessen Mitte der Altar steht. Die niedrige Tür, durch die wir eingetreten sind, öffnet sich nach Westen. Die Toten werden durch eine weitere Tür in der Südmauer des Hofes hereingetragen.

An drei Seiten des Hofes sind in hölzernen Rahmen die Schädelknochen von etwa 500 Verstorbenen eingelassen. Auch auf dem Boden liegen Schädel. Das seien neu dazugekommene, erklärt uns der alte Mönch. Sobald die entsprechende Anzahl erreicht sei, würde man sie in einem Rahmen zusammenfassen.

An der Nordseite des Hofes befindet sich eine Andachtshalle. Ein dicker Vorhang ersetzt die Tür. In dieser Halle werden Feiern für die Verstorbenen veranstaltet. Der Raum ist voller Buddhafiguren und heiligen Schriften, von den Angehörigen der Toten gespendet.

Wir sehen uns weiter um. Ein großer flacher Stein im Hof, neben dem Messer und Beile liegen, markiert die Stelle, an der die Leichen zerteilt werden. Ein paar Vögel singen fröhlich und picken ein paar Reste Tsampa auf.

Der Altar in diesem Kloster birgt ein ungeklärtes Rätsel: Im Winter können die Temperaturen auf der Hochebene oft bis zu 30 Grad unter Null erreichen. Zu dieser Jahreszeit sind die Leichen daher meist steif gefroren, wenn sie auf Pferden – manchmal von weit her aus Lhasa oder Sichuan – ins Kloster gebracht werden. Legt man sie jedoch auf den Altar, tauen sie auf. Man vermutet, dass sich unter dem Hof ein großer Hohlraum befinden könnte, der für den Temperaturausgleich sorgt.

Wir werfen einen letzten Blick auf die vielen Schädel: Ob sie arm oder reich, Bauer oder Adeliger, Mann oder Frau, alt oder jung waren – der Tod hat sie alle gleich gemacht, hier sind keine Unterschiede mehr ersichtlich.

Wir verlassen das Kloster. Der Anblick, der sich von hier oben bietet, lässt uns verstummen. Von den Klostermauern bis zum Ufer des Nujiang erstreckt sich ein endloses wogendes Feld aus goldgelb blühendem Raps.

Inmitten dieses Feldes steckt ein zehn Meter hoher Pfahl, an dem ausgeblichene Gebetsfahnen flattern, den Abschluss an der Spitze bildet die Skulptur eines Schädels.

Als wir uns auf den Weg in Richtung Nagqu machen, passieren wir die rostigen Gerippe eines Busses und eines Autos, die am Fuße eines Steilhangs liegen. Uns schaudert. So selbstverständlich der Umgang mit dem Tod in Tibet zu sein scheint, wir für unseren Geschmack haben für heute genug!

Als wir endlich die 360.000 Einwohner große Stadt Nagqu erreichen, sind wir – trotz der vielen eindrücklichen Erlebnisse – unendlich erleichtert und dankbar, wieder unter Menschen zu sein. Hier gelingt es uns wieder, den kristallblauen Himmel zu genießen!

8. Tag: Nagqu – 10.000 Meilen Jagd nach dem Wind

Route: Nagqu – Damxung – Yambajan – Lhasa
Fahrtzeit: 09:00 – 19:00 Uhr, 10 Stunden
Distanz: 325 km
Höhe: Yambajan 4300 m ü.d.M, Lhasa 3650 m ü.d.M

Am nächsten Morgen sehe ich mich auf der Straße nach etwas Essbarem um, der Wind bläst mich fast um. Nagqu ist berüchtigt für die starken Winde, die Häuser sind niedrig, die meisten haben Blechdächer als Schutz gegen Hagel und die häufigen Schneestürme.

Die Stadt Nagqu liegt auf 4500 m Höhe und verwaltet ein Gebiet von mehr als 400.000 km², eine Fläche größer als Deutschland, auf

Wo die Natur so lebensfeindlich ist, rücken Mensch und Tier enger zusammen

der aber nur etwa 460.000 Einwohner leben. Sie zählt zu den höchstgelegensten Städten der Welt und bildet das Herz Nordtibets.

Kekse und Hammelfleisch in bunten Schachteln

In alten tibetischen Texten wurde das heutige Nagqu als „Zhuodai" bezeichnet, das bedeutet „Hirtenstamm". Die Menschen bezeichnete man als „Hirten" (Zhuoba), manchmal auch als „Menschen des Nordens" (Qiangba) oder als „Nördlicher Stamm" (Qiangri). Das ausgedehnte Changtang-Grasland ist eines der größten Viehzuchtgebiete des Landes.

Der schwedische Geograph und Entdecker

Sven Hedin war einer der ersten europäischen Abenteurer, der zu Beginn des 20. Jahrhunderts den Norden Tibets erkundete. Von den 103 Tieren, mit denen er loszog, überlebten zum Schluss nur zwei Pferde und ein Maultier. Kein Wunder: Anders als im fruchtbaren Osten Tibets wächst hier kaum Gras. Die Tiere sind den ganzen Tag auf Futtersuche, dennoch ist nie gewiss, ob sie bis zum Abend satt werden.

Das Hochland um Nagqu ist extrem dünn besiedelt. In einem Volkslied heißt es: „Bist du mit der Weite des Changtang-Graslandes nicht vertraut, wirkt es kalt und abweisend. Lernst du es kennen, wird es dir zur Heimat." Ich habe da meine Zweifel: Die jährliche Durchschnittstemperatur liegt unter dem Gefrierpunkt, Hagelschauer, Sand- und Schneestürme gehören zum Alltag. Es ist bewundernswert, wie die Hirten der Natur in dieser lebensfeindlichen Umgebung ihren Unterhalt abtrotzen.

Doch es fehlt ihnen nicht an Spiritualität: Voller Hingabe pilgern sie zu den heiligen Bergen und Seen, geben die heroischen Lieder der alten Könige von Generation zu Generation weiter.

„Nagqu" bedeutet „Schwarzer Fluss". Der Ort liegt zwischen den beiden Bergketten Tangula und Nyenchen Tanglha und bildet somit einen wichtigen Verkehrsknotenpunkt Nordtibets. Die Straße von Qinghai nach Tibet durchquert die Stadt von Nord nach Süd, in östlicher Richtung führt die Straße nach Qamdo, Richtung Westen geht es auf einem endlosen Weg bis zum Bezirk Ngari.

Hirten verkaufen ihre Milchprodukte

Wir folgen der Straße nach Süden in Richtung Lhasa.

Das Grasland ringsum erstreckt sich soweit das Auge reicht. Hirtinnen in tibetischer Tracht benutzen traditionelle Steinschleudern aus Schaffell, um ihre Herden zusammenzuhalten.

Zwei ältere Frauen am Straßenrand winken uns zu, sie wollen mitgenommen werden. Ihre wettergegerbten Gesichter strahlen ein sanftes Lächeln aus. Bisher haben wir hier kaum Anhalter gesehen. Ich kann dieses Lächeln nicht enttäuschen. Wir halten an und machen auf den Rücksitzen Platz. Ihr Ziel ist eine etwas belebtere Straßenkreuzung in Richtung Damxung, dort wollen sie ihre selbstgemachten Milchprodukte verkaufen. Aus ihren groben Stoffbeuteln ziehen sie bunte, fein gearbeitete Schachteln mit ihrem Angebot heraus: Der Inhalt jeder Schachtel besteht aus einem Menü aus einer Milchcreme, Keksen und windgetrocknetem Hammelfleisch für 15 Yuan, dazu noch heißes Wasser, gekocht auf einem Feuer, das mit Kuhfladen beheizt wurde.

Es ist ein weiter Weg bis zu ihrem Verkaufsplatz. Wieviel sie an diesem Tag wohl verkaufen werden?

Das letzte Stück, ein spiritueller Pfad

Ein schier endloser Weg führt an den schneebedeckten Gipfeln des Nyenchen-Tanglha-Bergmassivs vorbei, parallel zur Eisenbahnstrecke nach Lhasa.

Mit 7162 m ist der Nyenchen Tanglha I der höchste Gipfel des gleichnamigen Gebirgszugs. Es ist ein heiliger Berg, er gilt als Schutzpatron des Buddhismus und wird auch als „Gott des Hagels" bezeichnet. Zahlreiche Mythen und Legenden ranken sich um diesen gewaltigen Berg und seine Nebengipfel. Die vom Wind umtoste tibetische Hochebene ist voller Animismus und Spiritualität: So soll etwa der Nyenchen Tanglha II, in dem die Einheimischen den Sohn des Hagelgottes sehen, versucht haben, seinen Vater an Höhe zu übertrumpfen. Doch das ließ dieser nicht zu. Er verpasste seinem Sohn einen Hieb, von dem er sich bis heute nicht erholt hat: Noch immer lässt er seinen Kopf hängen und ist mit seinen 7117 m um 45 m kleiner als sein „Vater" geblieben.

Wir sind noch ein Stück von unserem nächsten Ziel, der Gemeinde Yambajan entfernt, da sehen wir schon feinen Nebel über dem grünen Weideland aufsteigen, kochendes Wasser steigt aus dem Erdinnerern auf und liefert die Energie für das höchstgelegene geothermische Kraftwerk der Welt. Eier, die man in diese heißen Quellen legt, sind in wenigen Minuten hartgekocht.

Rund um die Quellen ist eine schnell wachsende Siedlung entstanden. Entlang der Straße haben Einheimische Tische aufgestellt und verkaufen Badeanzüge und Buttertee. Es gibt ein Schwimmbecken, in das das über zwei Stufen abgekühlte Wasser aus den heißen Quellen geleitet wird.

Ein großes Schild weist uns darauf hin, dass wir uns hier in 4300 m Höhe befinden. In einem dunklen Umkleideraum bläst eisiger Wind durch die Ritzen. Inmitten eines Schneeschauers springen wir in das heiße Quellwasser.

Mit etwas Glück kann man hier das Naturschauspiel farbiger Wolken sehen, leider erleben wir das bei unserem kurzen Aufenthalt nicht. Doch das Bad genügt, um unsere Lebensgeister nach den Strapazen der langen Reise wieder zu wecken. Wir waschen Staub und Schlamm und den Geruch nach Yaks und Pferden ab. Mit frischem Gesicht, sauber und rein am ganzen Körper sind wir bereit, vor die Buddhasstatue im Jokhang-Tempel zu treten.

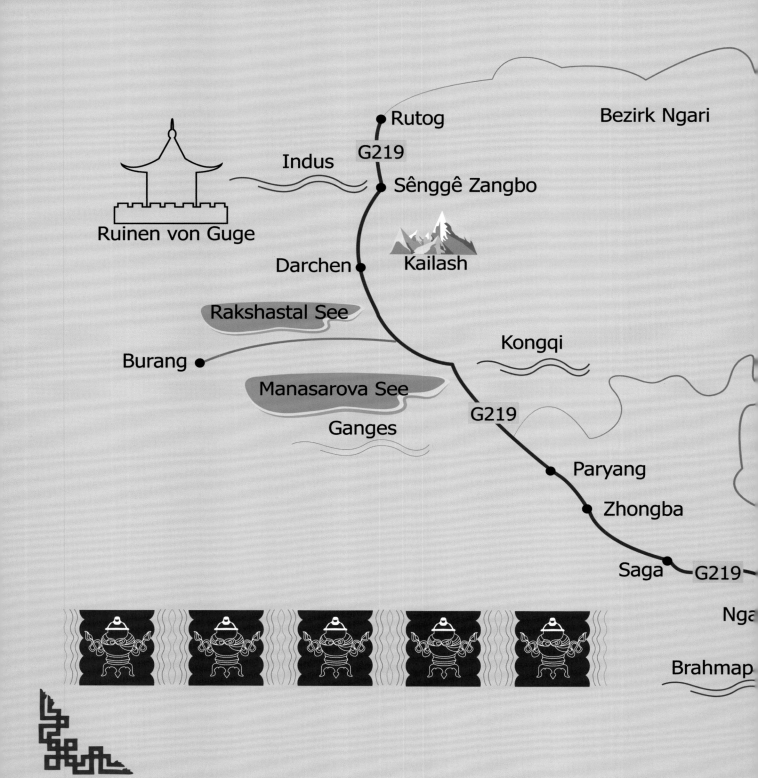

Rutog

Bezirk Ngari

Indus

G219

Sênggê Zangbo

Kailash

Ruinen von Guge

Darchen

Rakshastal See

Kongqi

Burang

Manasarova See

Ganges

G219

Paryang

Zhongba

Saga

G219

Nga

Brahmap

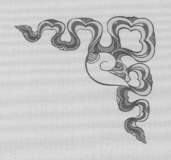

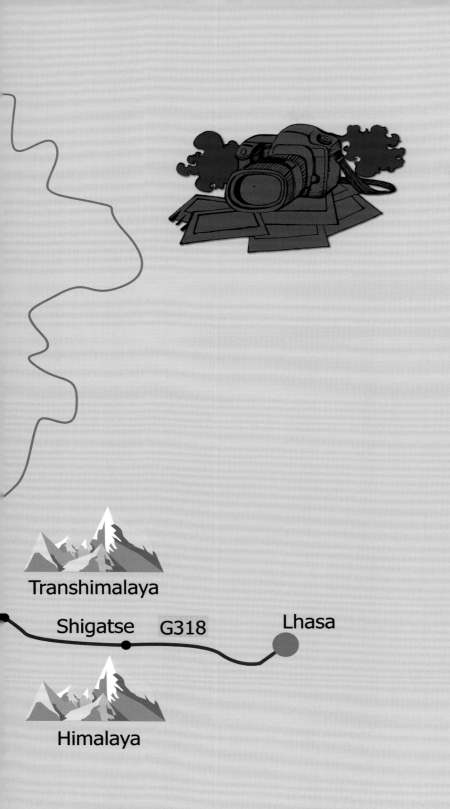

Transhimalaya

Shigatse G318 Lhasa

Himalaya

**C. TIBET –
XINJIANG:**
Zickzack zwischen
Himmel und Hölle

Die dritte Reise

C. Tibet – Xinjiang: Zickzack zwischen Himmel und Hölle

Route: Lhasa – Shigatse – Ngamring – Sang-sang –Saga – Zhongba – Paryang –Burang – Manasarovar-See – Heiliger Berg Kailash – Darchen – Ruinen von Guge –Sênggê Zang-bo – Rutog
Gesamtstrecke: 2352 km
Reine Fahrtdauer: 6 Tage
Fahrtdauer mit Zwischenstops und Besichtigungen: 9 Tage
Höhe: Maximum am Laozi-Daban-Pass 5400 m ü.d.M., Minimum in Lhasa 3650 m ü.d.M.

Ngari – das muss man selbst erlebt haben. Auch die naturgetreueste Schilderung und die schönsten Fotos können dieser unglaublichen Landschaft im westlichsten Bezirk Tibets nicht einmal annähernd gerecht werden.

Mit der Auffaltung des Himalaya entstand das „Dach der Welt", vier der größten Flüsse Asiens entspringen hier, der Indus, der Ganges, der Brahmaputra und der Kongqi. In diesem langgestreckten Korridor mit einer Fläche von 300.000 km², der parallel zum Himalaya verläuft, liegt die Wiege der tibetischen Kultur.

1957 wurde diese höchste Fernstraße der Welt von der chinesischen autonomen Region Xinjiang nach Tibet für den Verkehr freigegeben. Von Xinjiang aus gesehen beginnt die Route in Yecheng. Unterwegs überquert man 36 eiskalte Flüsse und 38 Pässe in mehr als 5000 m Höhe.

Von unseren Vorstellungen einer befestigten Straße müssen wir uns schnell verabschieden

Wieder einmal wird uns die Farbenpracht Tibets bewusst

915 km der Strecke verlaufen oberhalb von 4000 m.

In den sechs Jahren, in denen die Straße gebaut wurde, kamen 170 Arbeiter und 53.000 Tiere durch Hunger, Kälte und die extremen Wetterbedingungen ums Leben.

Im südwestlichen Grenzgebiet gelegen ist die Straße für China von enormer strategischer Bedeutung. Der Ausbau der Strecke und der dadurch ausgelöste Streit um die Grenzziehung war ein wesentlicher Anlass für den chinesisch-indischen Grenzkrieg im Jahr 1962.

Unsere Reise führt von Ost nach West, von Lhasa über Ngamring, Saga, Zhongba, bis nach Sênggê Zangbo und Rutog. Mehrere 100 Kilometer lang führt die Strecke in großer Höhe durch eiskaltes, menschenleeres Gebiet, in dem die Luft merklich dünn ist. Fast die Hälfte des Weges besteht aus Geröllwüsten und Permafrostboden. Die Unterkünfte und die Verpflegung sind einfach, auch kulturell hat diese Gegend – im Vergleich zu den beiden aus Sichuan kommenden Routen – relativ wenig zu bieten: Es gibt kaum Klöster, Mani-Steine, Gebetsfahnen oder malerische Dörfer.

Aber: Kaum sonst wo auf der Welt findet man solch eine Abgeschiedenheit und damit die Möglichkeit, seine eigene Persönlichkeit zu entdecken. Und noch etwas hat die Strecke zu bieten: Endlos viel unberührte Natur.

Auf den Spuren der Pilger wandern wir zum

„Berg des Glaubens", dem Kailash sowie zur „Mutter der Flüsse", dem Manasarovar-See. In den geologischen Parks in Zanda und auf den Spuren der Ruinen der alten Königreiche Zhangzhung und Guge folgen wir dem Lauf der Geschichte. Wir verweilen an den türkisblauen Seen Gongzhu und Bangong und besuchen die „Insel der 10.000-Vögel". Wilde Esel und tibetische Antilopen laufen zuweilen zum Greifen nahe an uns vorüber. Kraniche und Wildgänse schwingen ihre weißen Flügel wie tanzende Feen.

Ngari ist das Dach über dem „Dach der Welt", die tibetischste Gegend Tibets, das Fernste in der Ferne,

Verborgen hinter den Geheimnissen der Geschichte, der Kultur und der Religion regiert der grandiose Geist der Natur. Hier werden wir überwältigt von der unendlichen Schönheit der Landschaft, die die Unendlichkeit des Kosmos eingefangen zu haben scheint.

Eine Theatergruppe unterwegs

1. Tag: Ngamring – Ursprung des tibetischen Maskentheaters

Route: Lhasa – Shigatse – Lhatse – Ngamring
Fahrtzeit: 08:00 – 19:00 Uhr, 11 Stunden
Distanz: 476 km
Höhe: Ngamring 4380 m ü.d.M.

Der optimale Geländewagen der Tibeter

Das erste Stück der Strecke führt über eine glatte Teerstraße. Am Verkehrsknotenpunkt Lhatse halten wir uns in Richtung Westen auf der B219 in Richtung Ngari. Kaum haben wir Lhatse hinter uns, wirkt die Straße verlassen. Der stärkste Eindruck einer Reise nach Ngari ist der der Ein-

samkeit: die unendliche Weite des Landes, die sturmdurchbrausten Geröllwüsten, das Fehlen jeglicher Zivilisation.

Am Fuße des 4517 m hohen Bergs Ngamring treffen wir auf eine Kolonne von Traktoren, die gerade Halt machen. Sie haben leuchtend rote chinesische Nationalfahnen aufgesteckt, die Kühler sind mit Hadas bedeckt. Auf den Anhängern stapeln sich Schränke, Tische und Decken. Es sieht aus wie der Umzug einer Großfamilie.

Wir erfahren, dass es sich um den Teil einer Dorfgemeinschaft aus einem Dorf nahe der Kleinstadt Gegang handelt. In Shigatse haben sie erst kürzlich 100 Traktoren erworben und nun nutzen sie diese Transportmittel, um Hausrat für einige der jungen Familien einzukaufen. Vergnügt und ausgelassen singt die Gruppe aus vollem Halse.

Ich bin über den großen Reichtum dieser Bauern überrascht, doch Luobu, der Dorfvorsteher, erklärt mir, dass der Kauf von Traktoren staatlich subventioniert werde. Die Anschaffung scheint sich zu lohnen, da man diese Geräte sowohl beim Straßenbau als auch in der Landwirtschaft einset-

Tibetisches Maskentheater

zen kann. Sie sind leistungsstark, geländegängig, robust und können auf der Stelle wenden – somit sind sie in dieser Gegend weitaus brauchbarer als jeder flotte Straßenkreuzer.

Der „lebende Buddha" der eisernen Brücken, Star der Oper

Der Name des Berges Ngamring bedeutet „Langes Tal". An seinem Fuß liegt das Kloster Riwuqi an einem See. Hier soll der Mönch Tangdong Jiebu – auch er war ein „lebender Buddha" – die „Oper der Blauen Masken", die Jiongbaliu-Oper ins Leben gerufen haben. Dafür wird er bis heute verehrt.

Tangdong Jiebu wurde vor rund 600 Jahren als Sohn einer Hirtenfamilie geboren, später als Mönch setzte er sich das fantastische Ziel, Brücken über die reißenden Flüsse im Schneeland zu bauen. Zu jener Zeit waren Pferde das einzige Transportmittel. Niemand glaubte, dass er das zustandebringen würde und bald gab man ihm den Spitznamen „der verrückte Lama".

Aber Tangdong Jiebu war nicht dumm. Aus dem Süden Tibets holte er sich sieben junge Frauen, die gut singen und tanzen konnten und gründete eine tibetische Theatergruppe. Er war sehr kreativ und modifizierte die bis dahin recht eintönigen buddhistisch-rituellen Tänze. Er fasste Schauspiel, Gesang und Tanz zu einer Einheit zusammen und schuf die „Jiongba-Theatertruppe", die innerhalb kürzester Zeit in ganz Tibet bekannt war. Das Geld, das Tangdong Jiebu auf diese Weise einnahm, verwendete er für den Bau von insgesamt 58 Kettenbrücken.

In farbenfrohen Gewändern verfolgen die Zuschauer die Darbietungen

Noch heute verehren ihn die Tibeter als „König des Graslandes", als den „Buddha der Brücken" und als den „Urvater der tibetischen Oper". In tibetischen Klöstern findet man oft Bilder oder Skulpturen des alten Mannes, eine liebenswürdige Gestalt mit weißem Bart und weißen Augenbrauen, in der Hand eine lange Eisenkette. Jedes Jahr zum tibetischen Neujahrsfest und zum Joghurtfest bildet die Aufführung tibetischer Opern, dieses „lebendige Fossil" der tibetischen Kultur, einen unverzichtbaren Bestandteil der Feierlichkeiten. Auf den Bühnen legt das Publi-

kum als Zeichen der Ehrerbietung vor der Aufführung Hadas vor der Statue Tangdong Jiebus ab .

Auch die Jiongba-Theatertruppe existiert bis heute weiter. Sommer für Sommer zieht sie durch die Dörfer und über Weideplätze und bewahrt auf diese Weise Tibets einzigartige Kunstform, das Erbe Tangdong Jiebus.

Spontan beschließen wir, in Ngamring, diesem auf den ersten Blick nicht besonders attraktiv wirkenden kleinen Städtchen, zu übernachten. Wer hätte gedacht, wie stark dieser versteckte Ort im „Langen Tal" von Romantik und Historie der tibetischen Oper geprägt ist. Während wir einen kleinen Abendspaziergang machen, sehen wir entlang des Seeufers überall kleine Grüppchen von Menschen sitzen, die aus voller Kehle singen und dazu im Rhythmus tanzen.

Am nächsten Tag bewundern wir das Meer aus leuchtend gelben Rapsblüten, das sich rings um Ngamring erstreckt. Auf unserer Reise nach Westen haben wir unser erstes Shangrila gefunden!

2. Tag: Zhongba – ein Tag mit Hindernissen

Route: Ngamring – Sangsang – Straßenmeisterei Nr. 22 – Saga – Dajiling – Zhongba
Fahrtzeit: 08:00 – 21:00 Uhr, 13 Stunden
Distanz: 446 km
Höhe: Saga 4500 m ü.d.M., Zhongba 4580 m ü.d.M.

Von Ngamring geht es nun weiter nach Westen, wir erreichen den kargen, lebensfeindlichen Teil Westtibets. Die folgenden zwei Tage werden die schwierigsten dieser Reise. Dem Namen nach ist es eine Bundesstraße, auf der wir fahren, aber in Wirklichkeit ist es ein Schlammweg. Auch die besten Geländewagen versinken im Sand, in Sümpfen oder bleiben in Flüssen liegen.

Ein Weg voller Illusionen bis nach Sangsang

Die Topografie des Berges Ngamring gleicht einem Kamelhöcker. Parallel zur Bundesstraße verläuft der Transhimalaya, der nach Westen hin immer höher ansteigt. Mehr als 80 Gipfel zwischen 4500 m und 6300 m ragen hier in die Höhe.

Auf der Fahrt von Sichuan nach Lhasa war die Landschaft von einzelnen massiven Bergen geprägt, hier dagegen befinden wir uns auf einem stetig ansteigenden, aber relativ flachen Hochland. Die Berge ragen nicht so steil auf, sind aber von Staubstürmen stark verwittert, sie sehen aus wie die Falten einer riesigen Mönchskutte.

Der tibetische Name des Transhimalaya lautet Gangdisi und bedeutet „Quelle unzähliger Flüsse, Ursprung unzähliger Berge". Auf einer Länge von 1100 km durchzieht der gewaltige Gebirgszug den Westen Tibets, parallel zu dem noch gewaltigeren Himalaya. Der über 2000 km lange Brahmaputra fließt zwischen diesen beiden Gebirgen, seine Zuflüsse entspringen im Süden am Himalaya, im Norden am Transhimalaya.

Unsere Fahrt gleicht einer geologischen Expedition in uralte Zeiten. Berge und Flüsse sind nicht mehr nur abstrakte geografische Begriffe. Was das Auge erblickt, die Füße betreten, die Seele erspürt, das alles wird konkret, wird Realität.

Menschen, die wir in dieser Einsamkeit treffen, sind meist Straßenarbeiter, jeweils in Sichtweite voneinander positionieren sie rot-weiß bemalte Felsbrocken, um den Verlauf der Straße zu markieren. Ich stelle mir vor, wie diese Arbeiter hier, fernab jeglicher Zivilisation, all diese Steine bemalen.

Vier Mal überqueren wir den Brahmaputra, danach geht es steil hinauf zum 5085 m hoch gelegenen Pass Suobiyala, tiefer Schnee säumt den Weg. Hände und Füße sind steif vor Kälte, der Weg erscheint endlos. Selbst inmitten dieser widrigen Verhältnisse bekommen wir bewegende Einblicke in den Alltag der Menschen, die hier leben:

Vier tibetische Mädchen tragen Wasserfässer auf ihrem Rücken zu ihrer Siedlung, die Kälte scheint ihnen nichts auszumachen, am Flussufer angekommen, stellen sie die Fässer ab und beginnen fröhlich, sich gegenseitig mit Wasser zu bespritzen.

Hoch oben auf dem Pass hat die Straßenmeisterei in regelmäßigen Abständen Markierungen mit tibetischen Schriftzeichen am Straßenrand aufgestellt. Es sind keine Mani-Steine, doch selbst unter den Schneeverwehungen erscheinen sie uns wie kleine Kunstwerke.

Ich bin neugierig, was die Zeichen zu bedeuten haben. Endlich entdecke ich einen Stein, der auf Chinesisch beschriftet ist: „Tashi delek, gute Reise". „Tashi delek" ist die übliche tibetische Grußformel, mit religiösem Einschlag, vergleichbar mit „Grüß Gott". Auch Touristen grüßen einander nach ein paar Tagen in Tibet so. Drei Lastwagen mit einer dicken Schneeschicht auf

dem Dach kommen uns entgegen, sie kommen aus Kashgar in Xinjiang und bringen Obst und Gemüse nach Tibet. Einer der tibetischen Fahrer steigt aus und schenkt uns einen Gebetsschal.

Sangsang ist ein eher unscheinbarer Ort, doch auf dem Weg nach Ngari ist er ein wichtiger Zwischenstopp: Früher war der Zustand der Bundesstraße von Lhatse über Ngamring nach Sangsang in einem noch schlechteren Zustand als heute. Wenn man morgens von Shigatse aufbrach, kam man erst spät abends in Sangsang an und musste im Ort übernachten. Die meisten Restaurantbetreiber in diesem Ort kommen ursprünglich aus Sichuan.

Wir machen Rast und essen eine kochend heiße Schüssel Nudeln mit Rindfleisch. Was für ein Zufall – der Besitzer des Restaurants kommt aus der

Auf der Suche nach einer Furt, die das Überqueren erleichtert

128

gleichen Stadt, sogar aus dem gleichen Stadtteil wie wir. Auch er scheint sich darüber zu freuen, denn er spendiert uns eine Extraportion Gemüse zu unseren Nudeln, ein wahrer Luxus in diesem Teil der Welt! Nun verfügen wir wieder über genügend Kraft, um uns auf den Weg zu machen.

Von einer Kontrolle in die nächste

Kaum haben wir Sangsang verlassen, führt uns der Weg durch ein enges Tal, die Straße wird schmal und ist in sehr schlechtem Zustand.

Noch bevor wir die nächste Straßenmeisterei erreichen, stehen wir vor einer Straßensperre. Tagsüber wird auf dieser Strecke gebaut, es gibt kein Durchkommen.

Erst abends um zehn Uhr wird die Sperre aufgehoben. Bald hat sich eine Schlange von Lastautos gebildet, geduldig sitzen einige tibetische Fahrer im Kreis auf den Boden und trinken ihren Buttertee.

Wir erfahren, dass es entlang der ganzen Strecke immer wieder Baustellen gibt, Abschnitt für Abschnitt wird die Straße tagsüber gesperrt. Wie ärgerlich! Wenn das so weitergeht, müssen wir tagsüber schlafen und nachts versuchen, Ngari zu erreichen.

Nicht weit vor uns befindet sich die Straßenmeisterei Nr. 22, es sind nicht mehr als ein paar niedrige Häuschen, ein paar Imbissbuden und Autowerkstätten. Auf dem Weg von Lhasa nach Xinjiang trifft man kaum Menschen, es gibt fast keine Dörfer, in denen man anhalten könnte. Eine Straßenmeisterei bedeutet für Fernfahrer die Möglichkeit, heißes Wasser, etwas zu Essen und einen Platz zum Schlafen zu bekommen. Diese Rast- und Reparaturstätten haben keine Namen, sie sind einfach durchnummeriert.

An der Straßenmeisterei Nr. 22 teilt sich die Straße. Die nördliche Route führt nach Sênggê Zangbo, die sogenannte „kleine Nordroute" nach Ngari. Die Hauptverkehrsader entlang der Bundesstraße 219 in Richtung Westen bildet die Südroute. Reisende auf dem Weg zum heiligen Berg Kailash, zum heiligen Manasarovar-See und zu den Ruinen von Zhangzhung und Guge nehmen die Südroute. Auch wir fahren auf der Südroute weiter.

Bei der nächsten Straßensperre ziehe ich ein Exemplar der Zeitschrift „Tibet Reisen" heraus und halte es dem Schrankenwärter unter die Nase. Das Titelbild zeigt uns auf unserer letzten Reise quer durch Tibet. Wir sind richtig gerührt, als sich die Schranke hebt!

Wir fahren in den abgesperrten Bereich hinein und stellen fest, dass keineswegs auf dem ganzen Abschnitt mit voller Kraft gearbeitet wird. Den ganzen Tag über bekommen wir nur wenige Bagger und ein paar Dutzend Arbeiter zu sehen, die an einem winzigen Teilstück der Straße arbeiten.

Ab und zu kommt uns ein Auto entgegen, aber dafür wurde extra ein Seitenstreifen angelegt, die Bauarbeiten werden in keiner Weise beeinträchtigt. Doch die Regeln der Straßenbaufirmen sind streng, es hängt jeweils vom guten Willen der Schrankenwärter ab, ob sie uns die Baustellen passieren lassen oder nicht.

Als wir das nächste Mal auf einen unerbittlichen Kontrollposten treffen, beschließen wir, uns in der nächsten Kreisstadt an die örtliche Regierung zu wenden und einen Passierschein zu erbitten. Doch der zuständige Beamte, ein Mann aus Lhasa mit Brille und Jeansmütze, meint, dass uns solch ein Schein auch nicht unbedingt weiterhelfen würde. Stattdessen beginnt er, eine detaillierte Straßenkarte auf meinen Notizblock zu zeichnen.

Von Saga aus, so erklärt er, könne man über

Die Natur ist hier im wahrsten Sinne des Wortes unberührt und keine befestigte Straße ist in Sicht

Schleichwege weiterfahren. Nach einem Umweg von 30 km treffe man wieder auf die B219. Es sei keine einfache Strecke, sagt er, doch wir sind froh, nicht bis abends um zehn Uhr untätig warten und dann in der Dunkelheit aufbrechen zu müssen.

Der Beamte befürchtet, dass wir uns verfahren könnten und markiert die charakteristischen Wegepunkte für uns: Holzbrücken, Mani-Steine, Klöster und Flüsse. Er gibt uns sogar seine Telefonnummer. Falls etwas Unerwartetes passiere, dürften wir ihn anrufen, sagt er zum Abschied.

Die aufgegebene Stadt Alt-Zhongba

Der tibetische Name des Örtchens Saga bedeutet „lieblicher Ort". Saga ist ein wichtiger Verkehrsknoten dicht an der Grenze zu Nepal. In westlicher Richtung geht es weiter nach Ngari,

nach Süden kann man von hier aus eine Fähre über den Brahmaputra nehmen, am Peiku See vorbei und weiter durch das Naturschutzgebiet des Mount Everest. Dort trifft man auf die Straße nach Nepal, in Richtung Süden erreicht man den Grenzort Zhangmu. Die meisten Pilgergruppen, die aus Indien und Nepal zum Berg Kailash unterwegs sind, kommen über diese Strecke, übernachten in Saga und fahren von hier aus weiter nach Westen.

Sieben Stunden benötigen wir für die 206 km von Saga nach Zhongba. Dieser „Schleichweg" besteht zum Großteil aus unbefestigten Feldwegen. Als wir einmal von dem unterspülten Weg abkommen, müssen wir Steine heranschleppen, die wir unter die Räder legen. Nun können wir nachvollziehen, wie unglaublich hart es sein muss, in dieser großen Höhe im Straßenbau zu arbeiten!

Dieses Gebiet wird zu Recht als „Wüstenregion" bezeichnet. Diesem heftigen Wind können nicht einmal die robustesten Gräser widerstehen.

Zhongba bedeutet „Ort der wilden Yaks". Jedes Mal, wenn wir ein Dorf oder Städtchen erreichen, schlage ich die Bedeutung des Ortsnamens nach. Die Tibeter haben sie entsprechend ihrer Lage, ihrer geologischen Besonderheiten oder der vorherrschenden Lebensbedingungen benannt. So kann man schon anhand des Ortsnamens in etwa erahnen, was einen erwartet.

Auf dem Weg nach Ngari ist Zhongba der letzte Landkreis innerhalb des Bezirks Shigatse. Wilde Yaks entdecken wir hier allerdings nicht.

In diesem Wüstenklima genügend Trinkwasser für Mensch und Tier heranzuschaffen, ist eine große Herausforderung.

Wenn sich die Wüste weiter ausbreitet, zieht sich der Mensch zurück. Das ist der Grund dafür, warum die Kreisstadt Zhongba bereits drei Mal verlegt wurde.

Eine dieser aufgegebenen Städte lag dort, wo heute die Bundesstraße 219 verläuft, ein paar Ruinen sind noch übrig. Ein paar der älteren Bewohner erinnern sich noch an diese Stadt. Was sie in erster Linie damit verbinden, ist die Farbe Grau: Grauer Himmel, graues Vieh, graues Gras. Selbst die Menschen waren mit einer grauen Staubschicht bedeckt. Das heutige Zhongba liegt 20 km von diesen alten Ruinen entfernt, etwa sieben Kilometer nördlich der B219.

Traditionell werden Tiere in Tibet nur einmal jährlich geschlachtet. Nur an diesem Tag des Schlachtfestes gibt es frisches Fleisch zu essen. Den Rest des Jahres bekommt man ausschließlich Trockenfleisch zu kaufen. Selbst in extremen Wintern, wenn die Tiere zu erfrieren drohen, weigern sich die Menschen, sie zu schlachten.

Diese Tradition, die ein Anwachsen des Viehbestandes begünstigt, trägt zusätzlich zur Überweidung und Verwüstung des Graslandes bei.

In Wind und Regen erreichen wir um neun Uhr abends schließlich Zhongba. Wir sind völlig verdreckt, in der gesamten Stadt gibt es keine befestigte Straße, nur von Pfützen übersäte Schlammwege. Der Großteil der Straßenlaternen ist kaputt und spendet kein Licht mehr.

Vor einem Hotel entdecken wir vier Geländewagen. Wir halten an hier können wir uns wärmen und etwas essen. Vor allem aber wollen wir uns mit den Reisenden austauschen.

Wir erfahren, dass sie aus der Gegenrichtung kommen, nach dem Abendessen wollen sie noch bis nach Saga weiterfahren. Sie sind in Hor im Bezirk Ngari aufgebrochen, auch auf dieser Strecke sind Abschnitte gesperrt.

Wir ändern unseren Zeitplan und beschließen, am nächsten Morgen früh aufzustehen, um der Straßensperrung um acht Uhr zuvorkommen. Hatten wir diese ersten Straßenabschnitt erst einmal passiert, würde es uns schon gelingen, weiterzukommen.

3. Tag: Burang – das alte Reich Zhangzhung

Route: Zhongba – Brahmaputra – Paryang – Gongzhu-See – Hor – Baga – Burang
Fahrtzeit: 07:00 – 21:30 Uhr, 14,5 Stunden
Distanz: 385 km
Höhe: Hor 4500 m ü.d.M., Burang 3700 m ü.d.M.

Die ersten fünf Kilometer nachdem wir Zhongba verlassen haben, legen wir auf einer Teerstraße zurück, danach geht es wieder auf einem Staubweg weiter. Wir hören, dass der vor uns liegende Abschnitt der schwierigste der gesamten Strecke sei, zahlreiche Gefahren lauern in Form von Sand- und Schlammlöchern, Sümpfen, Schwemmland,

riesigen Schlaglöchern und unzähligen Bächen. Darüberhinaus müssen fünf größere saisonale Flüsse überquert werden, gerade jetzt zu dieser Jahreszeit führen sie Wasser. Dass das eine Herausforderung der ganz besonderen Art wird, darüber sind wir uns im Klaren. Doch was wir erleben, übersteigt alle Vorstellungen.

Die Straße der Sandlöcher im Tal des Brahmaputra

Nachdem wir die karge weite Ebene von Zhongba verlassen haben, führt die Straße in das Tal des Brahmaputra, dessen Oberlauf hier „Maquan" genannt wird. In der Ferne sehen wir den Fluss, er schlängelt sich zwischen dem Himalaya im Süden und dem Transhimalaya im Norden hindurch. Das Schmelzwasser der Gletscher auf beiden Seiten nährt das schnell strömende, wie

Angesichts der weiten Strecken, die wir zurücklegen, wird eine Autowäsche leicht zur Nichtigkeit

ein Wildpferd schnaubende Gewässer. Durch den stark schwankenden Wasserstand entstehen in unregelmäßigen Abständen Seen und Sümpfe an den Ufern. Diese unzähligen kristallklaren, funkelnden kleinen Seen ziehen sich wie ein silbernes Band das gewundene Flussbett des Brahmaputra entlang.

Früher lag hier, inmitten der nebelverhangenen Berge, die Hauptstadt des Zhangzhung-Reichs. Bis heute kann man sich beim Anblick der verwitterten und verfallenen Mauern vorstellen, wie die Stadt zu ihrer Blütezeit einmal ausgesehen haben muss. Der Brahmaputra spielte nicht nur bei der Entstehung der Zhangzhung-Kultur eine entscheidende Rolle: Ohne sein kostbares Wasser hätte es keine der westtibetischen Hochkulturen zu solcher Blüte bringen können.

Gleich vier der großen Ströme entspringen in diesem Gebiet zwischen Himalaya und Transhimalaya: Indus, Ganges, Brahmaputra und Kongqi. Sie fließen von hier aus in nordwestlicher, südwestlicher und südöstlicher Richtung, drei von ihnen überqueren die Grenzen zu Indien und Nepal und münden schließlich in den Indischen Ozean und ins Arabische Meer. Seit jeher entwickelten sich menschliche Kulturen entlang dieser Flüsse, schon seit Jahrhunderten machen sich Tibeter, Inder und Nepalesen auf den Weg, um stromaufwärts zu den Quellen dieser Flüsse zu pilgern. Dort, am Ursprung der heiligen Gewässer werfen sie sich auf den Boden, um die Quellen des Lebens zu ehren.

Der obere Teil des Brahmaputra-Tals ist kaum besiedelt, das weite Grasland vor uns ist ein Paradies für tibetische Antilopen, Bergziegen, Esel, Yaks, Bären, Wölfe, Füchse, Hasen und viele weitere Tierarten. In kleinen Gruppen von drei bis fünf Tieren wandern tibetische Wildesel an den Fluss-

ufern und Sümpfen entlang. Die geplante Teerstraße wird dieses romantische Bild wohl zerstören.

Der Wind hat ein riesiges Gewirr aus Sanddünen aufgeschichtet und wir befinden uns mittendrin. Immerhin: kleine rote und violette Blumen, die dem widrigen Wüstenklima trotzen, bilden einen herrlichen Kontrast zu der gelbgrauen Umgebung.

Nach 71 km auf einer kurvigen, von Schlaglöchern übersäten Straße, nach ständigem Auf und Ab und zeitweiliger Atemnot endlich menschliches Leben: Wir haben den kleinen Wüstenort Paryang erreicht.

Paryang, Filmkulisse oder Realität?

Aus der Ferne sehen wir Paryang schemenhaft im Sandsturm auftauchen. Auf der 305 km langen Strecke von Zhongba nach Baga gibt es kaum Siedlungen, Paryang bietet eine der wenigen Gelegenheiten für einen Zwischenstopp. Reisende und Lastwagenfahrer bleiben hier meist nur für eine Nacht, um ihre Wagen durchzuchecken und um selbst etwas Kraft zu schöpfen.

In dem auf 5000 m Höhe gelegenen Örtchen Paryang gibt es keine einzige Straße, die diese Bezeichnung auch tatsächlich verdient. Einige Häuser aus Lehmziegeln und Zelte aus Segeltuch stehen verstreut am am Weg. Das ganze Jahr über weht hier ein heftiger Wind. In der Umgebung gibt es keine Steine und Felsen, nur Sand, daher ist gepresster Sand der einzige verfügbare Baustoff. Die Häuser haben maximal ein Geschoss, höhere Bauten sind in dieser Gegend nicht möglich. Überall auf der Straße streunen Hunde umher. Ein paar tibetische Doggen tragen dicke rote Wollhalsbänder, die ihnen die Hirten umbinden, damit sie sich nicht verletzen, wenn sie miteinander in Streit geraten.

Wir entdecken ein großes Schild: Hotel, Restaurant, Werkstatt, Internet-Bar. Sofort fühlen wir uns wie zu Hause. Wir fahren unseren Wagen auf die Rampe, um zu sehen, ob das Bodenblech unterwegs Schaden erlitten hat.

Ein Buick hat es tatsächlich von Xinjiang bis hierher geschafft. Das Paar, das ihn fährt, möchte noch bis nach Guilin im Osten Chinas weiterreisen. Die junge Frau im Wagen hat sich in einen etwa zwei Monate alten schwarzen Welpen verschaut. Mit ein paar Keksen lockt sie ihn, sie will ihn mitnehmen. Aber dieser kleine Streuner ist seine Freiheit gewohnt, er läuft davon. Die junge Frau verfolgt ihn ein Stück weit, bekommt ihn aber nicht zu fassen.

Gerade will ich aufspringen und ihr helfen, den Hund einzufangen. Doch dann wird mir klar, welches Schicksal ihn dann erwarten würde: Vermutlich wäre er in der Großstadt in einem Zimmer eingesperrt – kein glückliches Leben für einen Hund. Der jungen Frau ist anzusehen, wie ungern sie den Kleinen hier zurücklässt. Doch der ist bereits wieder bei seinem Rudel.

Der schrägste Charakter, der hier in Paryang lebt, stammt ursprünglich aus der chinesischen Stadt Guizhou. Hier nennt man ihn „Langer Bart", er sieht aus wie ein Darsteller in einem Kungfu-Film. Er hat gleich vier Häuser gemietet und betreibt das Yak-Hotel, einen Gemüseladen, eine Autoreparaturwerkstatt und ein Sichuan-Restaurant. Seit vier Jahren lebt „Langer Bart" schon in diesem kleinen Ort, spricht fließend tibetisch und

Im Fluss steckengeblieben

unterscheidet sich überhaupt nicht mehr von den Einheimischen. Die Hirten aus der Umgebung kaufen in seinem Laden das Lebensnotwendige. Er hat einen uralten Jeep, mit dem er Touristen bis zum heiligen Berg Kailash bringt. Falls auf der Strecke ein Auto im Morast versackt oder mit Defekt liegengeblieben ist, fährt er mit Seil und Werkzeug los und hilft, den Wagen freizubekommen.

Im Spaß frage ich ihn, ob er ein entflohener Sträfling sei oder der Mafia angehöre, so dass er sich hier am Ende der Welt verstecken muss. Er erzählt uns, dass er vor vier Jahren als Rucksacktourist mit dem Fahrrad in Richtung Ngari unterwegs war. Als er feststellte, dass es in Paryang keinerlei Unterkunft und Verpflegung gab, beschloss er, hier sein Glück zu versuchen.

In Paryang ist das Wetter nur vier Monate im Jahr einigermaßen erträglich, die restliche Zeit bedeckt eine dichte Schneedecke das ganze Land. In den vier Jahren seines Aufenthalts war er nur ein einziges Mal zu Hause in Guizhou gewesen.

Fischfang mit Hindernissen

Hinter Paryang kommen wir gut voran, vor uns erstreckt sich alpines Weideland, eine herrliche Landschaft.

Die B219 wird von den beiden Enden her ausgebaut. Daher sind die gut geteerten Strecken zwischen Lhasa und Ngamring am einen und zwischen Sênggê Zangbo und dem heiligen Berg Kailash am anderen Ende bereits problemlos zu befahren. Doch zwischen Ngamring und dem Kailash sind die Bauarbeiten noch in vollem Gange. Wir können nur auf Behelfswegen vorwärts schleichen. Die sogenannten „Wege" bestehen oft aus nicht mehr als den Reifenspuren, die die Fahrzeuge vor uns hinterlassen haben. In diesen Morast- und Moorwegen nicht steckenzublei-

ben, das erfordert schon ausgefeilte Fahrkünste.

Ein saisonaler Fluss führt gerade Wasser und versperrt uns den Weg. Ein Stück stromaufwärts wird die neue Straße gebaut, aber die Brücke ist noch nicht für den Verkehr freigegeben. Fahrzeuge müssen im Flussbett zwischen den Steinen eine möglichst seichte Furt finden. Wir sehen Spuren an einer Stelle, an der in den letzten Tagen einige Autos den Fluss durchquert haben. Doch wir können uns nicht darauf verlassen, dass es hier am sichersten ist. Ein einziger Regenguss kann das Flussbett völlig verändern.

Ein Geländeauto fährt gerade mit Schwung in den Fluss hinein, doch es bleibt in der Mitte stecken und kommt nicht weiter. Es dauert keine zwei Minuten, bis Wasser in das Wageninnere dringt. Die drei europäischen Touristen können nicht mehr aussteigen und müssen warten, bis sie ein Jeep rückwärts wieder aus dem Fluss herauszieht. Es auch hier zu versuchen ist also keine gute Idee.

Also tasten wir uns zunächst zu Fuß durch das Flussbett, um eine geeignete Furt zu finden. Ein paar Tibeter stehen auf der Brücke und weisen auf eine Stelle direkt unter ihnen. Dort, so meinen sie, könnten wir es schaffen.

Nachdem wir an der empfohlenen Stelle jedoch einen relativ tiefen und sehr breiten Abschnitt vorfinden, entscheiden wir uns, das Risiko nicht einzugehen. Mein Gefährte meint, dass der Untergrund dort eben sei, wo man auf dem Wasser keine Wellen sehe.

Außerdem müsse man darauf achten, dass das Wasser klar sei, denn dort sei der Untergrund fest und nicht sandig und somit das Risiko steckenzubleiben geringer. Nach diesen Kriterien sucht er eine Stelle aus. Dann lässt er mich aussteigen und auf die Brücke klettern. Für den Fall, dass er doch steckenbleiben sollte, möchte er vermeiden, dass ich auch, wie die drei Leute vorhin, mitten im Fluss im Inneren des Autos festsitze.

Ich stehe auf der Brücke, das Herz schlägt mir bis zum Hals, während ich meinen Gefährten dabei beobachte, wie er in den Fluss hineinfährt. Das Wasser spült über die Motorhaube, meine Nerven sind zum Zerreißen gespannt. Ohne mir dessen bewusst zu sein, bin ich über die Brücke ans andere Ufer gerannt, um meinen Gefährten in Empfang zu nehmen. Tränen der Erleichterung steigen mir in die Augen.

Die Zuschauer auf der Brücke klatschen laut Beifall. Dann gehen sie zu ihren Autos und durchqueren den Fluss an exakt derselben Stelle. Da erst wird uns bewusst, dass das gar keine Bauarbeiter waren, sondern tibetische Autofahrer, die so raffiniert waren, unseren kleinen Wagen das Versuchskaninchen spielen zu lassen. Wir lachen: Die Autositze sind nass, doch wir haben das andere Ufer unbeschadet erreicht!

Wenig später stehen wir vor einem weiteren Fluss. Das Flussbett ist voller Felsbrocken, Wellen spritzen an der Oberfläche. Auf der Suche nach einer Furt watet mein Gefährte mit Gummistiefeln im Wasser umher. Plötzlich merkt er, dass er inmitten eines Schwarms von Marinkas steht. Der Marinka ist ein karpfenartiger Fisch, der nur in den Seen und Flüssen des tibetischen Hochlands vorkommt. Es ist eine sehr langsam wachsende Fischart, mit gelb-braunem Rücken und einer charakteristischen Spalte auf der Brust. In Sênggê Zangbo, der Bezirkshauptstadt von Ngari, bezahlt man für so einen Fisch im Restaurant 100 Yuan.

Einige der Fische scheinen von Fahrzeugen angefahren worden zu sein, sie wirken verletzt und treiben kraftlos im Wasser. Doch auch die gesunden Fische bewegen sich so langsam, dass man sie problemlos fassen kann. Wir haben ganz vergessen, dass wir eigentlich den Fluss überqueren wollten. Mein Gefährte ist bei der Aussicht auf die leichte Beute ganz aus dem Häuschen. Bei dem Gedanken an das köstliche Abendessen laufe ich sofort los, um einen Eimer aus Segeltuch aus dem Auto zu holen.

Plötzlich hören wir, wie ein Tibeter, dessen Wagen im Fluss stecken geblieben ist, uns zuruft, ihm zu helfen. Wir stellen den Eimer beiseite und holen das Abschleppseil aus dem Auto. Als der Fahrer ans Ufer gewatet kommt, um das Seilende zu holen, entdeckt er die Fische im Eimer. Aufgebracht verlangt er, dass wir sie freilassen sollen. Plötzlich scheint es für ihn nebensächlich zu sein, dass sein Wagen noch im Fluss festsitzt.

Für gläubige Tibeter sind diese Fische heilig. Ihrer Vorstellung nach sind diese Tiere bei Wasserbestattungen für den Transport der Seelen der Verstorbenen ins Jenseits zuständig, wie die Geier bei der Himmelsbestattung. Sie zu fangen oder gar zu töten ist ein Sakrileg. Verlegen murmeln wir eine Entschuldigung und lassen die Fische wieder frei. Schlagartig hebt sich die Stimmung des Tibeters, er lacht und gemeinsam ziehen wir seinen Wagen aus dem Fluss.

Als wir den dritten Fluss auf unserer Strecke erreichen, lassen wir die Fische in Ruhe. Eine tibetische Familie hat am Ufer ein Zelt aufgeschlagen. Die jungen Eltern arbeiten im Straßenbau, ihre beiden Kinder sind mit dabei. Der Mann weist uns den Weg durch den Fluss, diesmal kommen wir problemlos ans andere Ufer. Ich gebe den Kindern je ein Stück Schokolade, aber die große Schwester gibt ihren Teil sofort dem kleinen Bruder weiter. Es ist eine kleine Geste, aber sie rührt mich sehr.

Ein Marinka, dieser Fisch ist den Tibetern heilig

Ein Peterwagen bringt uns zur Herberge

Vielleicht liegt es daran, dass wir die gefangenen Fische zurück in die Freiheit entlassen haben – jedenfalls passieren wir alle weiteren Flussläufe ohne Probleme.

Der Mayouluma-Pass in 5216 m Höhe bildet die Grenze zwischen den Bezirken Shigatse und Ngari. Nachdem dieser Pass überwunden ist, haben wir den „Wilden Westen" Tibets erreicht. Hier gibt es einen Grenzkontrollpunkt mit einer roten Flagge davor, Einreisende aus Indien oder Nepal müssen ihren Pass vorzeigen.

Wer nicht selbst einmal solch einem Posten gesehen hat, kann sich nicht vorstellen, was die Grenzer hier leisten müssen. Bis vor Kurzem lebten die Beamten das ganze Jahr über gemeinsam in einem Zelt, erst im Zuge des Ausbaus der Straße bekamen sie ein festes Gebäude als Station. Neben dem Abfertigen der Einreisenden gehört auch das Sauberhalten der Umgebung zu ihren Aufgaben. Zwei der Beamten, die gerade nicht mit der Passkontrolle beschäftigt sind, kehren den Müll zusammen, den Reisende achtlos auf den Boden geworfen haben. Neben der Abfertigungs-stelle stehen auf einem Tisch Thermosflaschen. Mit einem Filzstift hat jemand in großen roten Buchstaben „heißes Wasser" darauf geschrieben, ein kostenloser Service für die Reisenden.

Hinter dem Kontrollposten halten wir an, um uns je eine Packung Instantnudeln aufzubrühen.

Nicht weit hinter dem Mayouluma-Pass liegt der türkisblaue Gongzhu-See. Hier ist die Teer-straße über die nächsten 20 km fertig ausgebaut, wir fahren am Ufer des Sees entlang, die Landschaft wirkt irreal wie eine Fata Morgana.

Verglichen mit seinen „großen Schwestern" dem Namtso-See, dem Yamdrok-See und dem Manasarovar-See, ist der Gongzhu See zwar weniger bekannt und die Landschaft, die ihn umgibt, nicht ganz so beeindruckend, dafür leben hier aber weitaus mehr Wildtiere. Auf der Fahrt entlang des Sees bekommen wir tibetische Antilopen, wilde Esel, Gazellen, Kraniche, Wildgänse und viele weitere Tiere zu sehen, die wir bisher nur aus Fernsehsendungen kannten. Beeindruckt beobachten wir diese wunderschönen Kreaturen. Sie wiederum beäugen uns Menschen aus der Ferne und laufen davon, sobald man ihnen zu nahe kommt. Auch die Vegetation ist bemerkenswert. Entlang der Ufer des himmelblauen Wassers wachsen Pilze, deren Hüte man sich auf den Kopf setzen könnte, so groß sind sie.

Gongzhu bedeutet auf Tibetisch „Gebiet in der Mitte". Es bezeichnet die geografische Lage zwischen den Bezirken Shigatse und Ngari. Vor 1000 Jahren floh der Enkel des letzten Königs der Tubo nach Ngari und gründete dort das blühende Königreich Guge. Für Tibeter ist diese Gegend heute lediglich ein verlassenes Stück Erde unter dem weiten Himmel. Wir hingegen sind voller Andacht, als wir nach langer Fahrt durch öde Wüsten endlich das sagenumwobene Ngari erreichen.

Doch offenbar sind die Strapazen der Reise nicht ohne Spuren an mir vorübergegangen: Plötzlich bekomme ich heftige Magenschmerzen und muss mich übergeben. Als der Beamte des nächsten Kontrollpostens meinen Zustand bemerkt, rät er uns, das Krankenhaus in der 80 km entfernten Kreisstadt Burang aufzusuchen. Mir geht es wirklich schlecht, auf der Fahrt muss ich erneut erbrechen. Mein Gefährte wischt mir mit einem Handtuch das Gesicht ab und murmelt mir aufmunternde Worte zu: „Du hast die halbe Welt durchquert, jetzt wirst du das hier auch überstehen".

Kurz vor der Stadt gibt es einen weiteren Kontrollpunkt. Mit einem Blick in mein Gesicht sagt der Polizist, er werde versuchen, eine Unterkunft für uns zu finden. Das sei gerade nicht so einfach, da in diesen Tagen eine große Konferenz in Burang stattfinde, die meisten Hotels seien ausgebucht. Im Polizeiwagen fährt er voraus und fragt in mehreren Gästehäusern nach. Beim vierten Versuch haben wir schließlich Glück: In der Pension zum „Heiligen See Manasarovar" ist ein Zimmer frei, die Innenausstattung ist gerade erst fertig geworden, wir sind die ersten Gäste.

Mein Gefährte stützt mich auf dem Weg zum Bett, dann setzt er einen Kessel mit Wasser auf, damit ich mir mit heißem Wasser die Füße wärmen kann und deckt mich fest zu.

Von den tibetischen Ortsnamen haben zwei schon immer eine ganz besondere Magie auf mich ausgeübt: Dege und Burang. Immer wieder habe ich mit dem Finger auf der Landkarte diese Orte gesucht und ihre Namen vor mich hingemurmelt.

„Dege", damit verbinde ich göttliche Weisheit, „Burang" hingegen erweckt in mir die Vorstellung einer himmlisch schönen Landschaft. Nie hätte ich gedacht, dass ich eines Tages mehr tot als lebendig in Burang ankommen werde!

4. Tag: Der Manasarovar-See

Route: Burang – Liebieya – Rakshastal-See – Manasarovar-See – Kloster Qiwu
Fahrtzeit: 08:00 – 17:00 Uhr, 9 Stunden
Distanz: 60 km
Höhe: Kloster Qiwu 4600 m ü.d.M.

Die kleine Stadt mit dem verwunschenen Namen Burang liegt im Dreiländereck zwischen China, Indien und Nepal in der Schlucht des Konqi-Flusses zwischen dem Himalaya auf der einen und dem Gipfel des Naimona'nyi auf der anderen Seite. Vom Golf von Bengalen zieht eine feuchte Luftströmung durch die Schlucht.

Das feuchte Klima macht Burang zu einer grünen Oase inmitten der Wüste. Es ist ein Ort mit reichlich Niederschlag und einem angenehmen milden Lokalklima. Viele Reisende empfinden Burang als den angenehmsten Ort im ganzen Bezirk Ngari, dies ist ein idealer Platz, um vor der Umrundung des Kailash noch etwas zu entspannen. In der antiken Schrift „Memoiren eines Ministers aus Ladakh" wird Burang als ein Ort beschrieben, der von Wäldern umgeben ist. In der ursprünglichen Sprache des Zhangzhung-Reiches bedeutet der Ortsname „Burang" jedoch „Ort inmitten schneebedeckter Berge".

Anders als in den meisten der unwirtlichen Kleinstädte, die wir auf unserer Reise passiert haben, sind die Straßen und Ufer hier von Weidenbäumen und Eukalyptus gesäumt. Das ganze

Tal ist voller blühender Vitalität, nach dem morgendlichen Regen machen die Straßen im Sonnenschein einen sauberen und ordentlichen Eindruck. Kein Wunder, dass ich mich in dieser wunderbaren Umgebung so schnell wieder erholt habe! Mit frischem Elan begeben wir uns auf die Suche nach den Spuren des untergegangenen Reichs.

Ewige Rätsel

Vor mehr als 2000 Jahren bildete Burang das Zentrum von Tibets erster Hochkultur – des Königreichs Zhangzhung. „Zhangzhung" bedeutet „Land des großen Roch", dabei handelt es sich um ein vogelähnliches Fabeltier.

Bis ins siebte Jahrhundert existierte dieses kulturell weit entwickelte Reich auf dem „Dach der Welt", es hatte seine eigene Sprache und Schrift. Die Annalen der chinesischen Han- und Song-Dynastien bezeugen dies: „Zhangzhung grenzt im Osten an Tubo, im Norden an das Reich Tian, von Ost nach West misst das Territorium gut 1000 km. Das Land verfügt über 80.000 bis 90.000 Soldaten."

Zu seiner Blütezeit erstreckte sich das Reich im Westen bis nach Kaschmir, im Süden bis nach Ladakh im heutigen Norden Indiens. Es umfasste den größten Teil der tibetischen Hochebene, im Norden reichte es bis in die heutige chinesische Provinz Qinghai und im Westen bis nach Sichuan.

Der einzigartige Manasarovar-See

Im Jahr 644 griff Songtsen Gampo, König der Tubo, Zhangzhung an und vernichtete es. Damit beherrschte er ganz Tibet. Zhangzhung wurde in „Ngari" umbenannt und das Gebiet als westliche Provinz dem Reich der Tubo angegliedert.

Zu jener Zeit war das Land noch nicht so entlegen und abgeschottet wie heute, denn der grüne Streifen zwischen Himalaya und Transhimalaya und die Flüsse Kongqi und Indus im Westen bildeten drei Verkehrsadern, die Ngari mit dem Rest der Welt verbanden. Wahrscheinlich waren es klimatische Veränderungen, die die Tibeter damals veranlassten, sich ins mildere Zentral-Tibet zurückzuziehen.

Die wirtschaftliche und militärische Stärke des Tubo-Reiches war mit jener der arabischen Kalifate und der chinesischen Tang-Dynastie vergleichbar. Dann, im neunten Jahrhundert, verbot Klandar-ma, der damalige König der Tubo, die Ausübung des Buddhismus. Das Reich, das die tibetische Hochebene über zwei Jahrhunderte lang beherrscht hatte, spaltete sich aufgrund des Religionsverbots zunächst in verschiedene Lager auf, bis es schließlich vollständig zerbrach.

Nyi Ma Mgon, der Enkel des letzten Königs, floh in Richtung Westen, wo er sich niederließ. Seine adelige Herkunft mag von Vorteil dabei gewesen sein, dass es ihm gelang, sich an die Spitze der dort ansässigen Gesellschaft zu vorzuarbeiten. Er errichtete das Königreich Guge, das 700 Jahre

Tibetische Wildesel in Tarnfarben

Bestand haben sollte und in seiner Hochzeit auch Burang und Ladakh beherrschte.

Der neue König teilte Ngari in drei Lehensgebiete auf. Seinem ältesten Sohn vermachte er jenen „Ort, an dem sich die Wolken vereinigen", damit war Burang gemeint. Der zweite Sohn erhielt Guge, das heutige Zhanda, den „Ort, an dem sich die Wolken kräuseln". Der dritte Sohn schließlich bekam Mayu – heute Rutog – sowie einen Teil des heutigen Ladakh, den „Ort an dem die Wolken am höchsten schweben". So entstanden Ngaris drei Reiche, oder, wie die Tibeter sagen, die drei „natürlichen Schutzwälle" von Ngari. Als diese „Schutzwälle" bezeichnen sie die schneebedeckte Bergkette bei Burang, die Felslandschaft bei Zhanda und schließlich die Seen bei Rutog.

Das heutige Ngari ist eine Einöde und von schroffen Bergen, menschenleeren Gegenden und Steinwüsten geprägt. Man kann sich kaum vorstellen, dass dies einst ein Ort großer Geschäftigkeit und pulsierenden Lebens war, jahrtausendelang ein kulturell bedeutender Standort, ein wichtiger Anlaufpunkt für Karawanen.

Über die Entstehung, Ausdehnung und Blütezeit des Reiches ist wenig bekannt, ebenso wenig weiß man über seinen Untergang. Heute kann kaum noch jemand die Schrift der Zhangzhung lesen. Doch die Ruinen in dieser Gegend, in der menschliches Leben gerade noch möglich ist, künden noch von der Pracht und Einzigartigkeit dieser längst vergangenen Kultur.

Der „Felsen des Abschieds"

Die Bewohner Burangs betrachten sich als stolze Nachfahren des Prinzen Lobsang – ähnlich wie die Khampas in Sichuan auf ihre Abstammung von König Gesar hinweisen.

An einem klaren Augustmorgen spazieren wir entlang der graublauen Fluten des Konqi durch die Altstadt von Burang, überqueren eine Brücke und erreichen am Nordufer des Flusses die Ruinen eines Palastes aus der Zhangzhung-Dynastie.

Die Palastruine liegt an einem steilen Hang, leider sind die Mauern großenteils eingefallen, erhalten sind nur noch 500 über den ganzen Berg verteilte Höhlen, eine Plattform sowie ein Kloster neueren Datums, alle direkt in den Hang gebaut.

Die klassische tibetische Oper „Prinz Lobsang" beruht auf einer Legende, die tragische Liebesgeschichte, die ihr zugrunde liegt, soll sich hier am sogenannten „Felsen des Abschieds" zugetragen haben: Vor mehr als 1000 Jahren hat eine Fischerin am Konqi eine Elfe gefangen und Prinz Lobsang zum Geschenk gemacht. Der Prinz und die Elfe liebten sich über alle Maßen. Das wiederum weckte die Eifersucht der mehr als 500 Prinzessinnen am Hof. Von Eifersucht geplagt, warteten sie eine günstige Gelegenheit ab, um die Verliebten auseinanderzubringen Diese bot sich, als der Prinz fern der Heimat einen Feldzug anführen musste. Gemeinsam mit einem Hexenmeister schnitten

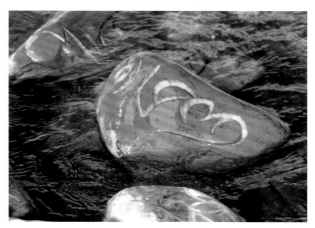

Mani-Steine im Manasarovar-See

141

die Prinzessinnen der Elfe den Leib auf und rissen ihr das Herz heraus. Die Elfe fuhr in den Himmel hinauf und als Prinz Lobsang siegreich heimkehrte, weinte er ob des Verlustes seiner großen Liebe bittere Tränen. Er legte Waffen und Rüstung ab und machte sich auf den Weg zu den Sternen, wo er die Elfe wiederzufinden hoffte. Die steile Treppe, die mehrere Dutzend Meter zum „Felsen des Abschieds" hinaufführt, markiert die Stelle, von der die Elfe in den Himmel aufgestiegen sein soll. Das Zeugnis einer verlorenen Liebe aus längst vergangener Zeit auf ewig in den Fels gemeißelt.

Der Geistersee Rakshastal

In der geheimnisvollen Zhangzhung-Kultur vermischten sich vier Religionen: Die tibetische Bön-Religion, der Buddhismus, der Hinduismus und schließlich der im fünften Jahrhundert v.d.Z. in Indien entstandene Jainismus. Bis heute gelten der heilige Berg Kailash und der heilige See Manasarovar in allen vier Religionen als Quelle des Glaubens und als Zentrum der Welt. Hierher zieht es seit Jahrtausenden Pilger aus aller Welt.

Nachdem wir Burang verlassen haben, folgen wir der Provinzstraße 207 etwa 40 km. In China gibt es gut 2700 Seen mit einer Fläche von über einem Quadratkilometer. Mehr als die Hälfte davon liegt in Tibet. Vor allem im Westen an der Straße nach Ngari präsentieren sich große und kleine Seen wie auf einem Tablett, einer ist schöner als der andere. Man kommt aus dem Staunen nicht heraus.

Links von uns liegt nun der sogenannte „Geistersee" Rakshastal, rechterhand der heilige See Manasarovar, dessen Name soviel wie „See des denkenden Geistes" bedeutet.

An Schönheit sind sich die beiden Gewässer ebenbürtig, dennoch wird der eine See als heilig verehrt und der andere als dämonisch verdammt. Interessant ist auch, dass der Manasarovar ein Süßwassersee ist – auf einer Höhe von über 4500 m gelegen, der höchste Süßwassersee der Welt –, dessen Oberfläche meist unbewegt und ruhig ist, während der Rakshastal ein Salzwassersee mit häufig hohem Wellengang ist. In der Umgebung des Rakshastal gibt es kaum Vegetation, daher meiden Hirten diese Gegend mit ihren Herden. Es heißt, das Wasser des Sees brächte den Menschen Verderben. Wer davon tränke, würde erblinden. Diesen See zu umrunden, würde keinem Pilger in den Sinn kommen. Ursprünglich waren die beiden Seen miteinander verbunden, wurden jedoch durch geologische Bewegungen voneinander getrennt. Die Einheimischen glauben jedoch, dass immer noch eine unterirdische Verbindung zwischen den Seen besteht. Durch diese soll bei Vollmond Wasser aus dem heiligen See in den Dämonensee fließen und die Strömung goldene und blaue Fische mit sich reißen.

Nach buddhistischer Vorstellung steht der Manasarovar für das Licht, der Rakshastal für die Dunkelheit. Als wir am fast menschenleeren Dämonensee eine kurze Rast einlegen, stellen wir fest, dass dies hier ein Paradies für Kiangs – tibetische Wildesel – ist. Sie sind in kleinen Grüppchen unterwegs, neugierig betrachten sie uns. Oft bilden sie einen Kreis, wobei jedes Tier in eine andere Richtung blickt, sodass sie vor einem Überraschungsangriff sicher sind. Am frühen Morgen verlassen sie ihre Verstecke in den Sanddünen und machen sich auf die Suche nach frischem Gras. Meist legen sie ihre kilometerlangen Strecken im Gänsemarsch zurück –

Kloster Chiu Gompa am Manasarovar-See

das männliche Tier führt den Zug an, dann folgen die Fohlen und die Mutter bildet das Schlusslicht.

Leider ist das Fleisch der Esel bei Wilderern sehr beliebt, weshalb der Bestand der schönen Tiere mit dem graubraunen Rücken bereits ernsthaft bedroht ist. Vielleicht kommt ihnen der schlechte Ruf des Rakshastal zugute, an dessen Ufern sie ihr Rückzugsgebiet haben.

Der heilige See Manasarovar

Biegt man von der Hauptstraße nach rechts ab, gelangt man an den pfauenblauen Manasarovar-See. In den buddhistischen Sutren wird der Manasarovar als „Mutter aller Flüsse der Welt" bezeichnet. Der Manasarovar bildet das Gegenstück zum heiligen Berg Kailash – die Mondgöttin und der Sonnengott.

Der See wird von Schmelzwasser aus dem Transhimalaya gespeist, das Wasser ist kalt und klar, ohne jegliche Sedimente. Bis zu 87 m tief ist der See an manchen Stellen und selbst in einer Tiefe von 14 m kann man noch auf den Grund sehen. Er gilt als der klarste See der Welt.

Von der Mitte des Sees aus betrachtet, liegt in jeder der vier Himmelsrichtungen eine Quelle: Die Pferde-, die Löwen-, die Elefanten- und die Pfauenquelle. Hier entspringen die vier großen Flüsse des südasiatischen Raums – der Brahmaputra, der Ganges, der Indus und der Konqi. Alle vier sind für die Wasserversorgung des indischen Subkontinents von zentraler Bedeutung.

143

Das ist der Hauptgrund dafür, dass gleich mehrere Weltreligionen den Manasarovar als heiligen See verehren.

Zu Zeiten des Zhangzhung-Reiches glaubten die Anhänger der Bön-Religion, der Manasarovar sei der Palast des Drachengottes. Sie stellten sich vor, dass er, wie die Menschen auch, eine Familie habe und als Beschützer der Korallen, Perlen, Pflanzen und Tiere im See mit Frau und Kindern auf dem Grund des Sees lebe. Bis heute ist der Drachengott ein Symbol, das man häufig auf tibetischen Thankas findet. Er erscheint zuweilen auch in Form eines Fischwesens mit menschlichem Kopf und einem Fisch- oder auch Schlangenschwanz. Der im Deutschen verwendete Name „Manasarovar" kommt aus dem Indischen. Hinduisten betrachten den See als heiligen Badeplatz des Gottes Shiva und seiner Frau Uma. Daher glauben sie, dass jeder Mensch, der während seiner Pilgerreise hier ein Bad nähme, in den Himmel der Brahmanen aufsteigen wird, und wer das Wasser aus dem See tränke, in den Palast Shivas aufgenommen, und damit aus dem irdischen Elend einer 100-fachen Wiedergeburt erlöst wird.

Dies gilt im Hinduismus nicht nur für die Menschen, sondern auch für Tiere. Im Tibetischen heißt der See Mapangyong, das bedeutet „Ewige türkisgrüne Jade".

In der Vorstellung der Buddhisten ist der See ein Tropfen Nektar, den die Götter den Menschen geschenkt haben. Sein Wasser kann die „fünf Gifte" – Habsucht, Dummheit, Wut, Trägheit und Neid – abwaschen und die Seele reinigen.

An vier Seiten des Sees liegt je eine rituelle Badestelle: Die im Osten wird „Lotus" genannt, im Süden liegt „Süßer Duft", „Reinigung" im Westen und die Badestelle im Norden schließlich trägt den Namen „Glaube". Wenn Pilger auf ihrer Wanderung rund um den See an allen vier Stellen ein rituelles Bad nehmen, können sie sich von den Sünden ihres Lebens reinwaschen.

Auch in dem am Lauf des Indus beheimateten Jainismus gilt Enthaltsamkeit und Selbstvervollkommnung als höchstes Ideal. Auch hier hilft ein Bad im See Manasarovar: Das heilige Wasser kann Gläubige in einen Zustand versetzen, in dem ihre Seele Erleuchtung erfährt.

Jede Religion erklärt den Manasarovar auf ihre eigene Weise und genauso projeziert jeder Reisende seine eigene Erwartung auf den See. Den ganzen Sommer über kommen fromme Pilger und Touristen von Nah und Fern hierher, nehmen ein Bad im heiligen Wasser und machen sich dann auf, den See zu umrunden. Für den knapp 80 km langen Weg benötigt man vier Tage.

Wir übernachten in einem kleinen Dorf in der Nähe des Klosters Qiwu am Westufer des Sees. Qiwu ist eines der acht Klöster in Ufernähe und bildet den Ausgangspunkt der Umrundung.

Von dem Hügel neben dem Kloster schaut man in Richtung Osten auf den Manasarovar, in westlicher Richtung liegt der dämonische Rakshastal.

In einiger Entfernung erhebt sich der schneebedeckte Naimona'nyi im gleißenden Licht. Murmelnd drehen Pilger ihre Gebetsmühlen, während sie am Ufer entlangwandern.

Einige Tibeter liegen auf dem Bauch am Ufer und trinken von dem heiligen Wasser. Pilger füllen es in verschiedene Behältnisse ab, sie wollen die Spiritualität des Sees mit nach Hause nehmen. Auch kleine Andenken an diese besondere Stätte wie etwa ein Stein oder eine Vogelfeder werden eingesteckt und finden oft in tausenden Kilometern Entfernung einen Ehrenplatz.

Manche nehmen sogar ihren Schmuck ab und werfen ihn als fromme Opfergabe in den See.

Die etwa 20 Inder, die in der Unterkunft nebenan wohnen, nehmen gerade ein rituelles Bad im See. Alt und Jung stehen da im eiskalten Wasser, mit dem sie sich von oben bis unten besprengt haben, die Hände zum Gebet erhoben. Das Glücksgefühl auf ihren Gesichtern lässt erahnen, dass sie der Erleuchtung ein Stück näher gekommen sind.

Als wir bei Sonnenuntergang im eiskalten Wind am Ufer entlangspazieren, bemerken wir erst die große Vielfalt an Vogelarten, die hier heimisch ist. Was für ein Paradies! Man könnte fast meinen, nicht am Ufer eines Sees, sondern am Rand des Universums zu stehen, so stark ist das Gefühl, der irdischen Welt entrückt zu sein.

Der schwedische Entdecker Sven Hedin kommt mir in den Sinn. Vor über 100 Jahren im Sommer 1907 verbrachte er zwei Monate am Manasarovar-See. Er war der erste Forscher, der den See wissenschaftlich untersuchte. Auf einem Floß ruderte er auf den See hinaus und nahm Wasserproben. Auch heute noch werden in wissenschaftlichen Werken der Academia Sinica in Taiwan – etwa in der „Topografie Tibets" – Messdaten von Sven Hedin verwendet. Bis zu 18 Stunden arbeitete er an manchen Tagen, dennoch fand er die Muße, die Schönheit dieses einzigartigen Naturschauspiels festzuhalten. So ist in seinen Aufzeichnungen zu lesen:

„Im Osten wird es langsam hell, die Vorboten des neuen Tages lassen die Berge erglühen, dünne Wolkenfetzen, die wie Federn am Himmel schweben, nehmen eine rosenrote Farbe an. Die Schatten der Wolken auf der Wasseroberfläche geben uns das Gefühl, wir würden uns durch einen Rosengarten bewegen. Die ersten Sonnenstrahlen erreichen die Gipfel des Gangdisi (Transhimalaya), die Bergspitzen erstrahlen gold und tiefrot. Die Reflexion erscheint wie eine riesige Decke aus Licht, die in östlicher Richtung über den Berghang gleitet. Jetzt ist die Sonne aufgegangen, sie funkelt wie ein riesiger Diamant. Die gesamte fantastische Landschaft erwacht zum Leben und erstrahlt in frischen Farben."

Ob Pilger oder Entdecker, das Streben nach Harmonie zwischen Mensch und Natur scheint ihnen gemein zu sein. Und hier, an einem Ort wie diesem, an dem einem die Götter der Berge und die Geister der Seen auf Schritt und Tritt begegnen, hat man gute Aussichten, diese Harmonie zu finden!

5. Tag: Kailash – Begegnung mit der eigenen Seele

Route: Kloster Qiwu – Baga – Heiliger Berg Kailash – Darchen
Fahrtzeit: 07:00 – 20:00 Uhr, 13 Stunden
Distanz: 100 km
Höhe: Darchen 4670 m ü.d.M.

In aller Herrgottsfrühe mache ich eine Katzenwäsche im eisigen Wasser des heiligen Sees. Dann geht es gut gelaunt nach Baga, wo wir uns am Kontrollpunkt registrieren.

Baga, auf halber Strecke zwischen dem Manasarovar-See und dem Berg Kailash gelegen, ist ein winziges Örtchen. Bis auf ein paar tibetische Teehäuser gibt es hier keine Einkehrmöglichkeit. Für heißes Wasser, mit dem man seine Instantnudeln aufgießen kann, muss man im Teehaus 15 Yuan bezahlen.

Ich krame eine Packung Nudeln der Marke „Meister Kang" heraus und gehe damit zum Kontrollpunkt. Einer der beiden Beamten ist gerade damit beschäftigt, den Generator zu reparieren, doch der zweite ist sehr hilfsbereit und setzt einen Kessel mit Wasser für uns auf. Wir sitzen in dem nicht mal 20 m² großen Wachhäuschen und frühstücken scharfe und wohlig duftende Suppe.

Drei Radfahrer haben auf ihrer langen Reise nach Lhasa hier übernachtet, sie machen sich gerade wieder auf den Weg. Einer der drei nimmt sein Kopftuch ab – ein schlohweißer Schopf kommt zum Vorschein. Wer sagt, dass man jenseits der 60 keine Höchstleistungen mehr vollbringen kann?

Ich schenke den Beamten eine Packung Zigaretten. Das ganze Jahr über leben sie in diesem trostlosen, verfallenen Lehmhaus. Dennoch teilen sie großzügig alles, was sie haben mit uns Reisenden und geben uns das Gefühl, willkommen zu sein.

Ausgangspunkt Darchen

Wir verlassen Baga und fahren etwa 25 km auf einer geteerten Straße bis nach Darchen, ein Dorf am Fuße des Kailash. Für Touristen beträgt die

Der heilige Berg Kailash, auf Tibetisch „Gang Rinpoche"

Mautgebühr 200 Yuan, doch als ich dem Schrankenwärter eine Zeitschrift schenke, lässt er uns umsonst passieren.

Darchen ist Basislager, Ausgangs- und Endpunkt für die Umrundung des heiligen Berges Kailash. Im Ort reiht sich ein Sichuan-Restaurant an das nächste, es gibt zahlreiche Herbergen sowie Poststationen, die das Gepäck der Pilger abfertigen. Es wimmelt von Maultieren, Pferdetreibern und Sherpas, die als Gepäckträger arbeiten, auch Reitpferde für schwächliche Pilger werden angeboten.

Bis vor kurzem waren die Straßen im Ort matschig, überall lagen Müll und Exkremente von Rindern, Schafen, Hunden und Menschen. Fließendes Wasser und Elektrizität gab es nicht. Die Herbergen besaßen kleine Generatoren, abends zündete man Kerzen an. Das Wasser kam aus einem kleinen Bach und wurde mit Lasttieren in Fässern herbeigeschafft. In der letzten Zeit hat sich Darchen herausgemacht, es ist sauber, es gibt fließendes Wasser, Elektrizität und auch ein Hotel, das deutschem Mittelklasse-Standard entspricht.

Dennoch ist Darchen immer noch ein kleiner, unscheinbarer Ort, aber er bildet – zumindest der Legende nach – das Zentrum des Universums. Reisende aus aller Welt, Laien, Lamas, Nonnen und Touristen treffen hier zusammen.

Alle Arten von Fahrzeugen sieht man hier, von luxuriösen Geländewagen bis hin zu achtachsigen Riesen-Lastern, die die Versorgung von Bewohnern und Reisenden sicherstellen. Tibeter kommen auf Motorrädern oder Traktoren, alles drängt sich auf den zwei kleinen Straßen des Ortes. Doch bald schon lässt man all das hinter sich, um wie durch einen Tunnel durch Zeit und Raum in eine andere Welt einzutreten.

Jedes Jahr am 15. Tag des vierten Monats nach dem tibetischen Kalender wird Sabadawa, der Geburtstag Buddhas, mit einem großen Fest begangen, am selben Tag beginnt die Pilgersaison.

Der tibetische Ortsname „Darchen" bedeutet „große Gebetsfahne". Zu Ehren von Buddhas Geburtstag werden die Gebetsfahnen des Vorjahres abgenommen und neue aufgezogen. Morgens um neun Uhr versammeln sich tausende von Pilgern am Kloster Dajin.

An einem Hügel südwestlich des heiligen Bergs blasen Lamas auf langen tibetischen Hörnern, schlagen Zimbeln und rezitieren buddhistische Verse. Eine große Gebetsfahne liegt auf dem

In den Gesichtern der Bewohner des Ortes Darchen spiegelt sich meine eigene Neugier wider

147

Der Gipfel des Kailash beeindruckt, auch wenn er nicht von der Sonne angestrahlt wird

Boden ausgebreitet. Gläubige verneigen sich vor ihr, umrunden sie, besprengen sie mit heiligem Wasser und bestreuen sie mit Gerste. Im Anschluss an diese Zeremonie wird der riesige 26 m lange Fahnenmast mithilfe eines Lastautos aufgerichtet. Steht der Mast und beginnt die Fahne im Wind zu flattern, ertönt ein Jubelschrei aus zehntausenden Kehlen. Dieser Jubel markiert zugleich den Beginn der Pilgerwanderungen.

Gläubige sind der Überzeugung, dass die einmalige Umrundung des Kailashs die Sünden eines ganzen Lebens tilgt. Bei 13 Umrundungen bleiben einem die Höllenqualen für die nächsten 500 Inkarnationen erspart und nach 108 Umrundungen führt der Weg direkt ins Nirwana.

Alle zwölf Jahre wiederholt sich das „Jahr des Pferdes", das Tierkreiszeichen des historischen Buddha.

In diesen Jahren übertreffen die Feiern am Kailash alle Vorstellungen. Man glaubt, dass sich dann auch die 100.000 Bodhisattwas sowie alle möglichen übernatürlichen Wesen gemeinsam mit den Menschen an diesem Ort versammeln. Außerdem heißt es, dass eine Umrundung des Kailash im Jahr des Pferdes so viel zählt wie 13 Umrundungen in allen anderen Jahren, Gläubige können dann also das 13-Fache für ihr Seelenheil tun. Ist jemand überdies selbst im Jahr des Pferdes geboren, zählt eine Umrundung gleich 24 Mal mehr.

Im letzten „Jahr des Pferdes" kamen 60.000 Menschen nach Darchen, das ist das Neunfache der gesamten Bevölkerung des Landkreises. Wer nach der Kora, wie Gläubige die Umrundung eines Heiligtums nennen, wieder gesund in seine Heimat zurückkehrt, dem wird besondere Ehre zuteil. Auch können Gläubige und Lamas in Indien, Bhutan und Nepal, die auf dem Weg zum heiligen Berg sind oder die von dort zurückkommen, umsonst auf Pferdewagen mitfahren, so sehr werden sie von der Bevölkerung für ihre Frömmigkeit respektiert.

Das Zentrum des Universums

Der Kailash ist mit seinen 6638 m bei weitem nicht der höchste Berg Tibets, der Mount Everest ist nochmal um gut 2314 m höher. Warum also betrachten Gläubige diverser Religionen den Kailash als den „König der Berge", als das „Zentrum des Universums"?

Der Bergzug des westlichen Transhimalaya heißt auf Tibetisch Gangdisê, das bedeutet „große schneebedeckte Berge". Der Sitz der Seele dieses gewaltigen Bergmassivs befindet sich der Vorstellung nach am Berg Kailash.

Bereits vor 4000 Jahren wurde der Kailash in alten Sanskrit-Quellen als heiliger Berg erwähnt. Er ist der heiligste Berg ganz Asiens, an Ehrerbietung, die ihm entgegengebracht wird, nur vergleichbar mit dem Olymp der alten Griechen.

Erst im Hinduismus und später auch im Buddhismus wurde der Kailash „Sumeru" genannt, er galt als der Sitz des mythologischen Königs Indra. Der Sumeru wird der Legende nach von sieben golden Bergen, sieben Meeren und 20 Kontinenten umgeben, er symbolisiert das Zentrum des buddhistischen Universums.

In der Tripitaka, der „Bibel des Buddhismus", die die früheste Sammlung buddhistischer Schriften darstellt, ist in der tibetischen Version die außergewöhnliche Topografie des Kailash detailliert beschrieben.

Die Bön-Religion sieht im Kailash die Form eines neunfachen Sonnenzeichens. Hier ist die Seele des tibetischen Hochlandes beheimatet.

Der Urvater der Bön-Religion, Shenrab Mivo, soll am Berg Kailash vom Himmel herabgestiegen sein. Durch strenge Kasteiung in einer Berghöhle erlangte er übernatürliche Kräfte und damit die Fähigkeit, mit den Überirdischen in Kontakt zu treten. So wurde er zum Propheten und zum Heiligen der Bön-Religion. Die Gottheiten der Bön haben ihren Sitz am Kailash, ihre Schamanen kommen hierher, um sich zu vervollkommnen.

Der im Deutschen gebräuchliche Name „Kailash" kommt aus dem Indischen. Den Lehren des Hinduismus gemäß bildet der Berg das Zentrum der Welt, die Quelle aller Flüsse, die Achse, um die sich das Universum dreht. Indiens wichtigste Flüsse, der Indus und der Ganges entspringen am Kailash. Außerdem ist der heilige Berg der Sitz Shivas, der mächtigsten aller indischen Gottheiten.

Shiva vervollkommnete sich in der Einsamkeit dieser Berglandschaft, dabei entwickelte er im Laufe der Zeitalter die übernatürliche Kraft, die ihn zum Zerstörer alles Bösen und zum Erzeuger alles Lebens werden ließ. In alten hinduistischen Überlieferungen heißt es, das Lachen Shivas hätte die Farbe Weiß, Schnee und Gletscher entsprängen demnach seinem Lachen.

Die Anhänger des Jainismus nennen den Kailash „Ashitazida", das bedeutet „der höchste Berg". Ihrer Vorstellung nach ist dies der Platz, an dem der Gründer des Jainismus, Rishabhanatha, Erleuchtung erlangte.

Der Kailash ist somit ein einmaliger Schmelztiegel verschiedenster Kulturen und Religionen. Er bildet die Schnittstelle zwischen dem

Hochland von Qinghai und Tibet und dem indischen Subkontinent, weshalb sich hier über die Jahrtausende unterschiedliche Kultureinflüsse und spirituelle Formen gegenseitig befruchten konnten.

Für die Anhänger von Buddhismus, Hinduismus, Bön-Religion und Jainismus ist der Kailash das, was Jerusalem für die Juden, Mekka für die Muslime oder der Vatikan für die Katholiken ist, er zählt zu den heiligsten Stätten dieser Welt. Zahlreiche Menschen setzen ihre größten Hoffnungen in diesen Berg, sie machen ihr irdisches Schicksal oder die Vorstellung, anstelle einer nächsten Inkarnation ins Nirwana zu kommen, vom Wohlwollen dieses gigantischen „Steins der Weisen" abhängig. Aber auch auf weniger gläubige Menschen übt der Kailash eine magische Anziehungskraft aus, wie die enorm angestiegenen Touristenzahlen belegen

Der Kailash wirkt vor allem deshalb so gewaltig, weil er sich aus einer relativ ebenen Umgebung erhebt. An seinen Hängen, die wie eine Stufenpyramide aufragen, sind die waagerechten Schichten der Erdzeitalter deutlich erkennbar. Die auffallend symmetrischen vier Wände des Berges heißen „Saphirwand" (im Süden), „Rubinwand" (im Westen), „Goldwand" (im Norden) und „Kristallwand" (im Osten). Den Gipfel des Berges bildet ein Gletscher aus gepresstem, kristallinem Eis, wie eine funkelnde, weiße Krone leuchtet diese schneebedeckte Kuppe im Sonnenschein.

Es ist durchaus nachvollziehbar, dass sich Gläubige angesichts dieses majestätischen, respekteinflößenden Giganten den Göttern nahe fühlen!

In 2880 Minuten um den heiligen Berg

Zwei Wege führen um den Kailash: Der Äußere ist 54 km lang und führt auf einer Höhe von durchschnittlich 4700 m entlang, man kann ihn in zwei bis drei Tagen bewältigen. Dies ist der Pilgerweg, der allen zugänglich ist. Den inneren, 38 km langen Weg darf nur gehen, wer den Kailash bereits 13 Mal auf dem äußeren Weg umrundet hat. Auf diesem „Weg der 500 Lohans", wie er zu Ehren der „buddhistischen Schutzengel", die über übernatürliche Kräfte verfügen, bezeichnet wird, gibt es am höchsten Punkt einen kreisförmigen Pfad. Das ist der „Weg der buddhistischen Himmelsmutter".

Im Umkreis des Kailash gibt es fünf Klöster, zwei davon liegen am inneren Weg. Das Kloster Qugu ist die erste Station, die man bei der Umrundung erreicht. In den Klöstern kann man übernachten und die Vorräte aufstocken. Fromme Tibeter umrunden den Berg bei einem Besuch drei Mal. Morgens um vier Uhr geht es los, am Abend ist dann eine Umrundung geschafft. Nach einer Runde ruhen sie sich einen Tag lang aus, dann folgt die zweite. Werfen sich die Pilger alle paar Schritte mit einem Kotau zu Boden, dauert eine Umrundung etwa zwei bis drei Tage.

Während die tibetischen Pilger die Höhe gewohnt sind, fällt es Gläubigen aus dem subtropischen Klima Indiens schwer, sich sich an die Gegebenheiten zu gewöhnen. Indische Pilgergruppen führen meist zahlreiche Maultiere und Yaks als Lasttiere mit, die ihre Zelte, Schlafsäcke, Sauerstoffflaschen und Lebensmittel transportieren. Auch die Dienste von Sherpas werden gerne in Anspruch genommen. Diese Pilger legen die Strecke – in dicke Daunenjacken gehüllt – bevorzugt reitend zurück.

Den Rekord bei der Umrundung des Kailash

stellte der Südtiroler Extrembergsteiger Reinhold Messner auf, er schaffte die Runde in zwölf Stunden. Im Jahr 1985 hatte Messner sogar eine Erlaubnis zur Besteigung des Kailash erhalten, hatte aber dann aus Rücksicht auf die religiösen Gefühle der Gläubigen darauf verzichtet. Bis heute ist der Berg unbestiegen.

Ich habe so meine Bedenken, ob es uns gelingen wird, die ganze Strecke zu bewältigen, es ist eisig kalt und die große Höhe verursacht Atemnot.Schließlich komme ich aus einer Stadt, die fast auf Meereshöhe liegt. Dennoch machen wir uns auf den Weg – ohne Pferd und ohne Träger, nur mit etwas Proviant ausgerüstet. Wir wollen in erster Linie einen Eindruck von der Landschaft und den Menschen, die hier unterwegs sind, be-

kommen. Falls uns die Kräfte verlassen, können wir immer noch umkehren.

Buddhisten wenden sich von Darchen aus in Richtung Westen und umrunden den Berg im Uhrzeigersinn. Die Anhänger der Bön-Religion dagegen gehen in die entgegengesetzte Richtung, nach Osten. Zunächst ist der Weg eben. Nach sechs Kilometern erreichen wir den Eingang des breiten Tals des Lha-Chu-Flusses. Hier stehen zwei Pagoden, ein bekanntes Wahrzeichen des Kailash-Pilgerwegs. Wer zwischen den beiden Pagoden hindurchgeht, den werden die Götter unterwegs behüten. Wer aber eines Verbrechens schuldig ist, der muss außen herumgehen. 200 m östlich dieser Pagoden steht ein Fahnenmast und daneben ein Podest für Himmelsbestattungen.

Stupa auf der Westseite des Kailash

Pilger, Träger und Führer versammeln sich auf einer Wiese am Eingang der Schlucht, trinken Buttertee, essen Tsampa und lassen die Lasttiere grasen. Von hier aus bis zur nächsten Station, einer kleinen Ansammlung von Zelten, wo es etwas Nachschub an Ess- und Trinkbarem gibt, sind es neun Kilometer. Auf beiden Seiten des Weges ragen kahle, braune Felswände empor, ab und zu unterbrochen von silberfarbenen Wasserfällen. Die Einheimischen kommen am schnellsten voran, oft tragen sie noch Kinder und Gepäck auf dem Rücken, manche haben sogar ihre Hunde dabei. Die ganze Zeit über lassen sie ihre Gebetsmühlen rotieren, ohne Mühe überholen sie uns. An einigen Bächen muss man die Schuhe ausziehen, um sie durchqueren zu können. Immer wieder geht es bergauf, auf den Höhen erwarten uns kalter Wind und Schneeschauer.

Ich fühle mich bereits am Ende meiner Kräfte. Das Sonnenlicht wird langsam schwächer, vier Stunden sind wir schon unterwegs, meine Wahrnehmung fängt an zu verschwimmen. Schließlich kommen wir an die gewaltige Westwand des Kailash. Ich falle auf die Knie in den Sand und komme nicht mehr auf. Die dreieckige Gletscherwand vor uns sieht aus wie ein Buddha im Lotussitz. Doch ich kann den Anblick nicht genießen. Das Einzige, was ich in meinem Zustand machen kann, ist zu versuchen, die beginnende Höhenkrankheit mit einem Mittel aus Heilpflanzen zu bekämpfen. Von Atemnot geplagt, lasse ich mich von meinem Gefährten auf die Beine ziehen.

Wie Bön-Anhänger gehen wir nun in die entgegengesetzte Richtung. Freundliche Tibeter stützen mich, um mir beim Überqueren der Bäche zu helfen. Nach weiteren vier Stunden erreichen wir unendlich müde wieder die Wiese am Eingang des Tals. Aufmunternd meint mein

Gefährte, dass wir die Umrundung im Jahr des Pferdes wiederholen würden. Da ich außerdem im Jahr des Pferdes geboren bin, würde sie dann das 24-Fache zählen. Schwach erkläre ich mich einverstanden.

Doch eines wurde mir auch auf dieser relativ kurzen Strecke bewusst: Auf diesem uralten Pilgerweg durch eine magische Landschaft aus Eis und Fels werden Seele und Geist gereinigt, hier, im Angesicht des heiligen Berges Kailash kann man der Unendlichkeit begegnen.

6. Tag: Freiwillige am heiligen Berg

Darchen
Höhe: 4670 m ü.d.M.

Darchen – Heim der Freiwilligen

Wer hätte gedacht, dass es in der dünnen Luft auf einer Höhe von 4670 m eine Art „Vereinsheim" für freiwillige Helfer gibt? Der Gründer, Ren Huaiping, war früher von Beruf Raumfahrtexperte. Doch inzwischen hält er schon seit fünf Jahren die Stellung am Kailash – 1825 Tage lang, um genau zu sein. Zufällig entdecken wir im chaotischen Darchen diese blitzsaubere Anlaufstelle. Ein älterer, kahlköpfiger Herr mit Brille und vier Hunde empfangen uns freundlich. Neugierig fragen wir uns, was das wohl für ein Mensch sein mag, der bereit ist, an diesem Platz als Helfer auszuharren.

Ein Pilger zwischen den Welten

Im Sommer 2004 hatte Ren Huaiping bereits halb Tibet bereist. Als er hierher zum Kailash kam, wurde er wie so viele andere auch von der Spiritualität und Erhabenheit des Berges in seinen Bann gezogen. Aber er erkannte auch die Gefahr der Zerstörung der Natur in diesem Gebiet, er sah das Elend der hier zurückgelassenen Alten und der unter ärmlichsten Bedingungen aufwachsenden Kinder. Da fasste er einen Entschluss, der sein Leben ändern sollte: Er gab seine Karriere als Wissenschaftler in Beijing auf und zog an den heiligen Berg, um mit den ihm zur Verfügung stehenden Mitteln die Menschen vor Ort zu unterstützen. Zu diesem Zeitpunkt war er bereits 50 Jahre alt. Die ersten beiden Jahre unterrichtete er als freiwilliger Lehrer an der Grundschule in Darchen.

Im Jahr 2006 schließlich gründete er ein Heim für freiwillige Helfer, denen Natur und Menschen Tibets am Herzen liegen und die sich für Umweltschutz, arme Menschen und Waisenkinder einsetzen möchten.

Ein Freund von Herrn Ren betrieb eine einfache Herberge, die er ihm zunächst als Unterkunft für die Helfer anbot. Während Ren Huaiping selbst noch kein richtiges Dach über dem Kopf hatte, gelang es ihm und seinen Mitstreitern bereits im ersten Jahr 56 Kinder aus armen Verhältnissen und Waisen, zwei Studenten, einen behinderten Jugendlichen und fünf allein lebende Alte

Jahrestag, ein Jahr Unterricht als Freiwillige

zu unterstützen. Wenige Jahre später wurde die Postverwaltung des Landkreises auf das Projekt aufmerksam. Ab Mai 2010 vermietete sie einen Teil ihres Verwaltungsgebäudes gegen eine symbolische Miete von monatlich 700 Yuan an Ren Huaiping. Damit hatte das Heim der freiwilligen Helfer einen offiziellen Stützpunkt.

Mithilfe der tatkräftigen Unterstützung der lokalen Polizeibeamten konnte der Umzug in die neuen Räumlichkeiten innerhalb eines einzigen Tages bewältigt werden.

Drei der Räume wurden in eine Herberge umfunktioniert, Reisende können dort für 30 Yuan übernachten, die Einnahmen kommen dem Projekt zugute. Anstelle einer Bezahlung besteht auch die Möglichkeit, sich nützlich zu machen, indem man einfache Arbeiten wie Putzen oder Bettenmachen übernimmt oder Essen und Medikamente an bedürftige Familien ausliefert.

In all den fünf Jahren ist Ren Huaiping nur ein einziges Mal nach Beijing zurückgekehrt. Mit seiner wettergegerbten Haut und den tief eingravierten Gesichtszügen ist er inzwischen von den Einheimischen nicht mehr zu unterscheiden.

Ein kleiner Junge namens Renceng hatte seine Eltern verloren und vagabundierte zusammen mit den Nomaden durch das Grasland. Ren Huaiping suchte gemeinsam mit dem Postboten Qimei vergeblich alle Weideplätze nach Rencengs Eltern ab. Schließlich brachten sie den Jungen in das Heim. Er konnte weder lesen noch schreiben. Ren Huaiping schrieb ihm einige Alltagsbegriffe auf Tibetisch auf: Essen – kalasan, das Gesicht waschen – dongqu, die Zähne putzen – suoqu, auf die Toilette gehen – sang judiao. So begann die erste Unterrichtsstunde für den kleinen Renceng. Inzwischen besucht der Neunjährige die Grundschule in der Kreisstadt, aus dem ehema-

ligen Nomaden ist ein eifriger Schüler geworden.

Leben am heiligen Berg bedeutet ein Leben in dünner Luft ohne Wasser und ohne Strom. Zu Beginn der Semesterferien ist auch Ren Huaipings Sohn nach Darchen gekommen und hilft bei den Arbeiten. Um den Gästen Trink- und Waschwasser zur Verfügung stellen zu können, machen sich die beiden Tag für Tag auf den Weg zu der nächstgelegenen Quelle in einer Berghöhle. Über eine Stunde dauert der Weg dorthin. Das Wasser fließt in einem dünnen Rinnsal aus dem Fels, es braucht gut 40 Minuten, um ein Fass zu füllen, an manchen Tagen müssen die beiden auch noch eine ganze Weile warten, bis sie an der Reihe sind. Die vollen Fässer schleppen sie dann auf dem Rücken wieder zurück in die Herberge. Wenn sie Glück haben, ist gerade ein hilfsbereiter Tourist mit einem Geländewagen in der Nähe der Quelle und hilft ihnen, die Fässer zurück in den Ort zu bringen.

Im Winter kommt die Gefahr einer Attacke durch streunende Hunde hinzu. Die Tiere finden in Eis und Schnee wenig zu fressen, rotten sich zu Rudeln zusammen und greifen auch Menschen an. Aus diesem Grund werden Vater und Sohn auf dem Weg zur Quelle stets von ihren „Schutzengeln" in Gestalt von vier treuen Hunden begleitet, die sie bewachen und sie tapfer gegen die Streuner verteidigen. Sie mussten schon mehrere Kämpfe austragen und haben teils schwere Verletzungen erlitten.

Ich blättere in Herrn Rens Tagebuch. Am 18. Januar schrieb er folgenden Eintrag: „Ich muss mich wieder auf den Weg zurück nach Tibet machen. Eigentlich wollte ich ja das Neujahrsfest zu Hause in Beijing feiern (seit vier Jahren war ich schon nicht mehr zu Hause). Doch einem kleinen Jungen, den wir im Heim aufgenommen haben, scheint etwas passiert zu sein. Wir können keinen Kontakt aufnehmen. Wenn ich zum Fest bleibe, plagt mich das schlechte Gewissen. Heute war ich bei meinem Vater, ich weiß, wie sehr er sich wünscht, dass ich zum Neujahrsfest bleibe. Ich weine, als wir uns verabschieden, auch mein Vater dreht den Kopf zur Seite.

Langsam setzt sich der Zug vom Beijinger West-Bahnhof in Bewegung, immer weiter entfernt er sich aus dieser so vertrauten und inzwischen doch fremden Stadt. 50 Jahre meines Lebens habe ich hier verbracht, meine Kindheit, meine Studienzeit, ich habe in dieser Stadt gearbeitet,

meine große Liebe kennengelernt, geheiratet, unser Sohn ist hier geboren. Vieles hat hier seinen Anfang genommen, Vieles ist in Beijing auch zu Ende gegangen.

Der Zug ist voller tibetischer Studenten. Sie studieren an der Universität in Beijing. Ihr Aussehen lässt nicht mehr erkennen, dass sie ursprünglich aus Tibet stammen, nur ihre Sprache verrät sie.

Ich hoffe, dass sie die vielen negativen Aspekte des modernen Großstadtlebens in ihrer Heimat nicht beibehalten werden, wie das viele Tibeter tun. Ich wünschte, wir könnten diese Jugendlichen darin bestärken, sich ihr Leben lang daran

Junge Tibeterinnen im Dorf, auf dem Gebäude steht „alles für unsere Kinder"

zu erinnern, dass sie naturverbundene Kinder tibetischer Hirten sind."

Und im Tagebucheintrag vom 28. Januar steht:

„Zehn Tage war lang ich nun unterwegs, am
Abend komme ich endlich in der Kreisstadt an.
Nervös hoffe ich die ganze Nacht darauf, dass das
Telefon klingelt. Ein Freund teilt mir mit, dass
die Straßen derzeit mit dem Auto nicht passierbar sind. Von Hor aus fällt die Straße in Richtung Osten schräg zu einer Schlucht hin ab, eine
Fahrbahn ist komplett mit Glatteis bedeckt, sogar
Rinder und Schafe finden keinen Halt und stürzen in die Schlucht. Die Spur in die entgegengesetzte Richtung ist durch Schneewehen blockiert.
Im letzten Jahr war der Schnee auf dieser Strecke
selbst im Juli noch nicht abgetaut. Was tun?

Das Satellitentelefon auf dem Gehöft, zu dem
der Junge aufgebrochen ist, ist schon lange kaputt.

Stromausfall

Nun, da ich wieder hier bin, kann ich rein gar
nichts ausrichten. Ich habe ein schlechtes Gewissen, weil ich zu lange in Beijing geblieben
bin. Wäre ich früher zurückgekommen, wäre
die Straße zu dem Bauernhof, auf dem der Junge
vielleicht ist, noch offen gewesen. Ich kann nur
warten, bis ich eine Nachricht bekomme. Ich setze meinen Wagen instand.

Wieder werfe ich einen Blick auf den Kailash,
den schneeweißen, heiligen Berg. Ich möchte
den Rest meines Lebens hier am Fuße des Berges
verbringen. Ich gehe in mein Zimmer, das Wasser in der Tonne ist gefroren, sie ist gesprungen.
Ich hole die dickste Bettdecke heraus. Ein kleiner
Teil der Vorräte ist noch in Ordnung. Eier, Kar-
toffeln, Zwiebeln, Weißkohl, Rüben, all das kann
man selbst dann noch essen, wenn es schon mal
gefroren war.

Am Nachmittag gehe ich zur Post und hole
Spenden ab, die in der Zwischenzeit eingetroffen
sind. In knapp einem Monat sind 29 Pakete angekommen. Drei weitere Freiwillige und ich schaffen sie mit großer Mühe in die Herberge. Gerade
hatte mich noch über die Mühen der langen Reise beklagt. Jetzt werde ich mit Paketen überhäuft.
Vielen Dank an Alle!"

Tagebucheintrag vom 06. Februar:

„Nachmittags kommen die Eltern des kleinen
Cidan und seines Bruders vorbei. Sie holen sich
600 Yuan ab – finanzielle Unterstützung für ihre
beiden Söhne. Damit können die beiden ein halbes Jahr lang zur Schule gehen. Cidan bekommt
Bleistifte, Hefte und Kleidung. Er ist außer sich
vor Freude. Cidans Vater drückt seinen Fingerab-
druck auf die Spendenquittung.

Zhadun, der Leiter der Duoqu-Grundschule,
holt gespendete Schulkleidung, rote Halstücher
und Schreibwaren ab."

Tagebucheintrag vom 25. Mai:

„Zentrale Grundschule Hor, Liste der Spenden für den Lebensunterhalt einheimischer Familien, April bis Juni: 1800 Yuan, Kleidung, Schreibutensilien

Spenden für alleinstehende Alte in Hor, April bis Juni: 600 Yuan

Spenden für behinderte Jugendliche in Hor, April bis Juni: 600 Yuan

Grundschule Hor, Ausgaben für Stipendien im ersten Halbjahr:

Ausgezeichnete Schüler:	5	100 Yuan / Schüler
Vorbildliche Schüler:	7	130 Yuan / Schüler
Förderschüler:	7	50 Yuan / Schüler
Ausgezeichneter Pionier:	1	100 Yuan / Schüler
Schulsprecher:	1	100 Yuan / Schüler
Gesamt:		1960 Yuan"

Ich verbringe den Tag mit Herrn Ren. Er spricht nur wenig über die Beweggründe, warum er als Freiwilliger nach Tibet gekommen ist.

Er erinnert mich an ein altes persisches Gedicht, in dem sich 30 Vögel auf die Suche nach dem König machen. Die Vögel durchstehen alle möglichen Schwierigkeiten und Gefahren, bis sie schließlich, hoch oben auf einem Berg, zum

Trinkwasser gibt es nur an einer kleinen Quelle am Berg

Königssitz gelangen. Da stellen sie plötzlich fest, dass jeder einzelne von ihnen ein König ist.

Herr Ren betrachtet sich selbst als Pilger. Er ist genügsam und einfach wie ein Stein am heiligen Berg, wie ein Sonnenstrahl, ein Tautropfen in der warmen Handfläche, ein Staubkorn im All...

Die Aura ist ansteckend

Die meisten Reisenden, die auf dem Weg zum heiligen Berg im Heim der freiwilligen Helfer übernachten, spenden etwas, bevor sie weiterziehen, immer ist es eine Gabe, die von Herzen kommt. Bei ihrer Ankunft wissen die Touristen in den seltensten Fällen vom Einsatz der Helfer die in der Herberge ihren Dienst tun. Sie kommen hierher, weil sich herumgesprochen hat, dass das Heim die saubersten Toiletten in ganz Darchen hat.

Wanderer und Radfahrer sind bei ihrer Ankunft oft am Ende ihrer Kräfte und sehnen sich meist nur nach einem Bett in einer günstigen und sauberen Unterkunft. Doch nach nur wenigen Tagen sind viele von ihnen von dem Enthusiasmus, der hier herrscht, infiziert: Nicht wenige bleiben ein, zwei Monate lang, um mit anzupacken. Sie scheren sich die Köpfe, um das Wasser für die Haarwäsche zu sparen und unterstützen die Helfer vor Ort, indem sie schwere Fässer mit Wasser schleppen, die Toiletten blitzblank putzen oder Müll am Fuße des Berges einsammeln. Manche von

Winter am Kailash

ihnen verdingen sich auch als Führer für Pilger. Das bisschen Geld, das sie dabei verdienen, geht an den Hilfsfond. Selbst nachdem sie nach Hause zurückgekehrt sind, unterstützen viele weiterhin das Heim mit einer monatlichen Spende.

Die Selbstlosigkeit, die in dem Heim der Ehrenamtlichen gelebt wird, scheint ansteckend zu sein, es ist bemerkenswert, wie viele hilfsbereite Menschen Jahr für Jahr ihren Weg in diese entlegene Gegend finden.

Zum neuen Jahr bekam Ren Huaiping zahlreiche Textnachrichten ehemaliger Helfer zugesandt. Er hat sie in seinem Tagebuch festgehalten:

„Xin Rong: Ich bewundere deine Ausdauer. Egal was passiert, solange du im Heim der Ehrenamtlichen arbeitest, werden wir dich unterstützen. Wie lieben Ngari.

Jiang Ruiliang: Alles Gute zum neuen Jahr. Am ersten Arbeitstag habe ich gleich das Geld für die Kinder überwiesen (er unterstützt neun Kinder).

Hai Ping: Im Land des ewigen Eises blüht der blaue Schneelotus. Seine magische Kraft gibt uns Mut, Selbstvertrauen, Glück und Zufriedenheit, materielles Auskommen, Ehre. Wenn die Glocke den Beginn des neuen Jahres einläutet, dann erstrahlt der Schneelotus in den allerschönsten Farben, möge er dir im neuen Jahr Kraft und Ausdauer verleihen."

Motivierende Nachrichten wie diese haben für Herrn Ren die gleiche Bedeutung wie Tsampa, Yakbutter und Räucherstäbchen: Sie gehören dazu und prägen die Atmosphäre im Heim der Freiwilligen.

7. Tag: Sênggê Zangbo – Abenteurer mit gestutzten Flügeln

Route: Darchen – Mentu – Ba'er – Naburu – Kunsha – Sênggê Zangbo
Fahrtzeit: 06:00 – 20:00 Uhr, 14 Stunden
Distanz: 480 km
Höhe: Sênggê Zangbo 4280 m ü.d.M.

Vom heiligen Berg Kailash bis nach Sênggê Zangbo, der Hauptstadt des Bezirks Ngari, führt eine schnurgerade, gut ausgebaute Teerstraße. Große Wolken ziehen am Himmel dahin, unser Wagen sprintet wie ein tibetischer Wildesel durch die Steppe. So leicht und mühelos voranzukommen – unglaublich! Wir freuen uns auf die letzten beiden großen Sehenswürdigkeiten auf dieser Reise: die Sandsäulen in Zanda und die Ruinen des antiken Königreichs Guge.

Auf eine Hürde folgt die nächste

Auf halber Strecke zwischen Darchen und Sênggê Zangbo wollen wir einen Abstecher nach Zanda machen, von der G219 abgehend führen zwei Wege dorthin: Über die neue Straße in Richtung Westen sind es 135 km. Die alternative Route führt 190 km entlang der alten Straße über Naburu. Diese Strecke verläuft an zwei Bergen, dem Kleinen und dem Großen Zhidaban, vorbei und führt schließlich in südlicher Richtung bis nach Zanda. Wie die meisten Reisenden entscheiden auch wir uns für die neue Straße. Sie ist 60 km kürzer und in besserem Zustand.

Der Militärstützpunkt oberhalb des Tals besteht lediglich aus einer Reihe armseliger

Lehmhütten. Ab hier wird es schwierig auf der neuen Straße. In der Weite der Steinwüste können wir uns nur an den Reifenspuren orientieren, wir folgen ihnen ungefähr in westlicher Richtung. Ein saisonaler Fluss kommt sintflutartig den Berg heruntergeschossen, wir müssen die Fluten durchqueren, um auf die Schotterstraße am anderen Ufer zu gelangen. Mein Gefährte watet mit seinen hohen Stiefeln ins Wasser, der Untergrund besteht aus Schlamm und weichem Sand, der Wagen würde hier mit Sicherheit steckenbleiben. Dieses Mal wollen wir das Risiko nicht eingehen, also warten wir am Ufer darauf, dass ein anderes Fahrzeug auftaucht. Falls wir es nicht schaffen sollten, den Fluss zu durchqueren, wäre wenigstens jemand da, der uns wieder herausziehen könnte. Es regnet heftig. Als nach einer halbe Stunde noch immer kein Auto in Sicht ist, beschließen wir, nach Naburu zurück zu fahren und von dort aus die alte Straße zu nehmen.

In Naburu ist ein Team der Straßeninstandhaltung stationiert. Soeben haben die Männer einen Mitsubishi-Geländewagen aus dem Fluss gezogen. Der Leiter der Gruppe erklärt uns, dass es in der Gegend drei saisonale Flüsse gibt, die gerade Hochwasser führen. Mit unserem Wagen würden wir bestimmt nicht durchkommen. Doch wir sind wild entschlossen, die Ruinen des alten Königreichs Guge zu besichtigen. Dafür nehmen wir das Risiko, steckenzubleiben, gerne in Kauf!

Mutig nehmen wir Anlauf und fahren mit hoher Geschwindigkeit durch den Fluss. Das Bodenblech schabt über die Steine im Flussbett, aber wir haben Glück: Unbeschadet erreichen wir das andere Ufer. Nun geht es auf zum 5320 m hohen Pass über den Kleinen Zidaban!

Der Kleine Zhidaban gleicht einer dunklen Kumuluswolke am Horizont. Keuchend schraubt sich unser Wagen die Serpentinen auf den Pass hinauf. Kaum haben wir dieses Hindernis überwunden, folgt kurz darauf die nächste Hürde: Der Pass über den Großen Zhidaban. Auf 5400 m Höhe versinkt unser Wagen mit einem Mal in einem Morastloch, es gibt kein Vor und Zurück, wir stecken fest. Als wir aus dem Auto springen, stehen wir sofort bis zu den Knien im Schlamm. Ich überlege nicht lange und mache mich auf den Weg bergab, um im nächsten Dorf Hilfe zu holen.

Unterdessen bemüht sich mein Gefährte, das Auto mit einem Wagenheber etwas anzuheben, um Steine unter die Räder legen zu können.

Als nach einem Kilometer Fußmarsch noch immer kein Dorf in Sicht ist, beschließe ich, umzukehren. Nun muss ich auf über 5000 m Höhe in dünner Luft steil bergauf steigen – ich habe das Gefühl, auf einer Leiter in den Himmel klettern zu müssen. Unverrichteter Dinge komme ich nach über einer Stunde wieder bei unserem Auto an.

Mein Gefährte hat in der Zwischenzeit Steine herangeschleppt und unter die Räder gelegt. Ich setze mich ans Steuer und er schiebt von hinten an. Direkt neben uns klafft ein tiefer Abgrund. Wie wir uns auch abmühen, der Wagen rührt sich nicht von der Stelle. Erschöpft setzen wir uns auf den Boden, der Atem geht schwer.

So anstrengend der Verkehrslärm in der Stadt auch ist, nun hoffen wir doch darauf, endlich Motorengeräusche zu vernehmen. Wolken ziehen vorbei, sie gleichen einem Schwarm von Blauwalen. Minute um Minute vergeht. Wir fühlen uns wie auf einem anderen Planeten ausgesetzt. Nach etwa einer Stunde erscheint endlich ein Auto am Horizont. Sofort beginne ich wild zu winken. Es ist ein Fahrzeug der Bundespolizei, auch dieser Geländewagen steckte auf dem Weg in einem Fluss fest und brauchte über eine Stunde, um wieder freizukommen. Der Fahrer stellt sich als Herr Xie vor. Als er erfährt, dass wir aus Chongqing kommen, verfällt er in den Sichuaner Dialekt, er freut sich, Leute aus seiner Heimat zu treffen.

Mit Herrn Xies Hilfe ist unser Wagen schnell aus dem Schlammloch gezogen. Dann muss er sofort weiter, in Zanda wartet ein weiteres Auto auf Hilfe. Auch wir machen uns auf den Weg in Richtung Zanda. Wir bleiben noch zwei weitere Male stecken, Herr Xie mit seinem Wagen ebenfalls. Doch nun, da wir eine Fahrgemeinschaft bilden, können wir uns gegenseitig aus der Klemme helfen.

Plötzlich versperrt ein großer LKW die Straße, auch ihm ist der schlammige Untergrund zum Verhängnis geworden. Es führt kein Weg an ihm vorbei. Das Wetter auf 5000 m Höhe ändert sich so schnell wie der Ausdruck auf dem Gesicht eines Kleinkindes. Hagelkörner so groß wie Taubeneier prasseln auf das Autodach. Nach Einschätzung des Polizisten besteht an diesem Tag keine Aussicht mehr darauf, unser Ziel zu erreichen. Niedergeschlagen kehren wir um und fahren die 70 km zurück.

Herr Xie hat 19 Jahre lang im Straßenbau in Tibet gearbeitet, er fährt voran und weist uns den Weg. Schließlich treffen wir in Naburu wieder auf die Bundesstraße 219. Herr Xie versorgt uns noch mit einer frittierten Teigstange als Proviant, dann verabschieden wir uns.

Auf dieser Strecke muss mit Verzögerungen gerechnet werden

Wir befinden uns in 75 km Entfernung von Sênggê Zangbo und beschließen, in der Gegend einen Tag Pause einzulegen und am nächsten Tag zu entscheiden, wie es weitergehen soll.

Die Wüstenstadt Sênggê Zangbo

Wir beschließen, erst einmal in die Bezirkshauptstadt Sênggê Zangbo zu fahren. Die trockene, staubige Straße erstreckt sich endlos vor uns, die Fahrt gleicht einer Reise durch eine Mondlandschaft. Wir sind erleichtert, als endlich in weiter Ferne die Ortschaft inmitten dieser Wüste auftaucht. Die Stadt erstrahlt im Abendlicht in goldenem Glanz.

Sênggê Zangbo liegt in der Nähe der Quelle des Indus am nordwestlichen Fuße des Transhimalayas. Der Name der Stadt bedeutet „Löwenquelle" und rührt von der Form des Quelltopfes her, die an den Umriss eines Löwenkopfes erinnert.

Früher waren die Ufer des Indus dicht mit Tamarisken bewachsen, widerstandsfähige Bäume, die auch in dieser Höhe noch gedeihen. Die frühere Bezirkshauptstadt wurde oft von Sandstürmen geplagt. Als im Jahr 1964 die Fernstraße von Xinjiang für den Verkehr freigegeben wurde, verlegte man die Bezirkshauptstadt von Gar in die Oase Sênggê Zangbo. Beim Aufbau des Städtchens standen vor allem wirtschaftliche Maßnahmen im Vordergrund, ökologische Aspekte spielten keine Rolle und in kürzester Zeit waren die Wälder abgeholzt. Fast in jedem der Gebäude im Ort ist das Holz der Tamarisken verbaut. Schon bald war auch Sênggê Zangbo eine „Wüstenstadt", Sandmassen türmen sich so weit das Auge reicht in allen erdenklichen Formationen, wo früher Viehherden in dichten Wäldern grasten. Nur ein paar vereinzelte Tamarisken schwanken noch zwischen den Sanddünen im Wind.

Im Bezirk Ngari leben auf einer Fläche von etwa 300.000 km² nur knapp 60.000 Einwohner, im Schnitt kommt ein Einwohner auf fünf Quadratkilometer Fläche, damit ist Ngari eines der am dünnsten besiedelten Gebiete der Erde.

Sênggê Zangbo ist der lebendigste Ort im ganzen Bezirk Ngari, es ist, als gehöre er nicht in diese Welt. Entlang der Hauptstraße gibt es sieben oder acht Tankstellen und auch um das Abendessen müssen wir uns keine Sorgen machen, hier findet man alles, was der Gaumen begehrt. Es gibt Trockenfrüchte und Spezialitäten aus Xinjiang, Sichuan-Restaurants, außerdem Friseure, Hotels, Telekom-Läden, Tanzhallen, Internet-

Fahrgemeinschaften sind unverzichtbar, um sich gegenseitig aus dem Schlamm helfen zu können

Bars und vieles mehr. Menschen drängen sich in den Straßen. Rote Taxis brausen durch die Stadt, sie wurden auf LKWs hertransportiert, auf ihren eigenen Rädern hätten es nie geschafft, bis hierher durchzukommen. Der Oberlauf des Indus fließt gemächlich durch die Stadt, er erinnert an eine gigantische glücksbringende Hada. Auf beiden Seiten des Flusses erstreckt sich ein Grünstreifen von etwa einem Kilometer Länge. Hier hat man vor einiger Zeit Weidenbäume eingepflanzt, die einst am Ufer eines 200 km entfernen Sees wuchsen.

Sven Hedin hat vor 80 Jahren als erster Forscher die Quelle des Indus lokalisiert. Was er wohl sagen würde, wenn er die Entwicklung der einst gottverlassenen Siedlung zum modernsten Handelszentrum im Westen des Schneelandes sehen könnte?

Das gewaltige Bergmassiv, das sich hinter dem Ort erhebt, erinnert einmal mehr an die Kraft der Natur

8. Tag: Rutog – ein See und himmlisches Licht im äußersten Westen

Route: Sênggê Zangbo – Lameila-Berg – Fels-reliefs bei Risong – Rutog – Pangong-See – Sênggê Zangbo
Fahrtzeit: 08:00 – 17:00 Uhr, 9 Stunden
Distanz: 300 km
Höhe: Sênggê Zangbo 4300 m ü.d.M.

Ein Blick auf die Landkarte zeigt: Rutog liegt im äußersten Westen Chinas. „Ort an der Spitze des Yak-Horns", so heißt Rutog treffenderweise

übersetzt. Wir überqueren den Pass am Lameila in 4800 m Höhe, mit einem Ruf aus dem Fenster grüßen wir die Berggeister. Die Höhe macht uns nichts mehr aus. In der Wüste zeigt sich die Vielfalt der Natur. Die endlose Weite des sandigen Landes, seine Formen und Farben, sie rufen einem erst das ganze Ausmaß an Schönheit, das unsere Erde zu bieten hat, ins Bewusstsein.

Verborgene Felsreliefs

126 km beträgt die Strecke von Sênggê Zangbo bis nach Rutog. Unbeschwert und in bester Laune fahren wir dahin. Die Gegend ist menschenleer, nicht einmal Hirten leben hier, das

Steinreliefs am Pangong-See

einzige Geräusch ist die leise Stimme des Windes. Die Wolken am azurblauen Himmel sind zum Greifen nahe. Wir genießen unser freies, ungezwungenes Dasein. Auf den Sandwällen auf beiden Seiten der Straße sind riesige Steinquader aufgeschichtet, man kommt sich vor wie in einem überdimensionalen Labyrinth. Der Grund für diese Aufbauten ist jedoch ganz profan, die Steinwände sollen die Straße gegen Überflutungen und Sandverwehungen schützen. Die gigantischen Blöcke in diesem Niemandsland zeigen überdeutlich, was Menschen zu bewegen imstande sind.

Immer wieder betrachten wir die Felsen am Rande der Straße eingehender, hier sollen die bekannten Rutoger Felsreliefs zu sehen sein. Aber im Nu sind wir in Risong, ohne ein einziges der Kunstwerke entdeckt zu haben – offenbar sind sie so unscheinbar, dass wir sie übersehen haben. Also kehren wir um, und tatsächlich: bei Kilometer 970 der B219 entdecken wir endlich ein Felsbild, umrahmt von weißen Hadas. Vor langer Zeit haben Menschen mit Steinwerkzeugen ihren Alltag in den Fels gemeißelt: Jagd- und Opferszenen, Pferde, Esel, Schafe und Rinder, Menschen bei der Feldarbeit, Sonne, Mond, Berge, Gazellen, Häuser... Ngari war einst das Zentrum des Reiches Zhangzhung. Diese Felsreliefs sind – wie auch die überlieferten Schriften – Zeugen der Kultur und Lebensweise während der frühen Besiedlung Tibets. Die meisten der Reliefs finden sich hier im Kreis Rutog. Das interessanteste ist wohl das bei Jiwupu in einem ausgetrockneten Flusstal. Hier befindet sich ein großer, senkrechter Felsen, der mit eingemeißelten Tieren, reitenden und tanzenden Menschen übersät ist. Eines der Reliefs zeigt eine Kolonne von mehr als 100 kleinwüchsigen Menschen mit je einem Lastensack auf dem Rücken, die einen Bergpfad entlanggehen. Dieser „Zwergenmarsch" ist ein wertvolles Relikt aus der frühen Hirtenkultur Zentralasiens. Aber warum wurden diese Reliefs in dieser unbewohnten Einöde in den Berg geschlagen? Gab es auch in bewohnten Gebieten Reliefs, die später zerstört wurden? Oder waren in alter Zeit die Umweltbedingungen so anders als heute, dass dieses Gebiet durchaus für menschliches Leben geeignet war?

Die Steinreliefs sind von der Straße aus erkennbar, aber viel ist nicht mehr erhalten. Unterhalb des Bildes, das wir gerade betrachten, ist gerade ein Bagger bei der Arbeit. Eine Hinweistafel steckt schief im Sand, die Szenerie wirkt trostlos. Diese Zeugnisse aus uralten Zeiten sind Wind und Wetter schutzlos ausgesetzt: Werden auch sie genau wie das Zhangzhung-Reich eines Tages spurlos verschwunden sein?

Ein Geschenk des Himmels

Rutog ist von Seen „eingeschlossen". Zwölf Kilometer außerhalb des Ortes beginnt ein Grabenbruch mit einem der längsten Seen innerhalb einer solchen geologischen Formation – dem Pangong-See.

Seine ganz besondere Lage und die unberührte Natur ringsum machen die Schönheit dieses Sees aus. Der tibetische Name Pangong bedeutet „langhalsiger Schwan". Auf Indisch wird er „heller und schmaler See" genannt. Auf einer Höhe von 4242 m erstreckt er sich bis über die indische Grenze, seine Form ähnelt der Augenbraue einer indischen Schönheit. Zwei Drittel seiner Fläche liegen im tibetischen Bezirk Ngari, ein Drittel in dem von Indien kontrollierten Teil Kaschmirs. Über eine Strecke von insgesamt 155 km schlängelt sich der smaragdgrüne See durch die gelb-braune Wüste.. Es ist der längste See Tibets.

Bemerkenswert ist, dass das Wasser in diesem See zum Teil extrem unterschiedliche Qualitäten aufweist: Der tibetische Teil besteht aus klarem Süßwasser, hier ist ein Paradies für Fische und Vögel. In Kaschmir dagegen ist das Wasser salzig, es riecht unangenehm und ist für Mensch und Tier ungenießbar. Es gibt keine Fische, selbst die Umgebung des Sees wirkt wie ausgestorben.

Es heißt, dass indische Soldaten während des chinesisch-indischen Krieges im Jahr 1962 nachts heimlich die Grenze überquert haben, um an Trinkwasser zu kommen.

China hat inzwischen 30 Sümpfe und Seen in das internationale Abkommen zum Schutz von Feuchtgebieten aufgenommen, darunter ist auch der Pangong See. Der See liegt sehr abgelegen, früher hat sich kaum ein Tourist hierher verirrt. Das riesige Gewässer bietet mehreren Dutzend Vogelarten wie Kranichen, Wildgänsen, verschiedenen Möwenarten und Enten sowie zahlreichen anderen Tieren einen idealen Lebensraum. Drei Brutinseln liegen im See, die höchstgelegenen der Welt. Eine vierte Insel haben Mäuse in Besitz genommen. Im Juni und Juli ist Brutzeit, dann kommen hunderttausende Vögel hierher geflogen, das reinste Vogelparadies – von einigen Räubern wie Füchsen und Ratten, die es auf die Eier abgesehen haben, einmal abgesehen.

Felsrelief bei Risong

Am Ufer steht eine Reihe von Herbergen, davor befindet sich eine Anlegestelle. Bis vor kurzem konnten Reisende hier Karpfen fischen und mit dem Boot zu den Vogelinseln fahren. Doch seitdem sich vor einigen Jahren ein Unfall ereignete, bei dem vier Touristen ertranken, ist der Bootsbetrieb eingestellt. Also blicken wir vom Ufer aus auf den Grund des glasklaren Sees und werfen aus der Ferne einen Blick auf die Vogelinseln. Wir sind nicht traurig darüber, im Gegenteil: Diese Maßnahme schützt das empfindliche Ökosystem, das Schaden nehmen würde, wenn hier Motorboote unterwegs wären oder Menschen die Vogelinseln betreten dürften.

Es gibt ohnehin nur noch wenige Gebiete auf der Welt, die von menschlichem Einfluss verschont geblieben sind und noch nicht kommerziell erschlossen wurden. Es besteht Hoffnung, dass der Pangong-See das paradiesische, unbefleckte Stück Erde bleibt, das er ist!

Nach einer tibetischen Sage schlossen vor langer Zeit Mensch und Kranich Bruderschaft. Der Mensch schenkte dem Kranich drei seiner Haare, die er – als Zeichen der Verbundenheit mit den Menschen – fortan auf seinem Kopf tragen sollte. Von dieser Geste gerührt, schenkten die Götter den Menschen und den Tieren Tibets den Pangong-See, in dem sie in Frieden vereint unter dem Glanz der Sterne ein Bad nehmen konnten, wann immer ihnen danach war.

9. Tag: Ein Regenbogen über dem Königreich

Route: Sênggê Zangbo – Naburu – Ba'er – Lehmformationen bei Zanda – Kloster Tuolin – Ruinen von Guge – Zhaburang
Fahrtzeit: 07:00 – 17:00 Uhr, 10 Stunden
Distanz: 270 km
Höhe: Zanda 3760 m ü.d.M.

Ngari liegt so weit im Westen, dass es im Sommer erst gegen zehn Uhr abends dunkel wird, am Morgen wird es dafür erst gegen acht Uhr hell. Zwei Tage hatten wir nur schönstes Wetter, ein gutes Omen. Der Himmel meint es gut mit uns. Wir beschließen, diesmal eine andere Strecke nach Zanda zu nehmen. Die Ruinen von Guge möchten wir unbedingt noch besuchen. Erst wenn wir dieses letzte Ziel unserer Reise erreicht haben, können wir tatsächlich behaupten, Ngari bereist zu haben. Im Morgengrauen folgen wir den Wolken des neuen Tages und machen uns wieder auf den Weg.

Vor den Ruinen von Guge

Verirrt zwischen den Füßen eines Riesen

Da es nicht geregnet hat, kann der saisonale Fluss diesmal problemlos durchfahren werden. Auf der Bergstraße sind wir einmal etwas unvorsichtig und bleiben in einem tiefen Schlammloch stecken. Doch wir haben Glück: Kaum zehn Minuten später kommt ein LKW-Fahrer vorbei, der uns herauszieht. Am Kilometerstein 110 auf der Kreisstraße 701 begrüßen uns die gewaltigen Lehmformationen von Zanda.

Diese Landschaft aus Erde und Lehm ist eine Geländeform, die wir in Tibet bisher noch nicht gesehen haben. Vor gut einer Million Jahren lag zwischen Zanda und Burang ein riesiger See mit einem Umfang von mehr als 500 km. Damals gab es hier nur blauen Himmel, Wasser und Wind. Im Laufe der Zeit hob sich der Himalaya und mit ihm das Becken des Sees, der Wasserspiegel senkte sich. Die Strömung und später auch Wind und Wetter kerbten mit der Zeit gewaltige Skulpturen in die Sedimente. Das Gebiet, über das sich diese bizarren Formationen erstrecken, ist heute 175 km lang, 45 km breit und liegt auf einer Höhe von etwa 4500 m. Im Mittagslicht wirkt die Landschaft, als hätten sich überirdische Wesen im Bildhauern versucht. Einige dieser Skulpturen erinnern an mittelalterliche Burgen, andere an tibetische Klöster, wieder andere ragen wie buddhistische Pagoden in die Höhe. Hier kann man seiner Fantasie freien Lauf lassen. Fährt man

Lehmformationen bei Zanda

durch die Lehmformationen, fühlt man sich wie ein Zwerg, der zwischen den Füßen eines Riesen herumläuft.

Wir sind hingerissen von dem Anblick, bis wir plötzlich merken, dass wir uns heillos verfahren haben. Je weiter wir kommen, desto ausgloser erscheint das Labyrinth. Endlich treffen wir auf einen Hirten. Er weist uns den Weg zur Straße und wir müssen feststellen, dass wir einen großen Bogen gemacht haben und zurück in Richtung des großen Zhidaban-Berges gefahren sind. Wir müssen laut lachen – so etwas ist uns auf der ganzen Reise noch nicht passiert!

Das versteckte Kloster Tuolin

Das Kloster Tuolin liegt etwas abseits in einer Seitenstraße. Tuolin bedeutet das „schwebende Kloster". Im Jahr 996 legten zwei Mönche aus Guge oberhalb des Flusses seinen Grundstein. Die Gebäude, fünf heilige Hallen mit ihren Gebetstrommeln, die Behausungen der Mönche, Pagoden und Stupas, alles passt sich den Gegebenheiten der Felslandschaft an. Tuolin gilt als das wichtigste Kloster in Ngari, die Missionsbewegung des tibetischen Buddhismus nahm im 11. Jahrhundert von hier ihren Anfang. Über lange Zeit war das Schicksal des Klosters eng mit dem des Reiches Guge verbunden.

Mittags um zwei Uhr haben wir das Kloster erreicht. Die Sonne am Himmel und die Dächer des Klosters leuchten in perfekter Harmonie. Nur zwei der heiligen Hallen, die rote Dukang-Halle und die weiße Lakang-Halle haben die Wirren mehrerer Kriege und der Kulturrevolution unbeschadet überstanden. Die rote Halle ist der Versammlungsraum der Mönche. Ihre Säulen, die Decke und alle vier Seitenwände sind mit Wandmalereien bedeckt. Die weiße Halle ist Sakyamu-ni geweiht, aber die Statue des Religionsgründers ist mit vielen Kratzern verunstaltet, die einstigen 14 Skulpturen buddhistischer Heiliger sind spurlos verschwunden, nur noch die Sockel vor den bröckelnden Wänden stehen da. Man kann sich nur vorstellen, wie es hier einmal ausgesehen haben mag. Vor der Statue Sakyamunis stehen Butterlampen, ein paar Tibeterinnen füllen gerade Yakbutter nach.

Die teils über 1000 Jahre alten Wandmalereien im Kloster Tuolin lassen mein Herz höher schlagen. Deutlich zeigt sich der Einfluss verschiedener Kulturen aus Indien, Persien, Kaschmir und Xinjiang. Der Stil ist deutlich anders als der der holzschnittartigen, penibel gestalteten Wandbilder in Zentraltibet. Der Kontakt zur Außenwelt hat Generationen von Künstlern in Guge inspiriert und beflügelt. Weltliche Einflüsse haben hier ihren Weg in die religiöse Kunst gefunden. Auf den Bildern sieht man nicht nur buddhistische Figuren, sondern auch Könige, religiöse Würdenträger, Übersetzer buddhistischer Schriften, Gesandte, Mönche sowie Frauen und Kinder bei ihren Alltagsbeschäftigungen. Von buddhistischen Riten bis zu weltlichen Feiern, von der harten Arbeit des Volkes bis zu Szenen, in denen Dienerinnen dem König den Duft feiner Essenzen zufächeln, gibt es kaum etwas, das nicht im Bild festgehalten wurde.

In der roten Halle findet man in zwei gegenüberliegenden Ecken Bilder von 16 Vajra-Tänzerinnen auf die Wände gemalt, die Körper in S-förmiger Positur, die Brüste herausgestreckt, mit fliegenden Gewändern. Die Betonung solch weiblicher körperlicher Attraktivität ist sonst in tibetischen Wandmalereien absolut verpönt.

Die Bilder erstrahlen in den Farben Azurblau, Kupfergrün, Lehmgelb, Ockerrot, Zinnoberrot,

Emailleweiß, metallisch Grau, Indigoblau, Kürbisgelb, Kiefernfarben und vielen anderen Schattierungen. Um diese verschwenderische Farbenvielfalt zu bewahren, bestrichen die Künstler die fertigen Bilder mit einem glänzenden Lack, sodass die Farben bis heute nicht verblasst sind.

Während der Kulturrevolution wurden die beiden Hallen als Getreidespeicher genutzt, immerhin blieben so die Wandbilder vor Zerstörungen verschont. Um die Bilder vor dem Ausbleichen zu schützen, gibt es im Inneren bis heute kein elektrisches Licht. Im Schein einer Taschenlampe zeigt uns ein Mönch tanzende Feen, Göttinnen, Vajras, und Schutzheilige. Es ist, als kämen diese überirdischen Geschöpfe in diesem Augenblick vom Himmel zur Erde geschwebt. Das Königreich ist zwar seit 1000 Jahren zerfallen, doch die Pracht seiner Bilder ist bis heute erhalten geblieben, sie begeistern mit ihrer Lebendigkeit. In unveränderter Brillanz führen auch dem modernen Betrachter alle Schattierungen des weltlichen und geistigen Lebens jener Zeit vor Augen. Der Anblick erinnert mich an eine Inschrift, die ich in einem anderen Kloster gelesen habe: „Für erschöpfte Reisende aus der Ferne, für alle verlassenen Seelen, für alle, die das harte Los eines Waisen ertragen müssen, für euch alle haben wir dieses vollkommene Kloster gebaut." Unter Aufgebot unserer letzten Kraftreserven haben wir auch diese Etappe unserer Reise bewältigt, nun werden wir reich belohnt: Mit eigenen Augen dürfen wir diese einzigartigen Kunstwerke einer längst vergangenen Epoche bewundern, welch ein Geschenk des Himmels!

Das verschwundene Königreich

Am Ufer des Ganges ragen auf einer fußballplatzgroßen Fläche 200 Pagoden aller Größen in den Himmel. Im Sonnenschein drehen Tibeter ihre Gebetsmühlen und umkreisen dabei die Pagoden. Vor 1100 Jahren stand hier das mächtige Königreich Guge in voller Blüte.

Entlang einer Schotterstraße fahren wir weitere 20 km nach Westen, wo sich die Ruinen des verfallenen Reiches am Südufer des Ganges befinden.

„Nach einer verlorenen Schlacht ist Guge zerfallen. 1985 waren wir das erste Mal dort, damals lagen noch überall Rüstungen, Helme und zerbrochene Buddhastatuen herum, als wäre der Krieg gerade erst zu Ende gegangen..." Diese Szene tat sich vor dem Fotografen Song Tongchang auf, als er das erste Mal dieses jungfräuliche Ausgrabungsgebiet betrat.

Die historische Stadt Guge war an einen mehr als 300 m hohen, ockerfarbenen Berghang gebaut, die Fläche umfasste etwa 200.000 m². Von unten nach oben wurden Stadtmauer, Wohnhöhlen, Pagoden, Wehrtürme, Stichstraßen, Klöster und ganz an der Spitze der Königspalast übereinander gebaut. Es ist immer noch ein beeindruckender Anblick. Die historische Stadtmauer ist eng mit der Felsenlandschaft verwoben, es ist schwer zu sagen, was Naturgestein und was menschliche Bauten sind.

Wie konnte solch ein starkes, mächtiges Reich, das sich in einer Hochphase kultureller und religiöser Entwicklung befand, beinahe über Nacht untergehen? Die Bauten wurden dem Verfall überlassen, die Existenz des Reiches vergessen. Weder wurden die Gebäude geplündert, noch Schrift und Religion übernommen, Wandmalereien und andere Kunstformen weiterentwickelt. Was war geschehen?

Nach Erkenntnissen der Archäologen existierte das Königreich Guge vom 9. bis ins 17. Jahr-

Die Wandmalereien im Kloster Tuolin zeigen südasiatischen Einfluss

hundert, also mehr als 700 Jahre, eine Dynastie mit 16 aufeinanderfolgenden Königen. Im Jahre 1635 nahmen Krieger aus dem weiter westlich gelegenen Ladakh Guge ein. Nach langem Kampf ergab sich der König von Guge, um das Volk vor der vollständigen Vernichtung zu bewahren. Doch die Ladakher hielten sich nicht an die Abmachung, die Zivilbevölkerung zu schonen und richteten ein Massaker an. Ein Indiz dafür sind die zahlreiche Skelette mit abgeschlagenen Köpfen, die noch heute in den Grabhöhlen der Ruinenstadt zu finden sind. Aber die feindliche Invasion, das Massaker und selbst der Sturz des Königs erklären nicht, warum die Kultur Guges so nachhaltig ausgelöscht wurde. Wie konnten

die 100.000 Einwohner Guges spurlos verschwinden? Wohin gingen ihre Nachfahren?

Eine Erklärung mag in den veränderten Umweltbedingungen liegen: Durch die Verlagerung des Ganges hat sich die Wüste ausgebreitet, die einst grüne Oase von damals, die die Bevölkerung Guges ernähren konnte, trocknete aus.

Während ich noch meinen Gedanken nachhänge, haben wir die Ruinen erreicht. Über einen kleinen Schotterweg steigen wir zu den beiden Klöstern hinauf – eines weiß, eines rot – und schließlich zum Königspalast, der unterhalb des Berggipfels liegt. Archäologische Ausgrabungen haben gezeigt, dass Guge den Grundstein für die Entwicklung späterer Kulturen auf dem tibetischen Hochland gelegt hat: Die Bearbeitung von Gold und Silber, das Schmelzen von Metall, die Herstellung von Porzellan, Textilgewerbe und Näherei, Schreinerei, Druck und die Fertigung von Skulpturen nahmen hier ihren Anfang. Eine exquisite buddhistische Bronzefigur auf einer Lotusplattform sitzend, mit vier Armen und einem dritten Auge auf der Stirn, dem „Guge-Silberauge", funkelt in der Sonne. Buddhistische Sutren wurden in Gold- und Silberfarben geschrieben – nur ein Beispiel für den unglaublichen Luxus am Hof und für die hochentwickelte Kultur Guges. Architektur und Wandmalereien in den Palästen der Stadt erinnern an jene im Klosters Tuolin. Im roten Kloster sticht das Bild einer Opferfeier ins Auge: In kräftigen Farben ist dargestellt, wie Yixiwo, der König von Guge, den buddhistischen Gelehrten Attisha aus Indien empfängt. Eine große Menschenmenge umringt den Mönch im Lotussitz. In der ersten Reihe stehen der König, die Prinzen, Minister und Prinzessinnen, dahinter ausländische Pilger mit ihren Pferden. Woher diese Pilger kommen, ist an ihrer landestypischen Kleidung erkennbar. Ganz hinten stehen schließlich Gläubige aus dem Volk. Tänzerinnen bewegen sich elegant, daneben sind Bläser und Trommler zu sehen. Das Bild hat die feierliche Atmosphäre, die diese Versammlung ausstrahlt, so gut eingefangen, dass man sich direkt in das Guge zu seiner besten Zeit hineinversetzt fühlt.

Am Fuße der Ruinen liegt das Dorf Zhaburang. Die etwa 30 Familien, die hier leben, sind jedoch keineswegs Nachfahren der Bewohner Guges. Sie sind aus anderen Teilen Tibets hierhergezogen, da sie von der Regierung Häuser mit einem Innenhof zugewiesen bekommen haben. Auf diese Weise wurden sie zu den Beschützern der Ruinen, die neuen Bewohner einer Siedlung unterhalb des Königspalastes. Einer dieser „Aufseher" nimmt uns mit zu sich nach Hause. Viele der Dorfbewohner haben ihren Hof zu einem Familienhotel ausgebaut, sodass Reisende eine Unterkunft finden, wenn sie Guge besuchen. Entlang des Dorfwegs haben die Bewohner Pappeln angepflanzt, in den Höfen wachsen Hochlandblumen. In jedem Hof liegt Kuhdung als Brennmaterial aufgeschichtet. Zur Architektur gehört auch ein Brunnen, ein mit Sonnenenergie betriebener Herd und ein Wintergarten. Ich sitze in der wärmenden Sonne. Ich stelle mir vor, wir wären Teil einer jener Szenen, die wir auf den Wandbildern im alten Guge gesehen haben. Nichts in dieser neuen Siedlung erinnert mehr an die vor 1000 Jahren verlassenen Bauten, die wir gerade besichtigt haben – nur die Abgeschiedenheit dieses kleinen Paradieses wird damals vielleicht die gleiche gewesen sein.

Einsam stehen wir auf einem Feld. Ein kalter Wind weht, still warten wir auf den berühmten Sonnenuntergang vor der imposanten Kulisse von Guge. Um neun Uhr abends durchbricht ein goldener Strahl die Wolkendecke und lässt die Felslandschaft aufleuchten. Die Ruinen der alten Königsstadt erstrahlen in majestätischer Schönheit. Der Anblick bestätigt die Worte des italienischen Tibetologen Giuseppe Tucci, der vor einem halben Jahrhundert sagte: „Sie haben Not und Elend durchgestanden, aber eines Tages wird Guge wieder zu einem der schönsten Plätze dieser Erde werden."

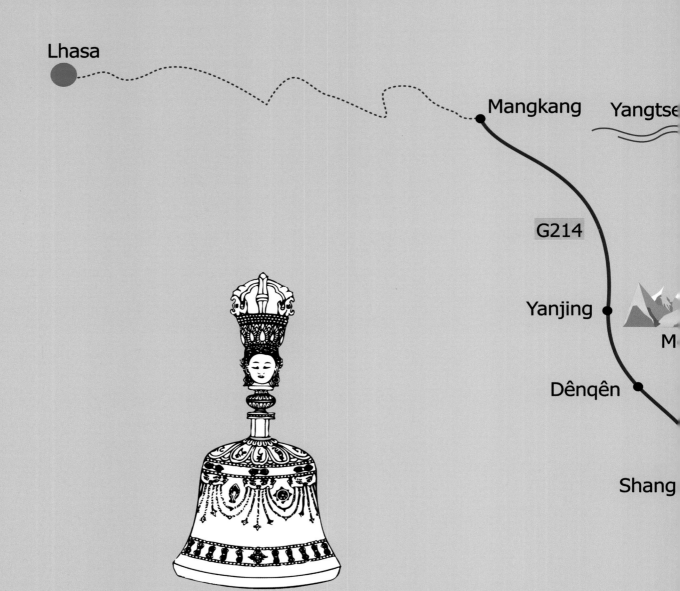

Lhasa

Mangkang   Yangtse

G214

Yanjing   M

Dênqên

Shang

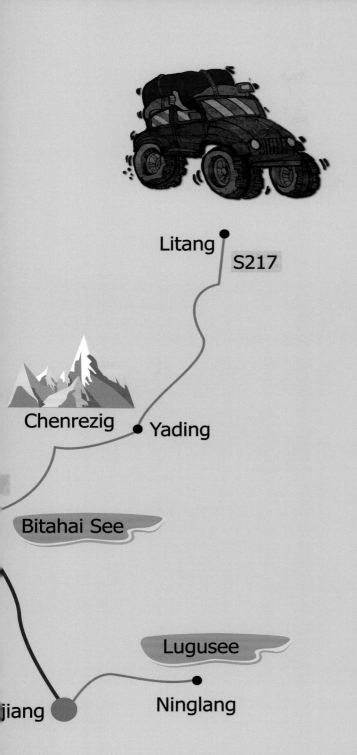

Litang

S217

Chenrezig

Yading

Bitahai See

Lugusee

jiang

Ninglang

**D. TIBET –
YUNNAN:**
Entlang der alten
Karawanenstraße

Die vierte Reise

D. Tibet – Yunnan:
Entlang der alten Karawanenstraße

Route: Litang – Yading – Zhongdian (Shangri-la) – Lijiang – Lugu-See – Dênqên – Yanjing – Mangkang
Gesamtstrecke: 1930 km
Reine Fahrtdauer: 5 Tage
Fahrtdauer mit Zwischenstops und Besichtigungen: 8 Tage
Höhe: Minimum 1973 m ü.d.M. in Dali, Maximum 4120 m ü.d.M. in Bangda

Es gibt wohl keine andere Straße auf der Welt, auf der es gleichzeitig so viel reichhaltige Kultur und so gewaltige Landschaften zu sehen gibt, wie auf der alten Karawanenstraße nach Tibet.

Im Jahr 1973 wurde die 1930 km lange Bundesstraße 214 von Yunnan nach Tibet gebaut. Sie beginnt im Süden Chinas, in Jinghong, an der Grenze zu Laos, und führt über Lincang, Dali, Lijiang, Zhongdian und Deqin in Yunnan bis nach Yanjing, Mangkang, Zuogong und Qamdo in Tibet. Der größte Teil der Strecke folgt dem Verlauf der alten Karawanenstraße nach Tibet, der sogenannten „Tee-und-Pferde-Straße", benannt nach den beiden wichtigsten Handelsgütern der damaligen Zeit. Die Anfänge liegen in der Tang- (617-907) und der Song-Dynastie (960-1279), seine Blütezeit erlebte der Handelsweg aber erst in der Qing-Dynastie (1644-1911). Pferde, Maultiere, Felle und traditionelle Heilpflanzen aus Tibet wurden gegen Tee, Stoffe, Salz und Haushaltsgegenstände aus Yunnan getauscht. Unzählige

Karawanen zogen über die Höhen und durch die tiefen Täler des Hengduan-Gebirges, an schneebedeckten Bergen vorbei, über Grasebenen und durch Urwald, über drei Ströme, den Yangtse, den Mekong und den Nujiang. Sie transportierten Tee in das hochgelegene und kalte Tibet und weit darüber hinaus, bis nach Mittelasien. Während der Ming-Dynastie (1368-1644) hatte ein gutes Pferd den Gegenwert von 60 kg Tee. Damals hieß es in Tibet: „Mit jedem weiteren Berg, über den der Tee transportiert wird, steigt sein Wert.

Die bunten Haustüren zeugen vom einstigen Wohlstand der Menschen an der Karawananstraße

Jahr für Jahr machten sich die Karawanen auf den beschwerlichen Weg und trotzten Sturm und Schnee. Den hellen Klang der Pferdeglocken und das Trappeln der Hufe in der Stille der Täler und Bergwälder kann man sich noch heute gut vorstellen. Die Händler verbanden Yunnan, Sichuan und Tibet zu einem großen Dreieck. Sie legten damit den Grundstein für den modernen Handel, gleichzeitig waren sie auch Entdecker und Abenteurer. Mutig allen Gefahren und Strapazen trotzend, schufen sie Wohlstand und Kultur entlang dieser höchstgelegenen und gefährlichen Handelsstraße.

Heute ist die Route, die Yunnan und Tibet verbindet, schon lange keine von der Welt abgeschiedene Einöde mehr. Verglichen mit den anderen Routen nach Tibet ist diese alte Handelsstraße weit weniger herausfordernd: Sie führt über keine extreme Höhen, die Straße ist bequem und gut ausgebaut. Das Besondere an dieser Strecke ist, dass sich die Kultur von einer Siedlung zur nächsten wandelt. Viele Ethnien leben in diesem Gebiet und jede hat ihre eigenen kulturellen Merkmale. Das zeigt sich am Stil der Häuser, der Kleidung, den Sitten und Gebräuchen, der Sprache, den religiösen Symbolen, den Farben und Formen der Klöster. Es ist gelebte und über lange Zeit gewachsene Multikulturalität. Hier wird der Weg tatsächlich zum Ziel. Wir lassen uns von der Warmherzigkeit der Menschen verzaubern, tauchen ein in die grandiosen Landschaften und erweitern mit jedem Kilometer, den wir zurücklegen, unseren Lebenshorizont, befreien unsere Seelen.

1. Tag: Daocheng – der Sonne entgegen

Route: Litang – Haizi – Sangdui – Daocheng – Riwa – Yading
Fahrtzeit: 08:00 – 18:00 Uhr, 10 Stunden
Distanz: 252 km
Höhe: Daocheng 3700 m ü.d.M.
Yading 3900 m ü.d.M.

Litang liegt an der Südroute zwischen Sichuan und Tibet, von hier aus in Richtung Süden auf der gut ausgebauten Landesstraße 217 erreicht man den Kreis Daocheng und das Naturschutzgebiet Yading.

Als erster westlicher Reisender entdeckte der amerikanische Abenteurer Joseph Rock dieses Paradies auf Erden. 1928 brach er von Lijiang in der Provinz Yunnan auf, mit einer Karawane von 20 Pferden zog er über Sichuan nach Daocheng. Seine Bilder in der Zeitschrift „National Geographic" lösten einen wahren Begeisterungssturm aus. Tief bewegt schrieb Rock: „Auf der ganzen Welt gibt es wohl keine vergleichbare Landschaft, sie wartet geradezu auf Fotografen und Abenteurer." Daocheng und Yading wurden zum Ziel der Träume, man meinte, das verlorene Paradies Shangrila gefunden zu haben.

Seen aus einer anderen Welt am Berg Haizi

Der Landkreis Daocheng erstreckt sich über eine riesige Fläche von 7323 km^2, ein großer Teil davon schläft tief unter ewigen Eisbergen. Wir sind auf der Suche nach bewegenden Details, wir wollen Spuren der ältesten menschlichen Siedlungen und wirklich unberührte Natur finden.

In Litang haben wir zwei Anhalter aufgelesen, Yanzi und Tuoluo. Wie wir, haben auch die

Späte Rast an der Karawanenstraße

beiden sich vorgenommen, Orte aufzuspüren, von denen es heißt, dass sie nur im Traum existieren.

114 km fahren wird bis nach Sangdui. Selbst Tote wären bei dem Gerüttel über die Unebenheiten wieder zum Leben erwacht.

Die Straßenschilder entlang des Straßenrandes sind rudimentär: Sie bestehen aus einem an einer Stange befestigten Holzbrett auf das ein Pfeil gemalt ist, der die Richtung weist. Mann muss sich darauf verlassen, dass das stimmt – wäre man in der falschen Richtung unterwegs, würde es in dieser menschenleeren Gegend Stunden dauern, bis man es bemerkt. Doch heute gilt für uns die zusätzliche Orientierungshilfe: Der Sonne entgegen!

Wir überqueren den Pass am Berg Haizi in 4000 m Höhe, das dunkelgrüne Grasland, wie

es in den Liedern der Hirten besungen wird, verschwindet aus dem Sichtfeld und macht einer Steinwüste Platz. Die riesigen Felsbrocken sind das offensichtlichste Überbleibsel der letzten Eiszeit. Eine weite Mondlandschaft voller Granitsteine in allen Größen und Formen. Zwischen den Gesteinsbrocken entdecken wir einige klare Schmelzwasserseen, sie sorgen für etwas Romantik in dieser baum- und strauchlosen Hochebene.

Am Ende der Song-Dynastie im Jahr 1144 reiste der Gelehrte Karmapa Dusongqinba mit seinen Schülern ins Tal des Sangdui. In dieser ungewöhnlichen Landschaft gründeten sie ein Kloster der tibetischen Weißmützen-Sekte. Die Mönche haben seit alters her die Fische in der Gegend um das Kloster Tsampa gefüttert, sie sind so zutraulich geworden, dass sie sich sogar streicheln lassen. Ich wate durch das tiefblaue Wasser eines dieser kleinen Seen, die Fische lassen sie sich nicht stören. Unsere kleine Gruppe wandert weiter zwischen den aschfarbenen, runden, kometenartigenen Felsbrocken umher. Uns ist, als wären wir von Zauberhand in graue Vorzeit versetzt worden. Es dauert eine ganze Weile, bis wir den Weg aus dem Labyrinth heraus finden. Das wäre der ideale Drehort für einen Western!

Zu Besuch beim Dorfbürgermeister

Auf Tibetisch bedeutet Yading „der Sonne entgegen". Aber 34 km vor dem Ziel fängt es auf einmal an heftig zu regnen. Die Straße ist etwa sechs oder sieben Meter breit und völlig aufgeweicht. Wir trauen uns kaum, einen Blick hinunter ins Tal zu werfen.

Ein Fahrer, den wir unterwegs treffen, hat an einer Rallye teilgenommen, die quer durch Europa und Asien geführt hat. Auf seinem Wagen klebt der Spruch: „Bei einer Rallye zeigt sich, wer ein wahrer Held ist". Also schöpfen wir neuen Mut.

Wir erfahren allerdings auch, dass eines der fünf Autos, die mit ihm gemeinsam unterwegs waren, gegen eine Felswand gefahren ist, die Steuerung ist kaputt. Deprimiert müssen sie auf einem tibetischen Bauernhof einen Zwischenstopp einlegen und warten, bis jemand mit Ersatzteilen aus Chengdu kommt.

Wir fahren durchweg mit Vierrad-Antrieb, um bergab nicht ins Rutschen zu kommen. Ein Baum liegt quer über der Straße. Beide Männer steigen aus und räumen ihn zur Seite. Der Sprit ist aus, also holen sie den Reservekanister heraus, mein Gefährte saugt mit einem Schlauch Benzin an und füllt den Tank auf. Dabei ist er unvorsichtig

und bekommt ein wenig davon in den Mund. Als er wieder einsteigt, riecht der ganze Wagen nach Benzin. „Ihr dürft jetzt auf keinen Fall rauchen", warne ich.

Gegen 18 Uhr halten wir im strömenden Regen in einem kleinen tibetischen Dorf inmitten eines dichten Waldes nahe Yading. Wir fahren in den Hof des Dorfbürgermeisters Nongduo. Endlich haben wir es bis in diese geheimnisvolle Region um Yading geschafft!

In dem geräumigen Hof der Familie haben zwei Jeeps und eine Unzahl von Pferden, Rindern und Schafen Platz, die Anlage gleicht einem mittelalterlichen Burghof. Nongduo ist nicht zu Hause, seine Frau Wengzhen spricht kein Chinesisch, doch sie merkt sofort, was wir brauchen. Umgehend macht sie sich auf den Weg zu einem Bach, der etwa einen Kilometer vom Haus entfernt ist, und schleppt auf ihrem Rücken ein Fass Wasser für uns herbei.

Bald kommt Nongduo in Begleitung eines gutaussehenden jungen Tibeters nach Hause. Er heißt Sizi Retai, und ist Gemeindesekretär. Der Jeep, der im Hof parkt, gehört ihm, er hat ihn als Auszeichnung von der Kreisverwaltung bekommen.

Als der chinesische Fotograf Lü Linglong im Jahr 1995 für den Bildband „Daocheng" fotografierte, zeigte ihm Sizi Retai, damals Sekretär der Jugendorganisation, zu Pferd die schönsten Gegenden Tibets. Diesmal ist er hierher ins Dorf gekommen, um die Straßenbauarbeiten vor Ort zu überwachen. Die Dorfbewohner hoffen, dass die neue Touristenroute den Menschen in der Gegend Wohlstand bringen wird.

Bald gehen die Lichter im Dorf aus, nur der Mond leuchtet noch am Himmel. Wir drängen uns um den Ofen im zweiten Stock, swo die

Der heilige Berg Meili darf nicht bestiegen werden

Familie windgetrocknetes Rindfleisch röstet. Als das Wasser kocht, wird Buttertee aufgegossen und Tsampa angerührt, zusammen mit dem Rindfleisch ergibt das unser Abendessen.

Schon im Alter von 24 Jahren wurde Nongduo Dorfbürgermeister, inzwischen macht er diesen Job schon seit 30 Jahren. Sizi Retai hat eine Hochschule besucht, er ist ein vielversprechender Nachwuchsbeamter. Beim Essen singt er gutgelaunt das Lied „Mutters Schaffelljacke".

Wir empfinden das Essen als etwas eintönig, doch zum Glück hat Wengzhen am Nachmittag ein paar Pilze im Wald gesammelt. Sie wäscht und salzt sie und gibt uns ein paar davon zum Probieren. Bergpilze aus Daocheng sind ausgesprochen wertvoll, sie werden bis nach Japan und Korea verkauft. Mit großem Appetit lassen wir es uns schmecken.

Die Nacht in der Abgeschiedenheit Yadings ist still und mild. Wir schlafen auf einem bunten tibetischen Teppich. Die Bettdecke riecht

nach einer Mischung aus Viehdung und ranziger Yakbutter, wir nehmen also lieber unsere eigenen Kleider und decken uns damit zu. Über uns befindet sich eine Lüftung in der Wand, davor hängt ein großes Stück Rindfleisch. Mitten in der Nacht weht es ein paar Regentropfen ins Zimmer.

Sizi Retais Lied begleitet uns in den Schlaf, wir stellen uns vor, gut behütet unter Mutters warmer Schaffelljacke zu liegen.

2. Tag: Das Naturschutzgebiet Yading

Route: Yading – Kloster Chonggu – Luorong-Alm – Qujiuzhaga – Wuse-See – Heiliger Berg Xian'nairi – Karstschlucht – Yading
Fahrtzeit: 05:00 – 20:00 Uhr, 15 Stunden
Distanz: 26 km
Höhe: Luorong-Alm 4180 m ü.d.M.
Qujiuzhaga 5200 m

Weltliches und Religiöses verschmilzt in diesem Teil der Welt. Die Straße in sein Dorf wurde fertiggestellt, deshalb macht sich Sizi Retai zusammen mit seiner Frau und ihrem dreijährigen Sohn auf den Weg, um den heiligen Berg Xian'nairi zu umrunden und dem Berggott zu danken. Impulsiv miete ich im Dorf vier Pferde für uns, wir wollen Sizi Retai auf dem Pilgerweg begleite. In einem tibetischen Liebesgedicht heißt es: „In diesem Leben umkreise ich Berge, Seen und Pagoden, nicht um mich zu vervollkommnen, sondern nur um bei dir zu sein". Die Bedürfnisse eines „lebenden Buddhas" unterscheiden sich gar nicht so sehr von denen gewöhnlicher Menschen. Auch ich verspüre

Mit der „Tochter des Mondes" auf dem Weg zum heiligen Berg

plötzlich das Verlangen, die Welt zu Fuß zu erkunden, den Atem zum Himmel steigen zu lassen.

Zu Besuch auf der Luorong-Alm

Das Naturschutzgebiet Yading besteht aus drei
räumlich getrennten Bergmassiven, im Norden
der Xian'nairi mit 6032 m Höhe, im Süden der
5958 m hohe Yangmaiyong, und im Osten der
Xianuoduoji, ebenfalls 5959 m hoch. Im Tibetischen werden sie „die drei Gönpo-Berge"
genannt. Auf der Rangliste der 24 heiligsten
buddhistischen Stätten stehen sie an elfter Stelle. Unsere Begleiterin Dama (ihr Name bedeutet „Tochter des Mondes"), die eines der Pferde führt, stimmt auf dem Weg mehrfach ein

Loblied auf die Berge an: „Der Yangmaiyong
ist eine Verkörperung des Leibes Buddhas, der
Xian'nairi eine Verkörperung seiner Stimme,
der Xianuoduoji eine Verkörperung seines Wil-
lens". Einmal im Leben als Pilger nach Yading
zu kommen und die in vielen Liedern besun-
genen drei heiligen Berge zu umrunden, das
ist ein Wunschtraum der meisten Tibeter. Viele
Familien bereiten sich ein ganzes Jahr lang auf
solch eine Reise vor, dann ziehen sie mit Sack
und Pack los, um auf Pilgerfahrt zu gehen.
Wir beschränken uns darauf, einen der drei Berge zu umrunden, den 6032 m hohen Xian'nairi.
Unterwegs müssen wir allerdings feststellen,
dass wir weder ausreichend ausgerüstet, noch
mental vorbereitet sind.

Der beste Weg, um das geheimnisvolle Wunderland Shangrila zu entdecken, ist, eine Wanderung in Yading zu unternehmen. Die Tibeter nennen solche abgeschiedenen, selten besuchten Orte „Shambhala". In diesen paradiesischen Flecken Erde leuchtet die Natur in allen Farben, Vögel singen und Blumen blühen, weiße Wolken umhüllen die heiligen Berge, die Seen reflektieren den tiefblauen Himmel. Klares und wohlschmeckendes Schmelzwasser reinigt die Seele.

Doch dieser schmale Reitweg ist alles andere als bequem. Für Tibeter bedeutet eine Pilgerreise immer eine Prüfung ihrer Willenskraft, eine Herausforderung, mit den Unbilden der Natur zurechtzukommen und die extremen Anstrengungen auszuhalten. Die Mühsal einer Pilgerreise soll einem helfen, die „alte Haut" des bisherigen Lebens komplett abzustreifen und neu anzufangen.

Doch uns Touristen fehlt es an wetterfester Kleidung, genug zu essen haben wir auch nicht mitgenommen. Wir hatten gedacht, es würde ein entspannter Ausritt werden. Aber der Weg führt über Geröllfelder und Felsbrocken. Nach drei Stunden erreichen wir die Luorong-Alm auf 4180 m Höhe. Der Weg ist zwar nicht sehr steil und auch nicht besonders gefährlich, dennoch sind meine Beine nach diesem Ritt steif, ich habe Muskelkater.

Woyue, ebenfalls ein Pferdeführer, lässt uns an einem Viehstall Rast einlegen. Jeder von uns bekommt eine Schale warmer, frisch gemolkener Milch zu trinken. Der Hof ist eine Hochalm tibetischer Nomaden und liegt inmitten der drei hohen Bergmassive. Ein schmaler Bach fließt durch die Grasweiden und verschwindet gluckernd in einem Wäldchen. Die kleinen hellen Holzhäuschen leuchten im Sonnenschein. Dieses Plätzchen eignet sich ideal als Basislager, um die drei Berge zu erkunden. Unsere Mitreisende Yanzi

Kleine Rast auf der Luorong-Alm

schlägt vor, nicht weiterzuziehen, sondern hier auf der Alm zu übernachten, entspannt in der Sonne zu sitzen und Buttertee zu trinken, das Leben zu genießen. Doch es scheint, als könne man ein Paradies, das so einfach zu erreichen ist, nicht wirklich genießen. Wenn wir schon so weit gekommen sind, wollen wir den Weg auch zu Ende gehen. Auch, weil nur wenige Touristen den Berg umrunden, stellt die Strecke eine ganz besondere Herausforderung für uns dar – mein Ehrgeiz ist geweckt.

Die Schlucht der Pferdeflüsterer

Natürlich komme ich, „die Verrückte" in der Gruppe, auf die Idee, mich auf solch ein Abenteuer einzulassen. Als wir die Alm verlassen, regnet es leicht und die Berge sind im Nebel nicht zu sehen. Mit nur einem dünnen Plastikumhang gegen den Regen geschützt, setzen wir uns zu viert auf die Pferde und machen uns wieder auf den Weg.

Ohne ortskundigen Führer würden sich nur wenige trauen, bei Schnee und Regen und immer schlechter werdender Sicht auf diesem schmalen Pfad weiterzureiten. Unsere Strecke um den

Xian'nairi ist 20 km lang, es ist der kürzeste Weg um den Berg. Woyue reitet im Trab vor uns her. Während wir ihm langsam folgen, springt er vom Pferd und läuft zu einem Viehstall, aus dem er einen Beutel mit Wildfrüchten holt. Während wir vorwärts reiten, kauen wir die Früchte, um bei Kräften zu bleiben. Am 5200 m hohen Qujiuzhaga-Pass wechseln sich Schnee und Regen ab. Der Weg führt mit einer Steigung von 60 Grad steil bergauf, wir müssen absteigen. Woyue sucht ein paar Äste, die wir als Wanderstöcke benutzen können. Er bindet sich ein Stück Tuch auf den Rücken, in dem er Sizi Retais Sohn tragen kann. Die Pferde lässt er vorweg gehen, uns zieht er an einem Strick vorwärts und schleift uns so über den Pass.

Oberhalb von 5000 m treiben dicke, weiche Schneeflocken im Wind. Dawa, Sizi Retais Frau, fängt eine Flocke auf und legt sie in meine Hand, ich nehme sie mit meinen steif gefrorenen Fingern entgegen. Ohne dass es mir richtig bewusst wird, fühle ich Wärme in mir aufsteigen. Nur wer hoch in die Berge steigt, kann solch ungewöhnliche Erscheinungen am eigenen Leib erfahren. Mir geht es wie einem Menschen, der auf einmal in der Lage ist, Liebe zu empfinden, obwohl er sein ganzes Leben lang einsam war.

Kurz nachdem wir den Bergsattel gegenüber dem Xian'nairi überquert haben, erblicken wir den Wuse-See, den „Fünffarbigen See", der unterhalb von uns auf einer Höhe von auf 4600 m liegt. Plötzlich bricht die Sonne durch die Wolken, das Wasser reflektiert die Strahlen, sodass der See wie ein Zauberteppich aussieht, das Glitzern blendet die Augen. Der Xian'nairi leuchtet in der Sonne, wie ein Berggott thront er hoch über dem See. Endlich meinen es die Berggeister gut mit uns und vertreiben die Wolken.

Vor 90 Jahren schrieb der amerikanische Missionar Joseph Locke über den Xian'nairi begeistert: „Das ist der schönste Berg, den ich je gesehen habe!" Auch wir sind überwältigt von diesem erhabenen Anblick.

Unsere Karawane zieht weiter, nun geht es auf halber Höhe durch eine Karstschlucht, die Felsränder, die oberhalb von uns verlaufen, liegen auf 3800 m Höhe, der Talboden unter uns auf 2900 m. Nebelschwaden wabern durch die Schlucht, schroffe Felsen tauchen auf beiden Seiten des Weges auf. Es ist, als schwebten die Felsen hoch über uns am Himmel, während der Grund der Schlucht kaum zu erkennen ist. Rutscht ein Pferd aus, wird die Schlucht zum Grab für Pferd und Reiter, es besteht keine Möglichkeit, jemanden von da unten zu bergen. Wir sind alle derselben Meinung: Dieser Weg ist zum Reiten denkbar ungeeignet. Die Pferde gehen dicht hintereinander her, ich kann regelrecht fühlen, wie Tier und Reiter vor mir zittern.

Stunden dauert die Angstpartie, ich bereue es, dass wir uns auf dieses Abenteuer eingelassen haben, mein Darm rebelliert vor Panik. Der heftige Regen und die dünne Luft haben nichts mehr von unserer Willenskraft übrig gelassen. Unsere Kleidung, die der Regen komplett durchnässt hatte, hat der eisige Wind inzwischen getrocknet. Kopf und Körper schmerzen. Den Tibetern scheint die Witterung nicht viel auszumachen, unverdrossen nehmen sie an jeder Biegung einen Kieselstein auf und legen ihn auf einen Haufen mit Mani-Steinen, damit die Götter die Reisenden beschützen. Bei all den Unbilden entgeht mir nicht, dass wunderschöner Schneelotus auf diesen Höhen wächst.

Es wird schon dunkel, als wir wieder im Dorf ankommen, die Hunde bellen, die Pferde wiehern. Woyue hilft uns beiden Frauen vom Pferd zu steigen, auf diese einfache Art drückt er seine

Verbundenheit aus. Tränen treten mir in die Augen. Auf 5200 m Höhe hat er mich halb ziehend, halb schiebend über den Pass gebracht. Auf den schmalen Wegen entlang der tiefen Abgründe hat er meine Hand gehalten, wobei er selbst auf der gefährlichen Seite des Weges gegangen ist. Wenn die Stimmung zu kippen drohte, hat er ein fröhliches Lied angestimmt, bis wir uns wieder gefangen hatten oder die Sonne wieder hervorkam.

Am nächsten Morgen erstrahlt das Dorf wieder im Sonnenschein. Ich studiere meine Landkarte, erst jetzt entdecke ich, dass die Karstschlucht, durch die wir gestern geritten sind, auch „Gefängnisschlucht" genannt wird. In alten buddhistischen Schriften wird sie sogar als eines der „acht irdischen Fegefeuer" bezeichnet. Denn nach buddhistischer Vorstellung muss jeder Mensch sie auf dem Weg von der irdischen Welt in den Himmel durchqueren.

Für die Tibeter bedeutet jede Pilgerfahrt eine rituelle Reinigung, eine Kontaktaufnahme mit dem Nirwana. 365 Tage im Jahr, also auch im Winter, umrunden Pilger den heiligen Berg. Ein alter Lama trägt sogar ein Kaninchen, um es auf das nächste Leben vorzubereiten. Und ich selbst? Unterwegs, während wir den Berg umrundeten, hatte ich die Entscheidung, loszureiten, bereut, ich war verzweifelt, es ging mir elendiglich schlecht. Aber auch meiner Seele hat die Tour gutgetan. Denn unterwegs habe ich mir immer wieder gesagt: „Tapfer weitergehen. Immer tapfer weitergehen."

Es gibt keinen Flecken auf der Erde, den man nicht erreichen kann, manche Orte erreicht man nur deshalb nicht, weil die eigene Tapferkeit nicht ausreicht. Ich sitze in meinem Jeep und schreibe meine Gedanken in mein Notebook. Doch nun mache ich Schluss. Ich wasche das Auto, dusche mich selbst in dem eiskalten Schmelzwasser des heiligen Berges Xian'nairi, dann geht es wieder auf den Weg.

3. Tag: Zhongdian – auf nach Shangrila

Route: Yading – Daocheng – Xiaocheng – Daxueshan – Xiaoxueshan – Zhongdian – Bita-Meer
Fahrtzeit: 05:30 – 20:30 Uhr, 15 Stunden
Distanz: 465 km
Höhe: Zhongdian 3300 m ü-d-M.
Bita-Meer 3538 Meter

1933 gelangte der amerikanische Schriftsteller James Hilton nach Zhongdian und schrieb hier seinen Roman „Lost Horizon". Vier Männer und Frauen müssen mit ihrem Flugzeug in einem Tal notlanden. Dort sehen sie den pyramidenförmigen Berg Karakalpak und entdecken das Lamakloster Shangrila. Hier leben die Menschen im Einklang mit der Natur, es ist ein absolut friedlicher Ort. Das Leben ist sorglos und rundum glücklich, ein Paradies auf Erden.

Danach wurde „Shangrila" zu einem Synonym für den Garten Eden, für eine gelebte Utopie. Unzählige Menschen machten sich auf die Suche nach diesen paradiesischen Zuständen. Hilton sagte jedoch, seine Leser würden Shangrila in der realen Welt nicht finden, denn solch ein Ort könne nur im Herzen der Menschen existieren.

Doch seine Worte hatten keinen Effekt, im darauffolgenden halben Jahrhundert gab es immer wiederkehrende Hypes um das angebliche Shangrila. Die Inder erklärten Baltistan in Kaschmir zum Shangrila. Die Nepalesen behaupteten,

Ein Flecken Paradies auf Erden: Der perfekte Platz für eine Rast

Shangrila läge im Mustang-Tal. Und schließlich, im Jahr 2001, änderte die Ortschaft Zhongdian in der chinesischen Provinz Yunnan ihren Namen offiziell in Shangrila um. Der Grund war wohl, dass der alte Ortsname „Zhongdian" auf Tibetisch „Sonne und Mond im Herzen" bedeutet.

Mir persönlich ist aber der ursprüngliche Name „Zhongdian" lieber. Denn wie man sich sein Shangrila ausmalt, sollte jedem Menschen selbst überlassen bleiben.

Auf dem Pferd zum Bita-Meer

Jian'an Lamu zieht mit ihrem Lied die Zuhörer in ihren Bann: „Am Fuß des gewaltigen schneebedeckten Berges, dort am sanften Busen der Natur, dort liegt Zhongdian, mein Shangrila, meine Heimat." Der schönste Flecken in der Umgebung von Zhongdian ist das sogenannte „Bita-Meer". Möchte man nicht zu Fuß gehen, ist der Rücken eines Pferdes die einzige Möglichkeit, dorthin zu gelangen.

Als ich das rostbraune Pferd Dahua besteige, habe ich noch keine Ahnung, wie lang der Weg zum See ist. Da ich aber schon immer mal wie ein echtes Cowgirl unterwegs sein wollte, mache ich mich frohen Mutes auf den Weg.

Ich bin keine gute Reiterin, ich sitze mit verdrehter Hüfte im Sattel, der Rücken ist schief, absolut kein meisterhaftes Bild. Mehrmals fällt jemand aus unserer Gruppe vom Pferd. Eine junge Frau aus Südchina humpelt nach einem Sturz hinter ihrem Pferd her. Wir können sie nicht dazu zu bewegen, noch einmal aufzusteigen.

Aber ich merke, dass ich zu Tieren, zur Natur sowie zu Menschen, die sich eine natürliche Lebensweise bewahrt haben, einen instinktiven Bezug habe. Sehr schnell freunde ich mich mit meinem Pferd an, wir harmonieren bestens. Ich kann die Augen schließen und die Zügel locker halten, ich kann sogar ganz loslassen und versuche, die eine oder andere Yoga-Position einzunehmen. Die Sonne wärmt meine Haut, durch die Haut hindurch wärmt sie mein Herz.

Manchmal auf eigene Faust unterwegs:
Die Pferde im „Tal des blauen Mondes"

Der junge tibetische Führer unserer kleinen Reitergruppe heißt Danzhu. Auf und ab geht es durch das Tal. Schnell lernen wir, genau wie er die Pferde zu dirigieren: Die Silben „adada" lassen sie schneller, ein „wawa" langsamer werden.

Hilton schrieb, das Geheimnisvollste im „Tal des Blauen Mondes" sei, dass es viele Hundertjährige gäbe, die wie Jugendliche wirkten. Ich glaube, es liegt daran, dass sie viel mit dem Pferd unterwegs sind. Reiten hält jung. Danzhu sieht, wie schnell ich mit den Pferden vertraut werde. Ohne Bedenken lässt er Dahua die Führung übernehmen und macht sich davon. Er geht auf die Suche nach einem Pferd, das vor zwei Tagen verschwunden ist.

Langsam zieht unser kleiner Trupp durch die Schlucht, einzelne Sonnenstrahlen fallen durch die schmale Öffnung über uns auf den Talboden. Unterhalb des Weges fließt ein fischreicher, smaragdgrüner Bach. In tausenden von Jahren hat das Wasser die Felsbrocken zu runden Steinen abgeschliffen. Goldgelbe Blätter treiben wie kleine Boote auf dem Wasser, wilde Lilien überwuchern die steilen Hänge, die Luft ist klar und frisch. Jede Faser des Körpers, von den Muskeln bis zu den Haarwurzeln, fühlt sich energetisiert an.

Herden von Yaks, schwarzen Ziegen oder weißen Pferden ziehen frei umher auf der Suche nach saftigen Wiesen, begleitet vom Klingeln ihrer Glöckchen.

Danzhu, der sich wieder zu uns gesellt hat, zeigt mir, welche Tiere seiner Familie gehören. Ich wundere mich, diese Tiere sind in freier Wildbahn geboren, ohne je einen Stall gesehen zu haben. Wie wissen die Besitzer so genau, welche ihre sind?

Einen Sumpf zu durchqueren ist furchteinflößend. Wir haben die Schlucht verlassen und reiten jetzt über scheinbar unendliches Grasland. Eigentlich dachte ich, wir würden zügig vorankommen, sobald wir die Schlucht verlassen hätten, doch das Grasland ist um diese Jahreszeit ein einziger Morast. Mehrfach bleibt ein Pferd mit allen vier Beinen stecken. Bei dem Versuch, freizukommen, kann der Reiter leicht abgeworfen werden.

Danzhu und seine Leute gehen hinter den Pferden her. Eine Stunde lang waten sie im knietiefen Morast, dabei tragen sie sogar noch die Fototaschen von uns Touristen! Der Preis für den vierstündigen Ausritt beträgt 60 Yuan pro Pferd, das ist wenig für diesen harten Job. Später denke ich noch oft unwillkürlich an Danzhu mit seiner Militärmütze und an mein Pferd Dahua zurück.

Der Weg ins gelobte Shangrila ist oft mühselig

Mit wem sie wohl das nächste Mal losziehen werden?

Betrunkene Fische

Noch zwei kleine Berge liegen zwischen uns und dem Bita-Meer. Auch in der chinesischen Provinz Yunnan werden viele Seen „Meer" genannt, zum Beispiel das Er-Meer in Dali und das Napa-Meer in Zhongdian. Erst vor 15 Jahren „entdeckten" Danzhu und seine Freunde das Bihai-Meer. Beim Anblick dieses fast menschenleeren Stücks Erde mit seinen Bergen und Seen kommt mir wieder Shangrila in den Sinn. Auf Tibetisch bedeutet Bihai „von Eichenwäldern bedeckt". Ringsum ist der See von dunklen Bergen begrenzt. Er wirkt wie der Spiegel einer Fee, der in die Welt der Sterblichen gefallen ist; wie ein smaragdgrün funkelnder Edelstein, ein geheimnisvoller Garten Eden des Ostens. In dem See lebt eine uralte Barbenart, die noch aus der Zeit des Quartärs stammt. Wenn im Mai die Azaleen blühen und die Blütenblätter in den See fallen, fressen die Fische sie mit Begeisterung. Die Blätter haben eine leicht berauschende Wirkung und die Fische lassen sich in ihrem Rausch mit dem Bauch nach oben auf dem Wasser treiben. Die silbernen Fischbäuche, das smaragdgrüne Wasser und die roten Blüten ergeben eine ganz außergewöhnliche Farbkomposition. Zur gleichen Jahreszeit erwachen die Bären aus ihrem Winterschlaf, sie fressen Honig, Baumpilze, Steinpilze und alles, was auch uns das Wasser im Mund zusammenlaufen lässt. Nachts im Mondschein kommen sie ans Ufer des Sees und fangen die berauschten Fische, eine leichte Beute.

Danzhu erklärt uns, dass wir uns keine Sorgen machen müssten, kaum jemals hat ein Mensch einen Bären zu Gesicht bekommen. Ich bin beruhigt. Purpurfarbene Glockenblumen bedecken das Grasland, eine sanfte Brise weht zwischen meinen Fingern hindurch, die pyramidenförmigen Berge schimmern bläulich. In Hiltons Roman verlässt der Hauptcharakter Shangrila und verliert daraufhin das Gedächtnis. Er gerät in einen „kosmischen, der Menschheit entrückten" depressiven Zustand. Ich liege im Gras in der Abendsonne, ich wünsche mir, wie die Fische im See, mein Bewusstsein zu verlieren.

Wo Shangrila auch immer liegen mag, es ist ein Sinnbild des Geheimnisvollen, des Mystischen, das die Fantasie der Menschen anregt. Wenn wir nun auf unseren zahllosen Wanderungen mühselig viele hohe Berge besteigen, dann schaffen wir zugleich in unserem Innersten Ruhe und Frieden, dann erschaffen wir uns unser ureigenstes Shangrila in unseren Herzen.

4. Tag: Lijiang – das Getrappel der Pferdekarawanen

Route: Zhongdian – Lijiang – Dayanzhen – Shuhezhen
Fahrtzeit: 08:00 – 13:00 Uhr, 5 Stunden
Distanz: 156 km
Höhe: Lijiang 2400 m ü.d.M.

Seit uralten Zeiten ist Lijiang ein Knotenpunkt von Karawanenwegen, der wichtigste Umschlagplatz für Waren aus Yunnan und Tibet. Vor mehr als 1000 Jahren begann man hier eine Handelsstraße nach Tibet anzulegen. Natürlich ziehen heute keine Karawanen mehr vorbei, das Geklingel der Kamelglöckchen ist verstummt, auch die Düfte des Tees und der Gewürze sind vom Winde verweht. Einzig die historischen Geschäfte, Ställe und Herbergen erinnern noch an das einstige Aufgebot. In der Altstadt Lijiangs kann der Reisende der Atmosphäre einer alten Karawanenstadt nachspüren.

Die Karawanen-Kultur

Die „Tee- und Pferdestraße" ist sozusagen die „zweite Seidenstraße" Chinas. Von der Tang- und der Song-Dynastie bis in die Zeit der chinesischen Republik zogen Karawanen von Yunnan und Sichuan über Tibet bis nach Zentralasien, um mit den wichtigsten Produkten der damaligen Zeit zu handeln: Mit Tee und Pferden. Die Handelsstraße teilte sich in zwei Hauptrouten: die südliche führte von Yunnan nach Tibet, die nördliche Route verlief von Sichuan nach Tibet. Der Ausgangspunkt in Yunnan lag inmitten eines Teeanbaugebiets im Zentrum der Provinz, von dort aus führte der Weg über Lijiang, Zhongdian,

Nationaltracht der Naxi. Die sieben Kreise auf dem Rücken stellen sieben Sterne dar, die das Universum symbolisieren

Deqin, und Mankang nach Qamdo im Osten Tibets, und weiter nach Zentraltibet. In Sichuan begann die Route ebenfalls in einem Teeanbaugebiet, in Ya'an, und führte von dort über Kangding nach Tibet.

Lijiang liegt an jener Stelle, an der die beiden Karawanenwege aufeinandertreffen. Die Stadt wurde die meiste Zeit von einer der dort ansässigen Familien beherrscht, die Angehörige der Naxi waren. Den Handel organisierten spezialisierte Gilden. Es gab jeweils eine Gilde für Tee (etwa 32 verschiedene Teesorten gab es

damals!), Gold, Moschusparfüm, Stoffe und Gebetsschalen, für traditionelle Medikamente, Seide und Nahrungmittel und auch für Opium und Gemischtwaren.

Schließlich bildete sich auch eine eigene Gilde von Pferdetreibern heraus. Lijiang, auf 2400 m Höhe am Fuße des Berges Yulong gelegen, war das Zentrum dieser Handels- und Kulturstraßen, denn die Händler brachten natürlich auch ihre eigenen Kulturen mit, es ist zum Beispiel ein Bericht von 48 unterschiedlichen Tänzen überliefert.

Im alten Stadtteil Dayanzhen sind die Straßen mit säuberlich angeordneten, quadratischen Steinen gepflastert, hier reihte sich früher eine Lagerhalle an die nächste. Die Hauptstraßen im Ort sind nach den Himmelsrichtungen ausgerichtet, von ihnen gehen kleinere Straßen und Gassen ab. Der Fluss Yuquan entspringt im Norden Yunnans, im Ort teilt er sich in drei Hauptarme und mehrere kleine Bäche auf, sodass jede Familie fließendes Wasser vor der Haustür hat. Das Straßenpflaster besteht aus Buntstein, ein Material, das als besonders schonend für Pferdehufe gilt. Die Brücken im Ort sind stufenlos, die Gebäude haben abgerundete Hausecken. Dies alles diente dazu, den Reisenden den Weg durch die Stadt zu erleichtern. Denn solch eine Reise war abenteuerlich genug, wer mit einer Karawane aufbrach, wusste nie, ob er heil ankommen würde. Der beschwerliche Weg führte durch Gebiete verschiedener Ethnien wie die der Han-Chinesen, der Tibeter, der Bai und der Naxi, wobei jede dieser Gruppen ihre ganz eigene Kultur und Religion hatte. In Lijiang vermischten sich all diese Einflüsse. Die Karawanen trugen die Pracht Lijiangs hinaus in die Welt und brachten Eindrücke verschiedenster Kulturen zurück.

Besuch beim „lebenden Schatz" Xuan Ke

Der lebhafteste und zugleich dekadenteste Ort Chinas ist aus meiner Sicht nicht Shanghai und auch nicht Hongkong, sondern Lijiang. Touristen aus ganz China strömen in den Stadtteil Dayanzhen. Die schmalen Straßen waren ursprünglich für Pferde gedacht, jetzt drängen sich hier die Menschen so dicht, dass kein Tropfen Wasser mehr dazwischen passt. Reiseleiter strecken ihre Fähnchen in die Luft, dahinter tummeln sich die Menschentrauben. Abends sind die Wege vom Licht der zahlreichen Läden hell erleuchtet, in den Kneipen wird schon früh wild gefeiert. Von den ursprünglichen Bewohnern lebt kaum noch jemand hier, an ihrer Stelle sind Investoren, Reisebüros, Neureiche, Trunkenbolde und Tagediebe eingezogen. Die meisten Besucher erschrecken bei den Besuchermassen und halten Lijiang für zu kommerzialisiert und übertrieben vergnügungssüchtig. Allerdings war Lijiang seit jeher ein lautes Handelszentrum.

Volksmusik hat in Lijiang lange Tradition

Wer in Lijiang ist, sollte es auf keinen Fall versäumen, ein Konzert des traditionellen Naxi-Orchesters von Xuan Ke zu erleben. Die Musik, die der 79-jährige Dirigent und seine nicht minder betagten Musiker zum Besten geben, hat sich aus der alten Karawanenkultur entwickelt.

Wenn es Nacht wird, stimmt seine Gruppe in einem ehemaligen Stallgebäude das alte Lied der Naxi „Feiner weißer Sand" an. Hier vereinigen sich „drei Fossilien" – uralte Lieder, uralte Instrumente und uralte Musikanten – zu einer Volksmusikgruppe. Die meisten Musiker waren in ihrem Berufsleben Textilarbeiter, Karawanenführer, Schlachter, Gärtner, Schuster oder Bauern. Sie alle sind dürr und wirken sehr weise, passend zu ihrer Erscheinung haben sie sich gegenseitig Spitznamen wie Gandhi, Chiang Kaishek oder Shakespeare gegeben.

Vormittags spielen sie vergnügt Karten und reparieren ihre Instrumente. Wenn es Abend wird, spielen sie unter der Leitung von Xuan Ke, der als wahrer Hexer gilt. Sein Motto lautet: „Musik kommt von Furcht". Zu ihren kranichgrauen Haaren und den eleganten silbernen Bärten tragen sie traditionelle Kleidung. Sanft zupfen sie Saiteninstrumente wie Guzheng oder Pipa. Auf diese Weise wird ein Teil der Volksmusik an die nächste Generation überliefert.

Die Naxi bewahren eine ganz besondere Gesellschaftsform: Haushalt, Landwirtschaft und Handel wird komplett von den Frauen kontrolliert, während die Männer eigentlich gar nichts tun müssen. Die Frauen sorgen für den Lebensunterhalt, die Männer sind für das geistige Wohl zuständig. Die Frauen der Naxi schlafen nur einmal im Jahr richtig aus, und zwar am Neujahrstag. Sie sind wie Feen, die auf der Erde weilen, es gibt nichts, was sie nicht zuwege bringen.

Ihre Männer frönen dem Müßiggang, sie trinken Tee, füttern Vögel, üben sich in Kalligrafie, rezitieren Gedichte, malen und spielen Instrumente.

Sich selbst präsentiert Xuan Ke während des Konzerts mehrfach als „lebender Schatz" – was interessante Einblicke in den Status, den er sich zubilligt, gibt. Auf Chinesisch, Naxi, Tibetisch, Englisch und Spanisch bringt er zwischen den Stücken humorvolle und nicht selten frivole Einlagen. In dieser Atmosphäre aus beißendem Spott und weisen Ausführungen kommt einem unwillkürlich die alte Handelsstraße in den Sinn. Vielleicht war es damals genauso wie heute, ein buntes Durch- und Miteinander von Musik, Tanz, Gesang und im Hintergrund schwebenden Feen, die ungebremstes Vergnügen garantierten!

Ein Vortrag von Xuan Ke gehört dazu, wenn man sich für die traditionelle Musik der Naxi interessiert. Eine Eintrittskarte kostet 160 Yuan. Früher teilten sich die Karawanenführer ein Glas Schnaps, genauso halten meine drei Reisekumpane und ich es nun auch mit der Eintrittskarte: Jeder von uns hört jeweils ein Viertel des Vortrags an, die drei anderen sitzen derweil am Fluss und trinken Tee. Wir unterhalten uns mit Naxi-Frauen, sie tragen die örtliche Tracht mit sieben Sternen auf dem Rücken, ein Symbol für das Weltall. Inmitten der Naxi zu sitzen, im Grasland das Getrappel der Pferde zu hören, eine Wanderung im Mondschein zu unternehmen, all diese kleinen Erlebnisse ergeben zusammengenommen erneut ein ganz persönliches Shangrila!

5. Tag: Lugu-See – Gesang über den Weiden

Route: Lijiang – Ninglang – Lugu-See
Fahrtzeit: 06:00 – 15:00 Uhr, 9 Stunden
Distanz: 207 km
Höhe: Lugusee 2690 m ü.d.M.

Die Fahrt zum Lugu-See gleicht einem Hürdenlauf, immer wieder gibt es auf dieser Strecke Erdrutsche. Auf den letzten 76 km von Ninglang bis zum Lugu-See ist die Straße zwei Mal unterbrochen. Doch der Gedanke daran, dass das „geheimnisvolle Land der Frauen", in dem eine der letzten matriarchalischen Ethnien zu Hause ist, nur noch einen Steinwurf weit entfernt ist, hellt meine Stimmung sofort wieder auf. Wie die weißen Wolken am blauen Himmel ziehen wir also frohgemut dahin.

Ob guter Laune oder restlos erschöpft: Immer ein Lied auf den Lippen

Die Kleinstadt Ninglang ist bekannt für den lokalen Schnaps, das Tuotuofleisch der Yi sowie für die hier lebenden Mosuo, die besonders talentierte Sänger und Tänzer hervorgebracht haben. Zu ihrem Repertoire gehören vor allem die berühmten Liebeslieder. Auf den weiten Berghängen lassen junge Männer der Yi ihre Schafe weiden, oft kommen sie mehrere Wochen oder sogar Monate nicht nach Hause. Den jungen Frauen, denen wir unterwegs begegnen, winken wir lange hinterher, voller Bewunderung für ihren kunstvollen Kopfschmuck und die prächtigen Trachten. Der Klang eines Liedes windet sich durch den Nebel und findet den Weg in unsere Ohren. Eine Mosuo mit zwei Kindern an der Hand singt ein Lied, das die Schönheit der Berge zum Inhalt hat. Es ist ein getragenes, gefühlvolles Lied, das sie, den Blick auf die Bergkette gerichtet, singt.

Die Fahrt heute ist alles andere als problemlos. Zusammen mit einigen Minibussen aus der Gegend stecken wir zwei Stunden lang vor einem Erdrutsch fest. Ich bemerke, dass die Sängerin Tränen in den Augen hat. Ob sie traurig ist, weil sie nicht nach Hause kann, oder weil sie sich an irgendeine traurige Begebenheit erinnert?

Später am Tag spüre ich noch einmal die durchdringende Kraft eines Liedes. Wir fahren mit einem kleinen Boot auf dem Lugu-See, der Ruderer ist ein junger Mosuo mit schwarzem, dicht gekraustem Haar. Gemütlich treibt das Boot auf dem Wasser, der Berg der Göttin Gemu ist in Wolken gehüllt. Der junge Mann erklärt in gebrochenem Chinesisch, dass er für uns singen wolle. Für die nächsten zwei Stunden, bis wir eine kleine Insel auf dem See erreicht haben, schwebt der Klang seiner Lieder einträchtig mit den Vögeln über den See, eingerahmt von der Kulisse der Berge. Es ist lange her, seit mich ein Klang so bewegt hat. Singen ist für diese Menschen ein ungekünstelter, natürlicher Ausdruck ihres Seins. Ob traurig oder guter Dinge, sie drücken sich durch Lieder aus. Sie singen rein intuitiv, mit ihren Stimmen holen sie Erinnerungen an Höhen und Tiefen des Lebens hervor. Irgendwo am See ist immer Gesang zu hören.

Lugu besteht aus einem Ober- und einem Unterdorf. Im Oberdorf wohnt die Ethnie der Pumi, im Unterdorf die der Mosuo. Die Mosuo sind groß und kräftig, sie besiedeln die fruchtbare Ebene am Ufer des Lugu-Sees. Ihre ungewöhnliche Tradition der „Laufehe" verleiht diesem wunderschönen Flecken Erde einen zusätzlichen Hauch von Romantik. Jeden Abend,

Weithin sind hier im „Land der Frauen" die Lieder der Mosuo zu hören

wenn der Mond hoch über den Kronen der Weidenbäume steht, gehen die Männer zu ihrer Axiao, der Geliebten, und bleiben dort, im sogenannten „Blumenhaus" über Nacht. Selbst wenn sie gemeinsame Kinder haben, kehrt der Mann am nächsten Morgen in das Haus seiner Mutter zurück.

Im „Liebeslied des Blumenhauses" heißt es: „Geliebter, der Mond steht über den Gipfeln der Berge, mach dich auf den Weg! Das Feuer ist warm, ich bin sanft..."

Auf dem Weg hierher haben wir ein chinesisches Paar getroffen, das sich heftig gestritten hat. Nun entschuldigt sich die Frau in einem fort, der Mann sitzt am Seeufer und beachtet sie nicht. Ein junger Schiffer lacht laut und sagt: „Wir Mosuo würden nie wegen einer Frau wütend werden. Sie

sollen es so machen wir wir: getrennt wohnen, aber die Nacht zusammen verbringen." Genauso machen sie es: Die beiden mieten sich in zwei unterschiedlichen Herbergen ein, doch am nächsten Morgen kommen sie gemeinsam aus derselben Tür heraus.

Das geheimnisvolle Land der Frauen

Die Zahl der Touristen in dieser Gegend explodiert geradezu, die Familien am See haben zusätzliche Räume an ihre Häuser angebaut und Familienherbergen eingerichtet. Egal, wo man absteigt, ob in dem größten Hotel, dem „Moxi Garten", oder in der gemütlichen Herberge „Historisches Moxi"; kaum hat man das Haus durch das rot lackierte Tor betreten, befindet man sich inmitten einer Mosuo-Großfamilie.

Wir übernachten bei „Familie Daba" in der gleichnamigen Pension. Sie hat erst am Tag zuvor eröffnet, die Bettwäsche ist schneeweiß, in den Zimmern hängt ein angenehmer Duft von frischem Holz in der Luft.

Die Familie besteht aus vier Schwestern. Da der Platz knapp ist, sind zwei von ihnen ausgezogen. Die älteste, die 41-jährige Bingmalamu, und ihre Schwester Chelilacuo verwalten die Herberge. Sie haben insgesamt vier Kinder, zwei Jungen und zwei Mädchen. Gemeinsam pflegen sie ihren 71 Jahre alten Onkel. 60% der Mosuo leben noch in der Struktur der traditionellen „Laufehe". Die Mitglieder einer Familie bestehen ausschließlich aus Verwandten mütterlicherseits. Die Männer wohnen ein Leben lang im Haus der Mutter, nur abends gehen sie zu ihren Partnerinnen. Am nächsten Morgen lernen wir Bingmalamus Partner kennen. Da die Herberge gerade erst den Betrieb aufgenommen hat, geht er an diesem Tag etwas später nach Hause und hilft noch bei der Abrechnung. In solch einer Mosuo-Familie ist die Gutherzigkeit und Kraft dieser Frauen überall spürbar.

Alles, was Kinder für das Aufwachsen benötigen, von Essen über Kleidung bis hin zum Spielzeug, ist hier gemeinsames Eigentum. Wir waren schon so viel unterwegs, hier lernen wir das erste Mal die Vorteile einer matriarchalischen Kultur kennen. Besonders die Kinder scheinen davon zu profitieren, sie werden sehr liebevoll umsorgt.

In allen Herbergen sind die Preise gleich. Eine Mahlzeit kostet 15 Yuan, eine Übernachtung 30 Yuan. Abgerechnet wird erst bei der Abfahrt. Ein Tourist aus Zhejiang, den wir auf der Reise kennengelernt haben, „vergisst" am nächsten Morgen zu bezahlen und ist verschwunden. Ich frage die Besitzerin der Herberge, ob sie sich ärgert.

Natürlich tue sie das, sagt sie. Doch sie betrachtet ihn als einen Menschen, dem man als Kind zu viel durchgehen ließ. Ich schäme mich für den Mann aus Zhejiang. Wie schade, dass es an diesem wundervollen Ort solch unehrliche Menschen gibt!

Der Kontakt zur Außenwelt bringt eben Vor- und Nachteile mit sich. Wie dem auch sei, die Mosuo wirken stets außergewöhnlich freundlich und warmherzig. Diese optimistische Haltung zeigt sich in ihrem gesamten Leben, bei der Arbeit und in der Freizeit. Beim Rudern auf dem See, beim Reiten, abends beim Fest am Lagerfeuer, nie muss man Sorgen haben, übers Ohr gehauen zu werden. Bingmalamu erklärt uns das System: Die Einnahmen aus den Herbergen bekommen die Besitzerinnen, die restlichen Erlöse aus dem Tourismus werden gleichmäßig an alle verteilt. Die Dorfbewohner sind in zwei Gruppen aufgeteilt, die abwechselnd dafür zuständig sind, die Gemeinschaftsarbeiten zu erledigen. Den Nachbarn die Gäste abzuwerben oder sonstige Tricks und Betrügereien gibt es hier nicht. Die Dorfvorsteherin ist wie eine Mutter für alle und auch jede Großfamilie untersteht wiederum einer ihrer Mütter. Die Frauen arbeiten sehr hart dafür, dass alle gemeinsam ein gutes Leben führen können. Allerdings müssen die Frauen auch sehr hart dafür arbeiten. Die beiden Eigentümerinnen unserer Herberge sind ohne Pause von morgens bis abends auf den Beinen.

Das Haus ist aus rauem Naturholz gebaut, Fensterläden und Gänge sind mit farbenfrohen Bildern verziert. 15 Gästezimmer verteilen sich auf drei Stockwerke, in der Mitte befindet sich ein großer Innenhof, auf der linken Seite liegt die Küche. Auf der dem See abgewandten Seite gibt es einen zweistöckigen Anbau, hier wohnen die beiden Schwestern.

Der Teil sieht aus wie ein Gewächshaus, Hortensien in voller Blüte überwuchern das ganze Gebäude. In den größeren Herbergen wird abends im Hof ein Lagerfeuer angezündet und die Mosuo treffen sich zum Volkstanz. Nachbarn und Gäste kommen hinzu, wer möchte, reiht sich ein. Keiner hat Hemmungen, alle tanzen und singen. Die warme Nachtluft und die sanfte Musik – das ist pures Glück!

Der Onkel der Familie erzählt uns, die Aufgabe der Männer sei es, die Frauen bei Laune zu halten. Denn wenn es den Frauen gut gehe, dann geht es auch den Männern gut. Der alte Herr sitzt an der Feuerstelle, knetet Tsampa, trinkt Buttertee und genießt seinen Lebensabend.

Bei vielen Mosuo-Familien leben oft mehrere Generation friedlich miteinander unter einem Dach, zusammengehalten durch das Band der mütterlichen Verwandtschaft. Die Schönheit des Ortes ist ruhig und zurückhaltend. Die Berge der Umgebung haben weibliche Namen, der See ebenso. Die Sagen der Mosuo kennen keine Götter, nur Göttinnen, die Familienoberhäupter sind Frauen, die Zukunft einer Familie liegt in den Händen der Frauen. Alles, wirklich alles ist durch das Wesen der Frauen geprägt.

Unser Holzhaus steht direkt am See, am Morgen öffnen wir das Fenster und sehen Frauen, die am See Wasser schöpfen. Ihre weißen Kleider schwingen im Wind wie die Zweige der Weiden am Ufer, das letzte Feenland auf Erden. In der Ferne ragt der Berg der Göttin Gemu aus den Wolken, die Kuppe leuchtet im ersten Morgenrot vor dem Hintergrund des dunkelblauen Himmels. Die Göttin meint es gut mit den Menschen.

Der Abschied vom Lugu-See fällt uns ausgesprochen schwer. Als ich sehe, wie eine Gruppe junger Mädchen sich auf den Weg macht, um nach Beijing, Shanghai oder Shenzhen zu fahren, wo sie ihre Folkloretänze und -gesänge darbieten wollen, stimmt mich das traurig: Wie kann es sein, dass die Reize dieser wunderbaren Heimat mit denen ferner Glitzerwelten nicht mithalten können?

6. Tag: Dênqên – Blick auf den schneebedeckten Meili

Route: Lugu-See – Ninglang – Lijiang – Zhongdian – Dênqên – Kloster Feilai
Fahrtzeit: 06:00 – 21:00 Uhr, 15 Stunden
Distanz: 560 km
Höhe: Dênqên 3250 m ü.d.M.
Kloster Feilai 3400 Meter

Wenn ich nicht in den Himmel komme, dann will ich wenigstens zum Meili.

Von allen Provinzen Chinas mag ich Yunnan am liebsten. Schon der Klang dieses Namens, der „südlich der Wolken" bedeutet, beflügelt meine Fantasie. Yunnan, das ist die Provinz mit den meisten Ethnien, mit den exotischsten Pflanzen und Blumen. Hier erzählt man sich die sentimentalsten und romantischsten Geschichten. Es ist der ideale Ort, um abzuschalten und die Seele baumeln zu lassen. In dem Film „Indochina" mit der berühmten französischen Schauspielerin Catherine Deneuve zieht sie auf ihrer Flucht den Mekong stromaufwärts in dieses Land „südlich der Wolken", ihren Sehnsuchtsort. Auch die Menschen hier, die Angehörigen diverser ethnischer Minderheiten, geben einem mit ihrer Freundlichkeit das Gefühl, sich in einem Traumland zu befinden.

Sonnenaufgang am Berg Meili

Links die Flussbiegung, rechts das Kloster Feilai

Nach unserem Abstecher zum Lugu-See fahren wir über Lijiang wieder nach Norden in Richtung Tibet. Die Provinzverwaltung Yunnans baut die Bundesstraße 214 von Lijiang nach Dênqên zu einer vierspurigen „goldenen Route" für den Tourismus aus, auf der ganzen Strecke gibt es Baustellen. Vor noch nicht allzu langer Zeit glich diese Bundesstraße einer holprigen Dorfstraße. Und in alten Zeiten führte in den Bergen oberhalb des Yangtse und des Mekong der alte Handelsweg entlang.

Als wir losfahren, lege ich „Fly Away" von John Denver auf. Ich frage mich, warum wir in China keine so anregende Countrymusik haben. Die ersten Sonnenstrahlen beleuchten Täler und Berge. Wolken umstreichen die Bergkuppen, Bäche stürzen ins Tal. Schluchten, Dörfer, Berge, Felsen, Kühe, Schafe, Wiesen, wilde Blumen, Reiter, Hirten, Kurven, Glockenläuten… Nur wer unterwegs durch eine solch atemberaubende Landschaft Eindrücke wie diese an sich vorüberziehen lässt, nur wer ein freies, unbeschwertes Leben genießen kann, ist in der Lage, solch mitreißende

Musik zu komponieren. Man erlebt die Zeit intensiver, man verschmilzt mit der Schönheit der Umgebung, taucht tief in Gefühlswelten ein…

Der nächste Ort, den wir erreichen, ist Benzilan. Er liegt an der Grenze der beiden Provinzen Yunnan und Sichuan. Der Ortsname ist tibetisch und bedeutet „schönes Ufer". Hier kann man noch etwas von der Atmosphäre der alten Handelsstraße spüren. Schon in alten Zeiten gab es eine Fährverbindung zum anderen Ufer, die einzige Passage, die den Nordwesten Yunnans mit Sichuan und Tibet verbindet. Nach Benzilan teilt sich die Straße. Rechts geht es nach Sichuan, links führt die Straße über Dênqên nach Tibet. Der Yangtse – hier in Yunnan heißt er „Jinsha Jiang", was wörtlich „Goldsand-Fluss" bedeutet – macht in Benzilan einen scharfen Knick. Das umgebende Wasser macht den Ort zu einer grünen Oase. Wir halten am Straßenrand, von hier aus kann man aus der Vogelperspektive auf die Flussbiegung hinabsehen. Die schönste Stelle zum Fotografieren ist allerdings von einer 50 m langen Holzverkleidung versperrt. Um von dort aus ein Bild zu machen, muss man 20 Yuan Eintritt bezahlen. Die Benutzung der Bundesstraße ist kostenlos, es wird keine Mautgebühr erhoben, aber bekannte Aussichtspunkte werden zunehmend abgeschirmt und erst gegen eine Gebühr freigegeben. Ich will mich nicht damit abfinden, dass man für ein Foto der Flussbiegung bezahlen muss, und klettere fast bis auf den Sattel des Berges hinauf. Die Mühe lohnt sich: Der Blick, der sich von hier aus bietet, ist atemberaubend, auf der linken Seite schlängelt sich der Fluss, rechts davon liegt das Kloster Feilai.

Das Kloster wurde zur Zeit der Ming-Dynastie vor mehr als 400 Jahren gegründet. Inzwischen ist es eine Touristenattraktion, ringsum befinden

Der Oberlauf des Yangtse, hier heißt er „Jinsha-Jiang" (Goldsand-Fluss)

sich Restaurants, Herbergen, Kneipen, Internetbars und vieles mehr. Die meisten Reisenden übernachten hier, um den grandiosen Sonnenauf- und untergang zu erleben. Für Tibeter ist dieses Kloster ein heiliger Ort, sie verbrennen Reisig und beten zum Berggott Meili. Für einen Yuan kaufe ich mehrere Bündel Zypressenzweige, lege sie in den weißen Räucherofen und zünde sie an. Ich träufle mir etwas Gerstenwein auf die Stirn und lege vor Buddha ein Gelöbnis ab. Dann versprühe ich Wein auf den brennenden Zweigen, sodass eine große Wolke weißer Rauch aufsteigt. Ich streue etwas Tsampa in den Räucherofen und außen herum, gleichzeitig rufe ich laut „Sangsuoluo, sangsuoluo". Das bedeutet

„unbezwingbare Gottheit" und soll Buddha darauf aufmerksam machen, dass ich gerade Reisig verbrenne und dafür sorgen, dass er meinen Herzenswunsch erhört. Es ist eine einfache Zeremonie, doch ein ungewöhnliches spirituelles Ereignis für mich. Von den umstehenden Tibetern ernte ich ein strahlendes Lächeln.

Die alten Kiefern am Kloster werfen unregelmäßige Schatten. Ich stehe vor der Gebetshalle und blicke auf den Berg Meili. Auf einmal werde ich von dem Wunsch überwältigt, wie Elfen fliegen zu können. Was der Mensch im Leben braucht, ist, seine Seele auf Reisen gehen zu lassen.

Geheimnisvoller Meili

Die Tage auf der alten Tee-und-Pferdestraße sind ein großartiges Erlebnis. Endlich bin ich dem Stress und der Hast des Alltags entflohen. Ein paar Tage lang langsam durch Yunnan zu reisen, lässt mich innere Ruhe finden. Am Tor des Klosters Feilai ist ein traditionelles Spruchband angebracht, auf dem steht: „Im Altertum gab es nur ein Licht, den Mond. Berge sind kein Hindernis für den Weg in die Wolken". Viele Gedanken gehen mir bei diesen Worten durch den Kopf.

Ich sage zu meinem Gefährten neben mir: „Lass uns heute Abend und morgen und für alle Zukunft einfach auf dem Balkon mit dem Blick auf den Meili sitzen, und auf eine unendliche Reise durch Zeit und Raum gehen. Ab und zu zünden wir etwas Reisig an, um den Gottheiten unsere Ehre zu erweisen. Und manchmal können wir am Berg eine Rast einlegen. Sorgen wir dafür, dass in der Tiefe unserer Herzen zwei wunderschöne Azaleen erblühen!"

Der Meili ist kein isoliert stehendes Bergmassiv, er besteht aus einer Ansammlung von mehr als einem Dutzend schneebedeckter Gipfel. 13 dieser Berggipfel, alle über 6000 m hoch, sind den Tibetern heilig, denn auf ihnen sollen sich Prinzen vergangener Reiche vervollkommnet haben. Jeder dieser 13 Gipfel steht für einen der Prinzen, die nach tibetischem Glauben zu Gottheiten wurden, und jede von ihnen herrscht über einen bestimmten Teil der Natur. Der höchste Gipfel des Meili, der Kawagebo, verkörpert den Schutzgott. Würde ein Mensch den Berg besteigen, so würde sich der Gott auf und davon machen. Ohne seinen Schutz wären die Menschen aber jeglichem Unheil hilflos ausgeliefert.

1991 ereignete sich an diesem Berg eine Tragödie: Eine chinesisch-japanische Bergsteigergruppe wollte den Gipfel trotz allem besteigen. Die Menschen aus den umliegenden Dörfern knieten auf den Straßen und sangen Tag und Nacht buddhistische Sutren, um die Bergsteiger von ihrem Vorhaben abzubringen. Ohne Erfolg. Aber – kaum zu glauben – beim Aufstieg riss eine riesige Lawine die 17 Abenteurer in den Tod, eines der schlimmsten Unglücke in der Geschichte des chinesischen Alpinismus.

Im Jahr 2001 erließ der Bezirk eine Verordnung, wonach es nun nicht mehr erlaubt ist, die Gipfel des Meili zu besteigen. Es handelt sich dabei um einen der wenigen Orte auf der Welt, an dem die Würde der Berge gesetzlich geschützt ist.

Opfergabe am Fuß des Meili

In Lhasa gibt es die Sage, dass man vom Potala-Palast aus in südöstlicher Richtung den Kawagebo in farbige Wolken gehüllt sehen könne, eine Allegorie für seine Höhe und seinen Glanz. Hier, direkt am Berg, ist das Wetter ausgesprochen unbeständig, immer wieder verschwindet der Gipfel in den Wolken. Sonnenauf- oder -untergang zu sehen, ist Glückssache. Die Tibeter beschreiben die ständig wechselnden Wolkenverhältnisse mit romantischen Bildern wie „der Kawagebo legt einen Hada um" oder „der Kawagebo spannt einen Regenschirm auf". Nur vom Schicksal gesegnete Menschen können einen kurzen Moment lang den unverhüllten Anblick des Gipfels genießen.

Natürlich verweilen wir nicht alleine hier am Meili. Einige japanische Touristen stehen still inmitten der Menschenmenge und warten auf den großen Moment. Touristen aus westlichen Ländern geben meist nicht so schnell auf. Sie bleiben oft mehrere Tage und hören sich neugierig die Liebesgeschichte der Herbergsbetreiber an, bis sich die Wolken auf dem Berg lichten und der Mond hervorlugt.

Die Wirtin der kleinen Herberge kommt aus Guangzhou, ihr Mann ist ein Informatiker aus Shanghai. Sie haben sich in Lijiang kennengelernt, als sie beide gleichzeitig einen kleinen Spitzhund entdeckten. Sie heirateten am Lugu-See, am See

Ohne die Hilfe Ortskundiger kommt man oft nicht weit

der Liebe. Zuerst betrieben sie eine Pension am See, dann bauten sie nach ihren eigenen Vorstellungen diese Herberge am Meili. Der zweite Stock ist im nordeuropäischen Stil ganz aus Holz gebaut, jedes Zimmer ist mit einem großen Doppelbett ausgestattet und hat einen Balkon mit Blick auf die Berge. Süßlich-aromatischer Kaffeeduft hängt in der Luft, leise erklingen französische Chansons. Ob wir wirklich einen Blick auf den Gipfel erhaschen können, ist plötzlich nicht mehr so wichtig.

Die Umgebung des Meili ist still und rein. Wem Lijiang zu viel wird, der wird sich hier am Meili bestimmt wohlfühlen. In der Herberge sehe ich einen Eintrag im Gästebuch: „Denkt nicht, ich wäre ein Seeräuber. Ein Seeräuber raubt ein Mal, dann sieht man ihn nicht wieder. Aber ich, ich möchte dich, Meili, noch einmal, immer und immer wieder sehen, so lange noch eine Kugel fliegt."

Den Gipfel des heiligen Berges zu sehen, ist ein spirituelles Erlebnis, das nicht jedem vergönnt ist. Aber jenen Menschen, die lieben, wird das Licht des Berggottes die Seele erleuchten.

7. Tag: Yanjing – Pfirsichblüten, Salz und Wein

Route: Deqin – Yanjing – Hongla-Pass – Mangkang
Fahrtzeit: 08:00 – 18:00 Uhr, 10 Stunden
Distanz: 226 km
Höhe: Yanjing 2700 m ü.d.M.
Mangkang 3870 Meter

Nebel versperrt den Blick zum Meili, im heftigen Regen machen wir uns wieder auf den Weg.

Trotz des eingeschalteten Fahrtlichts und der Nebelscheinwerfer können wir nur wenige Meter weit sehen. Die ersten 30 km nach dem Kloster Feilai geht es steil bergab. Vom Berghang sind große Felsbrocken auf die Fahrbahn gestürzt. Die Straße ist großteils mit einer roten Lehmschicht bedeckt. Die ohnehin schwer zu befahrende G214 hat sich in eine von Schlaglöchern übersäte, einspurige Piste verwandelt. Die Straßen in Yunnan sind in einem deutlich schlechteren Zustand als die in Sichuan. Auch dort mussten wir zwar oft auf Schotterstraßen fahren, aber die waren wenigstens nicht lebensgefährlich. Nach etwa 93 km Fahrt erreichen wir Yanjing, den Ort der Pfirsichblüten.

Nur wer Jiajia-Nudeln gegessen hat, war wirklich in Yanjing

Der Mekong stürzt über 1000 m steil vom tibetischen Hochland herab. Um das auf rund 2700 m Höhe gelegene Yanjing haben die Wassermassen großflächig Ackerland angeschwemmt. Der Boden ist ideal für den Anbau von Weizen, Mais, Raps, Weintrauben und Pfirsichen. Bereits im Altertum, während der Tang- und der Song-Dynastie, bildete Yanjing einen Knotenpunkt auf dem Weg vom einstigen Tubo-Reich, das im siebten Jahrhundert im Tal des Yarlung-Flusses im heutigen Tibet entstand, bis in den Südwesten Chinas. Später war Yanjing der erste Handelsposten auf der alten Tee-und-Pferde-Straße. Das ganze Jahr über zogen hier Karawanen mit ihren Waren durch. In Yanjing wurde zudem das lebenswichtige Salz gewonnen, ein Handesgut, das dem Ort über Jahrhunderte seinen Wohlstand sicherte. Heute ist Yanjing eine geschäftige Kleinstadt mit Hotels, Geschäften, Apotheken, Friseuren, Banken, Werkstätten, Schmieden, Schreinern und

Schneidern. Die Bewohner sind eine bunte Mischung aus buddhistischen Khampas, Naxi, die der traditionellen Dongba-Religion anhängen, ein paar wenigen Christen und Han-chinesischen Händlern, die sich keiner Religion zugehörig fühlen. An einem der Läden hängt der sinnreiche Spruch: „Egal aus welcher Ecke der Erde du kommst, immer geht es darum, eine Familie zu gründen und ein Geschäft aufzumachen. Egal aus welch fremdem Land du kommst, beim Handeln werden wir problemlos zusammenfinden."

Häufig fällt der Strom aus. Im flackernden Kerzenlicht fallen mir die zahlreichen Schilder mit der Aufschrift „Original Jiajia-Nudeln" in den Straßen auf. Ich wundere mich, dass wegen einfacher Nudeln so viel Aufhebens gemacht wird. Doch nach den drei Stunden Fahrt durch Wind und Regen sind wir heilfroh, als wir uns in das kleine Restaurant von Zhuoma setzen und die Spezialität des Hauses probieren können.

Als das Essen aufgetischt wird, sind wir dann doch überrascht: Zhuoma trägt zunächst einen kleinen Bambuskorb herein, in dem einige Dutzend kleiner runder Kieselsteine liegen. Dann bringt sie vier Sorten eingelegtes Gemüse. Die Rüben haben eine violette Färbung angenommen und sehen ausgesprochen verführerisch aus. Auch die gelben Pfefferoni sehen interessant aus. Diese spezielle Art kann das ganze Jahr über geerntet werden, sie wächst auf Bäumen, die drei bis vier Meter hoch werden und selbst in einer Höhe von bis zu 2500 m noch gedeihen.

Zhuoma mit ihren roten Wangen stellt ein Tablett auf unseren Tisch, auf dem etwa ein Dutzend kleiner Schalen mit Nudeln steht. Eine Portion ist nicht viel mehr als ein Mundvoll. Kaum sind ein paar Schälchen leergegessen, eilt Zhuoma herbei und serviert weitere.

„Jia" bedeutet auf Chinesisch soviel wie „plus" oder „hinzufügen". Denn bei Jiajia-Nudeln kann man soviel essen, wie man möchte. Die kleinen Kieselsteine dienen lediglich dazu, die Anzahl der Portionen, die man verputzt hat, zu zählen. Nach jeder Schale, die man leergegessen hat, legt man einen Stein auf den Tisch. Egal, wieviel man isst, man bezahlt 15 Yuan pro Person. Zhuoma erzählt, dass ein Pferdezüchter aus der Gegend mit 78 Schalen den Rekord hält.

Jiajia-Nudeln sind eine tibetische Spezialität aus Yanjing mit tausendjähriger Geschichte. Die Zutaten Buchweizen und Ei sorgen für einen ganz besonderen Geschmack. Die Hauptzutat der würzigen Soße besteht aus „Pipa-Fleisch", wie die Menschen hier das auf spezielle Art zubereitete Schweinefleisch bezeichnen. Nach dem Schlachten werden dem Schwein Innereien und Knochen entnommen und das Fleisch mit Salz und zehn verschiedenen Gewürzen eingerieben. Dann wird das tote Tier wieder zusammengenäht, mit Steinen beschwert und mehrere Tage lang in einer Gewürzbrühe eingelegt. Anschließend lässt man es in der Sonne trocknen. Da die Trockengestelle an die Form der chinesischen Laute „Pipa" erinnern, hat man das Fleisch nach diesem Instrument benannt.

Obwohl sich die Gäste beim Verlassen des Lokals den Bauch mit beiden Händen halten, herrscht ringsum fröhliches Gelächter und Zufriedenheit. Das war vor vielen, vielen Jahren, zur Zeit, als hier die Pferdetreiber auf ihrer Handelsroute Halt machten, bestimmt auch nicht anders!

Sonne und Wind lassen Kristalle entstehen

In der Qing-Dynastie schrieb ein Dichter über die Salzfelder: „Aus der gewaltigen Strömung des Mekong entspringt die Quelle des Salzes;

der Himmel erbarmt sich der Menschen, mit dem Wind schickt er die Sonne, die das Salz entstehen lässt."

Vom Ort Yangjing aus beträgt die Strecke zum Fluss fünf Kilometer Luftlinie. Die Sonne lässt die roten und weißen Salzfelder, die sich an beiden Ufern des Mekong am Boden der Schlucht inmitten einer Bergfalte erstrecken, wunderschön leuchten.

Der chinesische Ortsname „Yanjing", wie auch der tibetische Name „Chakalong" bedeuten jeweils „Salzquelle". Allerdings wurde nur an einer einzigen Stelle des Flusses, etwas außerhalb des Dorfes, eine große Salzquelle gefunden, die von beiden Ufern aus zugänglich ist.

Die Bewohner dreier Dörfer arbeiten in der Salzgewinnung. Arbeiter meißeln an unterschiedlichen Stellen Löcher in den Boden, damit das Salzwasser an die Oberfläche treten kann.

Diese uralte Art der Salzgewinnung, wie sie in Yanjing praktiziert wird, ist einzigartig auf der Welt. An den Berghängen entlang des Flusses haben die Menschen terassenförmige Salzfelder angelegt. Jede Familie besitzt mehrere Parzellen, manche sogar mehrere Dutzend. Das Salz aus Yanjing trägt den fantasievollen Namen „Pfirsichblütensalz".

Wenn im Frühjahr die Pfirsichbäume blühen, führt der Mekong Niedrigwasser. Zu dieser Zeit schöpfen tibetische und Naxi-Frauen morgens mit länglichen, schmalen Eimern jeweils etwa zehn Liter Salzlauge aus den vier bis fünf Meter tiefen Salzbrunnen. Die Lauge schleppen sie 40 bis 50 m bergauf und kippen sie dort auf das Salzfeld ihrer Familie. Dann gehen sie wieder zum Fluss, um den nächsten Eimer zu holen. Diesen Prozess wiederholen sie mehrere Dutzend Male. Das entspricht etwa der Anstrengung, täglich mit einem zehn Kilogramm schweren Rucksack einen 2000 m hohen Berg zu besteigen. Diese schwere Arbeit wird seit Generationen ausschließlich von Frauen verrichtet.

Oben auf den Feldern lassen Sonne und Wind das Wasser der smaragdgrünen Lauge verdampfen. Während die Lauge die Felder am Morgen noch bis zu den Rändern füllt, sind schon am nächsten Tag nur noch strahlend weiße Salzkristalle übrig. Mit langen Rechen schieben die Frauen das Salz zusammen, schaufeln es in Bambuskörbe und lassen auch noch den letzten Rest an Feuchtigkeit verdunsten. Dann tragen sie das Salz über mehrere Kilometer in die umliegenden Ortschaften, um es zu verkaufen. Zur Zeit der Pfirsichblüte ist die Qualität des Salzes am besten, die Ausbeute hoch. Dies ist die anstrengendste Zeit des Jahres, aber auch die produktivste. Das restliche Jahr über regnet es viel, der Wasserspiegel des Flusses steigt und die Salzbrunnen werden überflutet.

Etwa fünf Kilogramm Salz können auf diese Weise täglich pro Feld gewonnen werden, der Preis beträgt ein Yuan pro Pfund. Bis heute wird das Salz von Pferdekarawanen in das tibetische Hinterland transportiert.

Merkwürdig ist, dass das Salz auf der westlichen Seite des Flusses eine rötliche Färbung aufweist, während das auf der östlichen Seite rein weiß ist. Das weiße Salz gilt allgemein als das bessere, aber die tibetischen Hirten bevorzugen das rötliche Salz. Ihrer Meinung nach verleiht das rote Salz dem Buttertee ein besseres Aroma. Auch dem Viehfutter wird etwas Salz beigemengt. Denn Rinder und Schafe, deren Futter rotes Salz untergemischt wird, werden schneller fett.

Die Salzterrassen Yanjings sind in die rote Erde gebaut, die Salzlauge leuchtet smaragdgrün,

Die einzige christliche Kirche der Tibeter

die getrockneten Salzkristalle funkeln sternen-
gleich… Was für ein Meisterwerk der Natur!

Vermischung der Religionen in Yanjing

In Yanjing steht die einzige katholische Kirche
der Tibeter. Fast alle Menschen hier sind Buddhisten. Wie kommt es, dass dennoch einige von ihnen an diese fremde westliche Religion glauben?

1865 reiste der französische Missionar Biet Felix
nach Yanjing. Von ihm wird folgende Geschichte erzählt: Er soll sich an das größte buddhistische Kloster im Ort gewandt und um ein Stück
Land von der Größe eines Rinderfells sowie um
so viel Wasser, wie in das Horn eines Yaks passt,
gebeten haben. Das Kloster entsprach dieser bescheidenen Bitte. Doch der gerissene Missionar
zerschnitt das Fell in dünne Streifen und steckte
damit ein großes Stück eines Berghangs ab. Und

um mit dem Horn Wasser schöpfen zu können,
beanspruchte er den Zugang zu dem nahegelege-
nen Gebirgsbach.

Auf diese Weise konnte sich Monsieur Felix,
eine Fläche von 6000 m^2 aneignen, auf dem er
eine Kirche errichtete. In den fast 100 Jahren zwischen 1865 und 1949 schickten die Franzosen insgesamt 17 Missionare nach Yanjing. In dieser Zeit
gelang es ihnen nicht nur das in Tibet bis dahin
vollkommen fremde Christentum zu etablieren,
sie bauten auch eine Schule, ein Krankenhaus und
brachten den Menschen vor Ort die Technik des
Weinanbaus und des Kelterns bei.

Aber die streng gläubigen Buddhisten wi-
dersetzten sich der Missionierung durch das
Christentum, einer Religion, die ganz andere
Vorstellungen von Leben und Tod hat, andere Werte vertritt und Spiritualität anders lebt.

Immer wieder flackerten Konflikte zwischen den Religionen auf, tibetische Christen wurden getötet und die Missionare vertrieben. Im Jahr 1949 wurde der letzte verbliebene Schweizer Pastor von einem Lama getötet. Tibetische Christen benötigten viel Mut und Durchhaltevermögen, wollten sie zu ihrer Religion stehen.

Heute gibt es wieder einen Pastor. Er ist Tibeter, heißt Lurendi und wohnt neben der Kirche direkt an der Durchgangstraße. Von den 800 Einwohnern im Dorf sind knapp 70% Christen. Die Architektur der Kirche ist sehr ungewöhnlich, eine Mischung aus westlichem und tibetischem Stil. Außen überwiegen tibetische Elemente, das Innere mit seinen runden Bögen erinnert an gotische Gewölbe. Decken und Wände sind mit Figuren aus dem alten und dem neuen Testament verziert. Vor der Kirche steht ein großes Kreuz, das vor dem Hintergrund des strahlend blauen Himmels und der schneebedeckten Berge sehr erhaben wirkt.

Täglich morgens und abends sieht man hier Gläubige, die, ein Kreuz vor sich hertragend, Bibeltexte rezitieren und Loblieder auf den Herrn singen. Der Pastor trägt tibetische Kleidung, die Gläubigen legen vor der Statue der heiligen Mutter Maria Hadas ab. Bei der Messe verwenden sie die weltweit einzige tibetische Ausgabe der Bibel. Am Sonntag werden vor dem Gottesdienst die Glocken geläutet. Früher, als es noch keine Glocken gab, wurden nach lokaler Tradition Trommeln geschlagen.

Neugeborene Kinder von Christen werden hier auf einen christlichen Namen wie „Johannes" oder „Anna" getauft, bekommen aber keinen tibetischen Namen. Auch Begräbnisse finden nach christlichem Ritual statt.

Die 40-jährige Nonne Maria erzählt mir, dass Ehepartner mit verschiedenen religiösen Hinter-gründen nach der Heirat ihre jeweilige Religion beibehalten können, falls die Familien keine Einwände haben. Es sei auch kein Problem, buddhistische und christliche Heiligenbilder in ein und demselben Raum aufzuhängen. Woran die Kinder solch eines gemischt-religiösen Paares glauben wollen, dürften sie selbst entscheiden.

Die Kirche hat fünf Angestellte: Den Pastor, drei Nonnen und einen Messdiener, das Keltern von Wein ist ihre Haupteinnahmequelle. Die Weintrauben in Yanjing sind sehr klein, nicht größer als ein Fingernagel. Diese sogenannten „Rosenweintrauben" kommen ursprünglich aus Frankreich. Dort gibt es sie schon lange nicht mehr, hier, in dieser abgelegenen Schlucht bei Yanjing hat die Sorte überlebt. Wenn die kleine Gemeinde in der Kirche gemeinsam Messwein trinkt, herrscht ausgelassene Stimmung. Jährlich werden 2000 l Wein eingekellert und an Einwohner und Touristen verkauft.

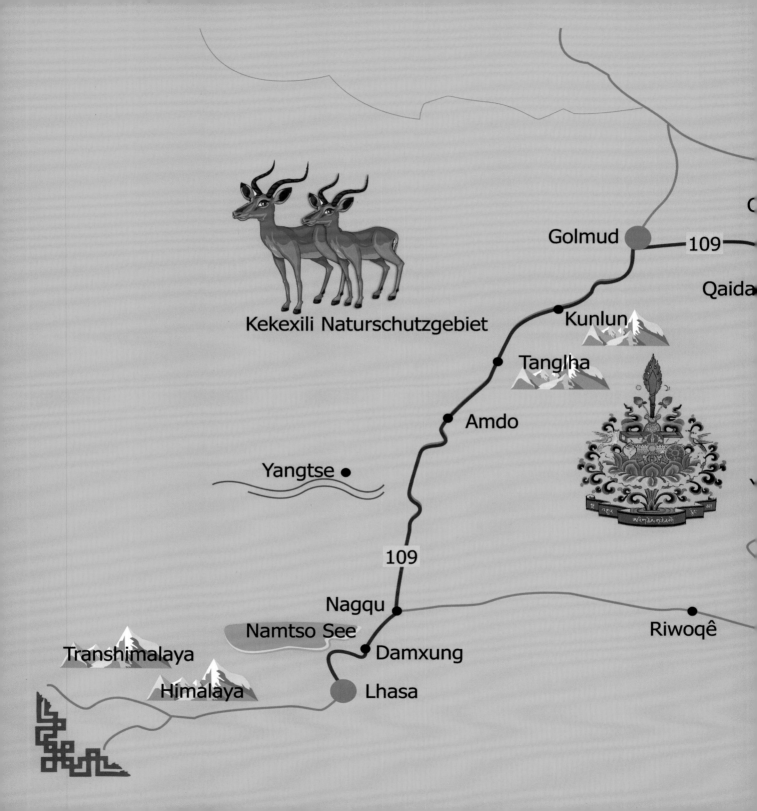

Golmud 109

Qaida

Kunlun

Qaida

Tanglha

Kekexili Naturschutzgebiet

Amdo

Yangtse

109

Nagqu

Namtso See

Damxung

Riwoqê

Transhimalaya

Himalaya

Lhasa

Qilian

Qinghai See

alzsee

Xiangpishan

Dulan

Xining

109

Kloster Kumbum

Sonne-und-Mond Berg

Daotang Fluss

Maduo

Gelber Fluss

Bayankela-Pass

**E. VON QINGHAI
NACH TIBET:**
Dem Alltag
entkommen

Die fünfte Reise

E. Von Qinghai nach Tibet:
Dem Alltag entkommen

Route: Xining – Kloster Kumbum – Sonne-und-Mond-Berg – Daotang-Fluss – Qinghai-See – Chaka-Salzsee – Dulan – Qaidam-Becken – Golmud – Kunlun-Pass – Naturschutzgebiet Sounandajie – Budongquan – Wudaoliang – Tuotuo-Fluss – Tanglha-Pass – Amdo – Nagqu – Namtso-See – Lhasa
Gesamtstrecke: 1947 km
Reine Fahrtdauer: 2 – 4 Tage
Höhe: Minimum 2295 m ü.d.M in Xining, Maximum 5320 Meter am Tanglha Pass

„Ich sehe Berge und Berge
Berge und Flüsse
Einer reiht sich an den anderen
Ja la suo.. .“

So lautet der Refrain in dem wohl bekanntesten tibetischen Volkslied „Das Qinghai-tibetische Hochland“.

Ein riesiges Gebiet im äußersten Südwesten Chinas mit einer Fläche von etwa 2,3 Millionen km², durchschnittlich auf 4500 m über dem Meeresspiegel gelegen, das ist das „Dach der Welt“ oder „der dritte Pol der Erde“: die Qinghai-Tibetische Hochebene. Aus der Ebene erhebt sich eine Abfolge grüner und brauner Bergmassive. Von Nord nach Süd reihen sich die Qilian-Bergkette, das Kunlun- und das Tanglha-Gebirge, der Transhimalaya und schließlich der Himalaya an-

einander. Die Einheimischen betrachten diese Gebirgszüge als glückverheißende Inkarnation der Götter. Es gibt in dem ganzen Gebiet keinen einzigen Berg, der für sich steht, die Bergketten sind Teil einer grandios komponierten Landschaft aus Becken, Wüsten, weiten Tälern und Seen. Durch diesen einmaligen Naturraum führt die Straße von Qinghai nach Tibet, auf ihre Art ebenso prächtig wie die Avenue des Champs-Élysées – nur mit anderen Dimensionen.

1954 wurde die Bundesstraße 109 von Xining nach Lhasa für den Verkehr freigegeben, weltweit die erste Asphaltstraße, die in solch einer Höhe und unter solch klimatischen Bedingungen Bestand zeigen musste, der „Suez-Kanal auf dem Dach der Welt“. Die 1947 km lange Strecke führt durch unterschiedliche Landschaften, durch Grasland, Salzseen, Steppen und Geröllwüsten bis ins Hochgebirge. Die Kekexili-Steppe ist das größte „Niemandsland“ Chinas, es bildet einen idealen Lebensraum für die tibetische Antilope und wilde Yaks. Die Straße folgt einer uralten Verbindung, die zur Zeit der chinesischen Tang-Dynastie zwischen China und dem tibetischen Tubo-Reich bestand. Es ist ein Weg durch viele Kulturen, durch Hochs und Tiefs der Geschichte. Von den fünf Routen nach Tibet ist diese von Qinghai ausgehende Straße die kürzeste, und mit den besten Straßenverhältnissen auch die sicherste.

Diese Strecke zu befahren, ist wie eine Zeitreise zurück in das siebte oder frühe achte Jahrhundert, in die Tang-Dynastie, als die Prinzessinnen Wencheng und Jincheng mit dem König des Tubo-Reiches verheiratet wurden. Ausgangspunkt ihrer langen Reise war die alte Kaiserstadt Chang'an, das heutige Xi'an. Von hier aus führt die 3000 km lange Strecke über Xining in Qing-

Tibetische Antilopen im Kekexili Naturschutzgebiet

hai, das Kloster Kumbum, vorbei am Sonne-und-Mond Berg zum Qinghai-See, und dann immer weiter in Richtung Süden bis nach Nagqu und Lhasa. Anders als wir wurden die Prinzessinnen damals eskortiert von Wachen, Zofen, Dichtern und Handwerkern, im Gepäck ihre Mitgift bestehend aus Seidenstoffen, wertvollen Schriften, Medizinbüchern, Getreide und edlen Pferden.

Sie reisten auf derselben Strecke, auf der später Bauarbeiter Pfähle in das ewige Eis schlugen und Tunnel in den gefrorenen Untergrund gruben, und auf der nun auch wir unterwegs sind.

Von Xining aus gibt es zwei Alternativen: Man kann die Route einschlagen, die auch der Tross von Prinzessin Jincheng einst nahm, die Hauptverkehrsader zwischen Qinghai und Tibet, die von Xining aus am Chaka-Salzsee vorbei

nach Golmud, und über den Tanglha-Pass nach Nagqu und Lhasa führt. Alternativ folgt man weiter westlich auf einer Nebenstraße dem Weg der Prinzessin Wencheng, die von Xining über Maduo und Yushu, den Bayankela-Pass und Riwoqê nach Nagqu und von hier aus nach Lhasa reiste. Die Route zwischen Qinghai und Tibet ist das ganze Jahr über befahrbar, der Verkehr ist sehr viel dichter als auf den anderen vier Straßen nach Tibet, täglich sind hier etwa 3000 Fahrzeuge unterwegs, somit gilt diese Straße als Lebensader Tibets. Dennoch verleiht uns die unendliche Weite der Hochebene das Gefühl, die ausgetretenen Pfade verlassen zu haben und dem Alltag entkommen zu sein.

1. Tag: Golmud – bernsteinfarbenes Benzin

Route: Xining – Kloster Kumbum – Sonne-und-Mond Berg – Daotanghe – Qinghai-See – Xiangpishan – Chaka-Salzsee – Dulan – Qaidam-Senke – Golmud
Fahrtzeit: 06:00 – 22:00 Uhr, 16 Stunden
Distanz: 782 km
Höhe: Xining 2295 m ü.d.M
Golmud 2800 m ü.d.M

Ein Sandelbaum auf der windgepeitschten Qinghai-Tibetischen Hochebene verströmt den Duft von 100.000 Buddhas. Es ist der Tsongkhapa-Baum im Kloster Kumbum.

Das Kloster Kumbum in den Lotusbergen

1845 reiste der 32-jährige französische Missionar Evariste Régis Huc in die Lotusberge 25 km südlich von Qinghais Provinzhauptstadt Xining. In einer mit Gold und Silber verkleideten Pagode soll er einen Sandelbaum entdeckt haben, auf dessen Blättern tibetische Schriftzeichen zu erkennen waren. Diese Zeichen hoben sich hell vom dunkleren Grün der Blätter ab.

Zunächst dachte der Missionar, Mönche hätten die Zeichen auf die Blätter geschrieben. Doch selbst nach gründlichen Untersuchungen konnte er keine Spuren menschlicher Einwirkung entdecken. Wie die Blattadern waren die Schriftzeichen Teil der Blätter. Auf manchen befanden sich die Schriftzeichen am Rand, auf manchen in der Mitte, manchmal auch am Stielansatz. Selbst auf

Gebetsmühlen im Kloster Kumbum

jungen Blättchen waren bereits halb geschriebene Zeichen zu erkennen und auch auf der Rinde und den Zweigen fanden sich Spuren tibetischer Buchstaben. Als man an einer Stelle eine Schicht alter Rinde entfernte, erschienen auf der frischen Rinde darunter schemenhaft die Umrisse neuer Zeichen. Besonders seltsam war, dass diese neu nachwachsenden Buchstaben nicht dieselben waren wie die, die auf der entfernten Rinde zu lesen gewesen waren.

Das Geheimnis dieses Baumes wird auf eine Erscheinung des Buddhas der Zukunft auf Erden zurückgeführt. Im Jahr 1372 verließ der damals 16-jährige Tsongkhapa seine Heimat in Amdo in der Provinz Qinghai und ging als Eremit in einen Bergwald östlich von Lhasa. 47 Jahre später gründete er die Gelug- oder Gelbmützen-Sekte, die größte Sekte des tibetischen Buddhismus. Der Geburtsort Tsongkhapas in den Lotusbergen wurde bald zu einem beliebten Pilgerziel. Das Kloster Kumbum wurde hier errichtet, der Name des Klosters bedeutet „Ort der 100.000 Buddhas". Als Tsongkhapa geboren wurde, wuchs an der Stelle, an der das Blut der Nabelschnur auf den Boden getropft war, ein Sandelbaum. Auf den unzähligen Blättern, die auf dem Baum sprossen, erschienen Sprüche wie: „Buddha auf einem röhrenden Löwen" oder „Schluchzender Bodhisattwa". Es hieß, die Blätter zu essen, mache klug und vertreibe Krankheiten. Gläubige strömten in Scharen zu dem Baum und warfen sich in seinem Schatten auf den Boden.

Wer das Kloster Kumbum erreicht, ist überwältigt: Die goldenen Dachziegel leuchten, im Inneren erwarten den Besucher kunstvolle Schnitzereien aus Yakbutter, wertvolle Thankas und bunte Stickereien. Auch die Wände der Hallen sind vergoldet und reich mit silbernen Einlegearbeiten verziert. Über all dieser üppigen Pracht schwebt der intensive Duft der Banyanbaumblüten.

Trotz der streng religiösen Atmosphäre drängt sich mir die Frage auf, ob die Besucher des Klosters auch heute noch tatsächlich in der Lage sind, die Anhaftungen des Diesseits hinter sich zu lassen?

In den letzten Jahren ist das Kloster Kumbum zu einer Touristenattraktion geworden. Eine laut schnatternde Reisegruppe nach der anderen drängt sich durch die heiligen Hallen. Die Atmosphäre ist mit der in den anderen fünf großen Klöstern der Gelbmützen-Sekte nicht vergleichbar. Hier fehlt die würdige Stille des Klosters Drepung, der Geist der antiken Schätze des Klosters Sera, die lange Geschichte des Klosters Ganden, die ruhige Schönheit des Klosters Tashilhunpo, oder die Frömmigkeit des Klosters Labrang.

Das Kloster Kumbum wirkt vielmehr wie eine moderne Kleinstadt, so laut und chaotisch geht es hier zu. Nur der uralte, immergrüne „100.000-Buddha-Baum" verströmt noch wie in längst vergangenen Zeiten den anmutigen, zarten Duft eines Zimtbaums und öffnet jedes Jahr in einer Sommernacht Anfang August seine wunderschönen roten Blüten.

Für gläubige Pilger ist es das höchste Glück, einmal diesen heiligen Baum berühren zu dürfen und ein paar Blätter mit nach Hause nehmen zu können. Inmitten des Gedränges greife ich nach ein paar Blättern, um sie zu befühlen. Ob der heilige Knabe Tsongkhapa, der vor 700 Jahren von hier aus in die Welt hinauszog, und später der Missionar Huc an ebendieser Stelle vor vielen, vielen Jahren dasselbe taten?

Der See der Tränen

Von Xining aus ist die Bundesstraße G109 der bequemste Weg, um nach Tibet zu gelangen. Obwohl die Strecke bequem befahrbar ist, ist sie keineswegs uninteressant: In Qinghai entspringen der Gelbe Fluss und der Yangtse, dazu liegen einige geologische „Perlen" auf dem Weg, wie das Qaidam-Becken, das menschenleere Gebiet Kekeqili, die Gebirgsketten Kunlun, Tangula, Nyenchen Tanglha und schließlich der Himalaya. Die unterschiedlichsten Landschaftsformen reihen sich hier aneinander. Die Fahrt von Qinghai nach Tibet gleicht dem Besuch eines gigantischen Geologiemuseums. Es ist die einzige Strecke, die auf dem Weg nach Lhasa das Qinghai-Tibetische Hochland komplett durchquert, während man auf den anderen vier Routen lediglich Ausschnitte davon zu sehen bekommt.

Auf dem Sonne-und-Mond-Berg in 3520 m Höhe steht ein Grenzstein aus dem 8. Jahrhundert, er markierte einst die Grenze zwischen dem China der Tang-Dynastie und dem Tubo-Reich. Gleichzeitig bildet der Berg eine wichtige klimatische Scheidelinie, ab hier gibt es keine Wälder oder üppige Vegetation mehr.

Der Sage nach konnte Prinzessin Wencheng auf ihrem Weg nach Tibet hier die Tränen nicht mehr zurückhalten, sie sammelten sich unterhalb des Sonne-und-Mond-Berges zum Fluss Daotang, der in den smaragdgrünen Qinghai-See fließt. Der Name des Flusses, Daotang, bedeutet „in die umgekehrte Richtung fließen". Es ist der einzige bedeutende Fluss in China, der von Ost nach West fließt.

Wir fahren an dem 105 km langen Seeufer entlang. An der gegenüberliegenden Straßenseite blühen die Rapsfelder goldgelb, Wang Feis Lied

Vögel über dem Qinghai-See

„Romanze" begleitet uns. Die Mongolen nennen den Qinghai-See „Kokonor", die Bedeutung ist dieselbe: In beiden Sprachen heißt er „Grünblauer See". In 230 Millionen Jahren haben sich Sedimente in diesem gigantischen Gewässer abgelagert, die ihm die charakteristische blaue Färbung verleihen. Weitaus romantischer ist jedoch die Vorstellung, dass es die gesammelten Tränen der heimwehkranken Prinzessin sind, die in der Sonne funkeln.

Westlich des Qinghai-Sees liegt der 4451 m hohe Berg Xiangpi. Das ist die einzige Erhöhung, die man auf der Fahrt von Qinghai nach Tibet in zahlreichen Serpentinen bewältigen muss. Auch dieser Berg bildet eine klimatische Scheidelinie: Bis hierher und nicht weiter kommen die nördlichsten Ausläufer der Monsune vom Pazifischen Ozean, den Xiangpi können sie nicht überwinden.

Später werden wir unterwegs noch das hochaufragende Kunlun Bergmassiv und den nebliggrauen Tangula passieren, doch die größte Hürde liegt nun hinter uns.

Golmud, „Perle der Wüste"

Es ist Mittag, die gleißende Sonne steht im Zenit, vor uns erstreckt sich die schier endlose weiße Fläche des Chaka-Salzsees. Während in der Hochebene die Yaks die bevorzugten Nutztiere sind, setzen die Menschen in der Wüste vor allem Kamele als Lastentiere ein.

In den menschenleeren Weiten verliert man jegliches Gefühl für Entfernungen. Wir wissen, dass irgendwo vor uns in weiter Ferne Golmud, die „Perle der Wüste" liegt. Von dieser Stadt habe ich schon als Kind im Erdkundeunterricht gehört. Sie bildet den Ausgangspunkt der Eisenbahn von Qinghai nach Tibet. Doch zwischen uns und

Golmud liegen noch mehrere 100 Kilometer.

Wir erreichen Golmud schließlich mitten in der Nacht. Ein gewaltiger Sternenhimmel spannt sich über die Stadt. In den Vororten ist kein Mensch auf den Straßen zu sehen, lediglich die Silhouetten von Bohrtürmen, silbrig funkelnde Tanks und lichtgesprenkelte Raffinerien sind im fahlen Licht der kalten Nacht auszumachen.

Die Geschäfte und Restaurants haben geschlossen, es gelingt uns nicht einmal, einen Löffel heißer Suppe aufzutreiben.

Viel hat die „Perle der Wüste" nicht zu bieten, müssen wir am nächsten Tag feststellen. Beeindruckend ist lediglich die gigantische Raffinerie, in ganz China gibt es keine größere. Mehr als eine Million Tonnen Rohöl werden hier jährlich verarbeitet. Wir füllen unsere Kanister mit dem hochwertigen, bernsteinfarbenen Benzin, das man hier preiswert erstehen kann, in dem Bewusstsein: Je weiter wir uns von Golmud fortbewegen, desto teurer wird das Tanken nun werden.

2. Tag: Namtso-See – Heimat der reinen Seelen

Route: Golmud – Kunlun-Pass – Tangula-Pass – Amdo – Nagqu – Damxung – Namtso-See
Fahrtzeit: 06:00 – 23:00 Uhr, 17 Stunden
Distanz: 1000 km
Höhe: 4718 m ü.d.M am Namtso-See

Der US-amerikanische Schriftsteller Richard Bach sagte einmal: „Ein Lebewohl ist notwendig, ehe man sich wieder sehen kann." Der Abschied vom Namtso-See fiel mir vor zwölf Jahren schwer. Umso schöner ist es, nun wieder an seinem Ufer zu stehen. Erneut bin ich von der endlosen Weite und der wilden Schönheit überwältigt.

Ein eisiger Wind umweht mich und lässt die Gebetsfahnen ringsum flattern, meine Schuhspitzen berühren das Wasser. Langsam gehe ich den schmalen, feuchten Weg am Seeufer entlang.

Unterwegs mit Mima Wangdui

Der Namtso-See liegt im nordtibetischen Grasland Changtang auf 4718 m Höhe und zählt somit zu den höchstgelegenen Seen der Welt. Das Grasland ist dünn besiedelt, auf einer Fläche von vier Millionen Quadratkilometern leben nur etwa 60.000 Familien, auf zehn Quadratkilometer kommt also im Durchschnitt etwas mehr als eine Familie. Es ist ein einsamer, abgelegener und von der Welt vergessener Ort.

Zum See zu gelangen ist nicht ganz einfach. Erst seit 2010 gilt er offiziell als Touristenattraktion, davor konnte man sich nur auf eigene Faust dorthin durchschlagen. Im 60 km entfernten Damxung mieten wir ein Auto mit Fahrer, der uns durch das Grasland zum See bringen soll. Unser Fahrer heißt Mima Wangdui, was soviel wie „Junge, der am Dienstag geboren wurde" bedeutet. Wir nennen ihn kurz „Wangdui". Das Fahren hat er sich selbst beigebracht. Er ist soeben erst von einem Ausflug mit Touristen zum See zurückgekehrt, 24 Stunden lang waren sie unterwegs. Unter Rucksackreisenden sind Wangdui und seine Familie gut bekannt, ein Reisender empfiehlt sie dem nächsten weiter.

Vor der Abfahrt holt Wangduis Schwester seine Stiefel, die sie zum Trocknen auf den Ofen gestellt hat, sie sind noch ganz nass. Sie schärft ihm ein, vorsichtig zu fahren.

Die Hauptstraße von Damxung misst nur etwa 200 m, Adler kreisen am blauen Himmel. Kurz hinter der Siedlung biegt Wangdui nach Norden auf einen unbefestigten, holprigen Feldweg ab, schnell nähern wir uns den Tangula-Bergen. Fußballgroße Steine liegen mitten auf dem Weg, Wangdui fährt in Schlangenlinien drum herum. Unsere Geschwindigkeit beträgt keine zehn Kilometer pro Stunde.

Ich frage Wangdui, ob die Sümpfe rund um den See gefährlich seien, doch er antwortet mit Bestimmtheit, dass sie nur für Fahrer, die von weiter, wie etwa aus Lhasa kommen, problematisch seien. Lachend fügt er hinzu, dass es kein Zurück mehr gäbe, wenn man am Namtso-See den falschen Weg einschlägt. Geländewagen aus Lhasa kämen daher immer paarweise, damit sie sich gegenseitig aus dem Morast ziehen können.

Bald erreichen wir den höchsten Punkt unserer Fahrt, einen Pass auf 5150 m Höhe. Von dort oben haben wir einen herrlichen Blick auf das weite Grasland vor uns. Hier endet der Weg, es geht querfeldein weiter. Den einzigen Anhaltspunkt bilden die Fahrspuren, die Reisende vor uns hinterlassen haben.

Wangdui ist ein Kind des Graslandes. Von weitem erkennt er schon, wenn sich Reifenspuren mit Wasser gefüllt haben und umfährt sie geschickt. Wir treffen auf einen Jeep, der im Morast steckengeblieben ist und helfen, ihn herauszuziehen. Das Wetter im Grasland kann von einer Minute auf die andere umschlagen. Gerade ist es noch heiter und sonnig, dann bewölkt sich der Himmel und es beginnt leicht zu schneien. Haben wir Sommer oder Winter?

Malerisch hat sich das Yak am Ufer des Namtso-Sees platziert

Die Freude der Einfachheit

Zügig fahren wir nun in westliche Richtung, immer der untergehenden Sonne nach. Vereinzelt stehen Zelte auf der Ebene, Rinder und Schafe grasen. Am Himmel ziehen weiße Wolken dahin, ringsum herrscht Stille.

Immer wieder liegt das verwitterte Fell oder das Skelett eines toten Rinds oder Schafs am Weg. Erschrocken frage ich Wangdui, ob diese Tiere Opfer der Pest geworden seien, die hier umgegangen war. Doch er erklärt, dass die Tiere aufgrund des extremen Scheefalls im letzten Winter erfroren seien.

Wenn die Kinder der Hirten unseren Wagen hören, kommen sie aus den schwarzen Yaklederzelten gelaufen, um uns selbst gemachten Käsekuchen anzubieten. Der Kuchen kostet nur ein Yuan pro Stück, sie scheinen mehr an uns interessiert zu sein als am Geschäft.

Wangdui hält an, um den Wagen zu reparieren, die Kinder setzen sich zu uns und sehen neugierig zu. Ein Junge hat ein selbstgebautes kleines Auto aus Draht dabei, mit dem er spielt, während er die Schafe und Rinder seiner Familie hütet. Bis unser Wagen wieder flott ist, dauert es eine Weile. Für eine Packung Kekse leihe ich mir das Drahtauto aus und lasse es über das Grasland fahren. Das Kind in mir hat seine Freude daran…

Die verspielten Doggen der Hirten gebärden sich wie ungezogene kleine Löwenjungen, wild springen sie umher. Als wir losfahren, veranstalten sie ein Wettrennen mit unserem Jeep.

Eine Pilgerin am Wegesrand winkt, sie möchte mitfahren. Freundlich lädt Wangdui sie und ihr Kind ein, einzusteigen. Die Tibeterin heißt Balangzhu, sie möchte den Namtso-See umrunden. Während Zelte und Rinder hinter uns zu kleinen schwarzen Punkten schrumpfen, schimmert es vor uns am Horizont plötzlich in einem tiefen Blau: Der Namtso-See. Ich kann den Anblick aber gerade nicht richtig genießen, auf einmal macht mir die Höhe zu schaffen, ich habe das Gefühl, gleich in Ohnmacht zu fallen.

Der Hirte und die Göttin

Der Hezhang-Felsen gilt als „Wahrzeichen" des Namtso-Sees. Es wirkt, als wolle er die Reisenden begrüßen. Berge und Seen werden in Tibet nicht als Sitz der Götter betrachtet, sondern sie gelten als deren Inkarnationen. Als solche sind sie auch durchaus in der Lage, menschliche Regungen wie Liebe, Hass, Ärger, Eigensinn, Leid, Freude, Habgier und Begierde zu empfinden.

Der Hezhang-Felsen verkörpert den Gott des Nyenchen-Tanglha-Berges und symbolisiert zugleich dessen Liebe zur Göttin des Namtso-Sees. Es ist faszinierend, wie die Dualität von Yin und Yang, dem weiblichen und dem männlichen Prinzip, in Tibet auf geologische Dimensionen projiziert wird.

Wangdui weiß, dass an diesem Tag schon sieben Autos zum See gefahren sind. Da die Holzhütte am See nur über 18 Betten verfügt, ist die einzige Alternative, in dem kleinen Kloster auf halber Höhe des Zhaxi-Berges zu übernachten.

Erst aber wollen wir in der Hütte zu Abend essen. Wangdui hilft uns, unsere Rucksäcke zu verstauen, dann geht er in die kleine Küche der Herberge, um den beiden jungen Frauen beim Kochen zu helfen. Die Herberge ist an das Kloster angeschlossen, sie ist Unterkunft, Restaurant und Treffpunkt in einem. Drinnen ist es voll, Touristen aus aller Welt und tibetische Fahrer sitzen auf Holzstühlen und warten hungrig auf das Essen, das langsam vor sich hinköchelt. Aufgrund des niedrigen Luftdrucks dauert das Kochen hier länger, wir müssen uns gedulden.

Erst kürzlich ist die Fußball Weltmeisterschaft zu Ende gegangen, so gibt es genügend Gesprächsstoff. Die angeregte Stimmung mit den freundlichen Fremden in der warmen, gemütlichen Hütte steht in scharfem Kontrast zu der erhabenen Stille der menschenleeren Natur, die die Hütte umgibt.

Begeistert erzählt Wangdui die Legende der Göttin des Namtso-Sees: Eines Tages begegnete der Gott des Nyenchen-Tanglha-Berges einem Hirten und sagte zu ihm: „Erobere den Berg Da'erguo für mich, dann werde ich dir einen Wunsch erfüllen." Bald darauf kehrte der Hirte siegreich zurück und brachte sogar noch eine ganze Herde Pferde mit, die der Gott des Da'erguo geraubt hatte. Der Hirte sagte zu dem Berggott: „Ich brauche deine Reichtümer nicht. Mein einziger Wunsch ist es, eine Nacht mit der Göttin des Namtso-Sees verbringen zu dürfen."

Wenig später, als der Hirte am Seeufer seine Schafe grasen ließ, trat plötzlich eine wunderschöne Frau auf ihn zu. Sie sprach: „Der Berggott schickt mich zu einem Stelldichein mit dir. Wie möchtest du den Liebesakt vollziehen – auf irdische oder auf himmlische Weise?"

Der Hirte dachte bei sich: „Ich bin nun schon so lange verheiratet, die irdische Art ist für mich nichts Neues, doch wie mag es auf himmlische Art gehen?" Kurz entschlossen sagt er: „Ich will es auf göttliche Weise machen."

Kaum hatte er den Satz zu Ende gesprochen, da leuchtete über dem See ein farbenprächtiger Regenbogen drei Mal auf. Die Göttin sprach: „Das war's! Warte bis zum dritten Vollmond im nächsten Jahr, dann komme an den See und nimm dein Kind in Empfang."

Damit verwandelte sie sich in einen Dunstschleier, der sich langsam über dem Wasser auflöste.

Wir alle lachen laut über das Missgeschick des Hirten. In Tibet befasst man sich – wahrscheinlich mehr als anderswo auf der Welt – intensiv und ernsthaft mit theologischen Fragen, die die Beziehung des Menschen zum Jenseits betreffen. Gleichzeitig besitzen die Tibeter jedoch auch eine durchaus diesseitige Schläue und einen spitzbübischen Humor.

Tausend lächelnde Sterne

Auch im Hochsommer fällt die Temperatur am Namtso-See in der Nacht auf unter null Grad. Als eine junge Frau aus Guangzhou hört, dass wir noch keine Unterkunft haben, bietet sie uns an, eine Felsgrotte im Kloster mit ihr zu teilen. Der Gedanke daran, auf fast 5000 m Höhe in einer Höhle übernachten zu müssen, erscheint mir nicht sehr einladend. Nach kurzem Zögern klettern wir aber doch im Licht einer schwachen Taschenlampe den Berghang hinauf.

Von hier oben im Sternenlicht wirkt die Halbinsel wie die warme Hand des Berggotts, der seine große Liebe, die Seegöttin Namtso streichelt.

Mit unterschiedlich vielen Pferdestärken unterwegs durch das Grasland

Die Tibeter nennen die Halbinsel deshalb auch die „Glückverheißende Insel der Liebe."

Der Berg ist von Grotten durchlöchert, manche davon sind breit, aber nicht sehr tief, andere sind eng und führen weit in den Berg hinein wie Stollen.

Mönche bauten auf der Suche nach Vervollkommnung kleine Klosterzellen in diese Grotten. Seit Jahrhunderten steigt der Duft von Räucherstäbchen zum Himmel auf, immer wieder gab es religiöse Würdenträger, die sich hierher zurückzogen, um nach den strengen Regeln des Buddhismus zu leben.

Im Dunkeln tasten wir uns den Berghang hinauf, ab und zu begegnen wir wilden Hunden, die sich wie Schakale auf den kalten Boden ducken. Ich zittere vor Kälte, jetzt fängt es auch noch leicht an zu regnen. Mein Gefährte leuchtet mit der Taschenlampe den Weg. Um mich abzulenken, erzählt er von einem Erlebnis aus seiner Studentenzeit: Als junger Kunststudent war er mit Kommilitonen, die Staffelei und Mappe auf dem Rücken, nachts ins Gebirge aufgebrochen, um in der unberührten Natur Motive zu finden. Seine Geschichte ist gerade zu Ende, da haben wir die Grotte erreicht.

Wir klopfen an die alte Holztür. Drinnen sitzen drei Lamas und schlürfen Nudeln. Dieser Teil des Klosters ist ein Ableger des Hauptklosters, das unten am See in einer bogenförmigen Höhle liegt.

Ein Loch in der Höhlendecke bildet eine natürliche Dachluke. Kuhfladen dienen als Brennmaterial, der intensive Geruch vermengt sich mit dem ranzigen Gestank der Yakbutter und dem Körpergeruch von Menschen, die sich schon lange nicht mehr gewaschen haben.

Mir ist kalt. Dazu kommt das olfaktorische Potpourri und der Sauerstoffmangel, ich fühle mich schwach. Der ältere Lama überlässt uns sein Bett an der Wand und geht selbst mit einer Matratze in die nächste Grotte.

Zum Schutz vor Läusen und anderem Ungeziefer wickle ich mir meinen Regenschutz und einen Schal um die Haare und lege mich in voller Montur zu den anderen auf die Schlafstatt. Wir liegen – Kopf an Kopf – quer im Bett. Nachdem die Öllampe gelöscht ist, herrscht absolute Dunkelheit. Die Lamas haben ihre Umhänge aus Schaffell ausgezogen und benutzen sie als Decken.

Der alte Lama, in dessen Bett wir übernachten, bringt uns noch eine weiche Decke. Plötzlich fühle ich mich wie ein müder Vogel, der in sein Nest zurückgefunden hat. Dennoch kann ich nicht einschlafen, ich habe Kopfschmerzen, offenbar eine leichte Form der Höhenkrankheit. Also setze ich mich auf und lehne mich mit dem Rücken gegen die Wand der Grotte. So lässt sich auch das laute Schnarchen der Lamas und der Gestank der Kuhfladen etwas besser ertragen.

Ich blicke aus dem Dachfenster in den nächtlichen Himmel und denke an den Satz des kleinen Prinzen in der Geschichte von Antoine de Saint-Exupéry: „Wenn du bei Nacht den Himmel anschaust, wird es dir sein, als lachten alle Sterne, weil ich auf einem von ihnen wohne, weil ich auf einem von ihnen lache. Du allein wirst Sterne haben, die lachen können!"

Allmählich komme ich zur Ruhe und fühle Wärme in mir aufsteigen. Es ist die spirituelle Wärme der buddhistischen Welt, die diesen Raum erfüllt.

Der Weg der reinen Seelen

Morgens um vier Uhr beginnt der alte Lama Sutren zu rezitieren. Dabei dreht er in einem fort eine alte, hölzerne Gebetsmühle. Der tiefe, monotone Klang seiner Stimme, mit der er die sechs Silben „om ma ni pad me hum" in endloser Abfolge vor sich hinsingt, hat eine ähnlich beruhigende und einschläfernde Wirkung wie das Rauschen von Meereswellen.

Als ich die Augen das nächste Mal aufschlage, hat sich bereits ein erster Sonnenstrahl durch die Dachluke verirrt.

Wir treten vor die Höhle, die Landschaft erstrahlt im Morgenlicht in allen nur erdenklichen Blau-Schattierungen: Hellblau, Azurblau, Türkisblau, Saphirblau, Tiefblau… Vor uns erstrecken sich schneebedeckte Bergketten, das türkisblaue Wasser des Sees reicht bis zum Horizont, ein Teppich aus saftig grünem Gras bedeckt das Land, Wildgänse und Enten ziehen ihre Bahnen am Himmel. Die Schönheit wirkt überirdisch.

Eine Tibeterin, die aus einer Felsspalte Wasser schöpft, reicht mir eine Kelle, damit ich mir das Gesicht waschen kann. Da bemerke ich, dass mir Blut aus der Nase tropft. Auf 5000 m Höhe scheint die Belastungsgrenze für den menschlichen Körper erreicht.

Ich stehe am See und fahre mit dem Finger den Schriftzug nach, den einer der zahllosen frommen Pilger in einen Mani-Stein eingraviert hat. Mir wird bewusst, warum ich die Strapazen, hierher zu kommen, auf mich genommen habe. Es ist, als berührte ich eine reine Seele.

Über die Autorin

Pearl Hong Chen ist Professorin für Publizistik an der Chongqinger Universität für Technik und Wirtschaftswissenschaften (重庆工业大学), chinesische Reiseschriftstellerin und Buddhismus-Forscherin. Sie ist Gründerin des Internationalen Schriftstellercamps in Chongqing, China. Ihr idealer Lebensstil: die Hälfte der Zeit auf Reisen unterwegs zu sein, die andere Hälfte mit Schreiben zu verbringen.

Vor ihrer Tätigkeit an der Universität arbeitete Frau Hong zehn Jahre lang als Chefredakteurin für eine chinesische Frauenzeitschrift, ein Jahr verbrachte sie im Rahmen eines wissenschaftlichen Austauschs in den USA.

Pearl Hong Chen beschreibt ihre Erlebnisse abseits der Touristenpfade in China, Nepal, Indien, Kenia und in den USA.

Das chinesische Original von „Durchs wilde Tibet" erhielt die Auszeichnung „Die hundert liebsten Reisebücher".